wk

Hanko Bommert

Grundlagen der Gesprächspsychotherapie

Theorie — Praxis — Forschung

Verlag W. Kohlhammer
Stuttgart Berlin Köln Mainz

CIP-Kurztitelaufnahme der Deutschen Bibliothek

Bommert, Hanko
Grundlagen der Gesprächspsychotherapie, Theorie – Praxis – Forschung.
1. Aufl.
Stuttgart, Berlin, Köln, Mainz:
Kohlhammer 1977.
JSBN 3-17-001341-6

Stuttgart Berlin Köln Mainz
Verlagsort: Stuttgart
Umschlag: hace
Gesamtherstellung: W. Kohlhammer GmbH
Grafischer Großbetrieb Stuttgart
Printed in Germany

Inhalt

Vorwort

Das vorliegende Buch gibt eine Darstellung grundlegender Gesichtspunkte der Gesprächspsychotherapie in den Bereichen Theorie, Praxis, und Forschung. Es soll den Leser über die Entwicklung und den derzeitigen Stand gesprächspsychotherapeutischer Konzepte informieren, ihm das praktische Vorgehen in der therapeutischen Interaktion verdeutlichen und ihm eine Einordnung und Bewertung dieser Therapieform ermöglichen.

Dabei wird das Hauptgewicht in den Teilen »Theorie« und »Praxis« stärker auf die Darstellung und Demonstration der wichtigsten, grundlegenden Konzepte und praktischen Vorgehensweisen gelegt, während der Teil »Forschung« eher eine evaluative Funktion hat, indem er, ausgehend von einer empirischen Bewertungsbasis, Schlußfolgerungen für mögliches zukünftiges Vorgehen skizziert.

Grundlage für dieses Buch sind einerseits die eigene rund zehnjährige praktische und forschende Tätigkeit in diesem Bereich, andererseits – und vorrangig – die in der Fachliteratur dargestellten Veröffentlichungen, die sich mit den theoretischen Grundlagen und dem praktisch-konkreten Geschehen in der Psychotherapie beschäftigen.

Eine Vielzahl der in der Gesprächspsychotherapie wirksamen und in dem vorliegenden Buch behandelten Merkmale können auch außerhalb der Gesprächspsychotherapie – z. B. im Bereich der Schule, der Familie, der Sozialarbeit u. a. m. – zum Abbau psychischer Beeinträchtigungen beitragen; daher sind in den Adressatenkreis dieses Buches neben praktizierenden und forschenden Diplom-Psychologen und Medizinern bzw. Psychologie- und Medizinstudenten auch Personen einbezogen, die in den verschiedensten sozialen Berufen andere Menschen bei der Lösung psychischer Konflikte unterstützen.

Mein Dank gilt allen Personen, die direkt oder indirekt an der Entstehung dieses Buches beteiligt gewesen sind.

So haben mich Anmerkungen, kritische Fragen und Diskussionen von praktisch tätigen Diplom-Psychologen und Medizinern, von Studenten und Kollegen dazu angeregt, mich konstruktiv-kritisch mit der Theorie und Praxis der Gesprächspsychotherapie auseinanderzusetzen und daraus neue Sichtweisen abzuleiten. So hat die Zusammenarbeit mit den Kollegen der »Arbeitsgruppe Psychotherapie« am Psychologischen Institut der Universität Münster – insbesondere Christof Eschenröder, Hans Stauß und Karin Suckert-Wegert – entscheidenden Einfluß auf die Konzeption von Teilen der Theorie-Darstellung genommen. So haben auch die Klienten durch ihre verständnisvolle Haltung in bezug auf Ton- und Video-Aufnahmen, Transskripte, Testdurchführungen, das Ausfüllen von therapiebegleitenden Fragebögen u. ä. m. wesentliche Hilfe geleistet.

Münster, im Mai 1976 *Hanko Bommert*

Einleitung

Der ›Bericht über die Lage der Psychiatrie in der Bundesrepublik Deutschland – Zur psychiatrischen und psychotherapeutisch/psychosomatischen Versorgung der Bevölkerung‹, im November 1975 vom Deutschen Bundestag veröffentlicht, hat mit Nachdruck die erschrekkende Situation im Bereich der Versorgung psychisch Kranker verdeutlicht. Jeder dritte Bürger hat einmal unter einer seelischen Krankheit gelitten oder leidet noch darunter. Als dringend psychiatrisch/psychotherapeutisch behandlungsbedürftig erweisen sich innerhalb eines Jahres rund eine Million Personen, die Zahl der Ersterkrankungen liegt über einer halben Million (vgl. Tabelle 1).

Tabelle 1: Zahl der psychischen Ersterkrankungen in der Bundesrepublik Deutschland innerhalb eines Jahres (Quelle: Bericht über die Lage der Psychiatrie in der Bundesrepublik Deutschland, 1975)

Diagnose	
Neurosen und Persönlichkeitsstörungen	ca. 205 000
Schizophrenien, manisch-depressive Erkrankungen und andere Psychosen	ca. 120 000
Abbauprozesse im Alter	ca. 95 000
Geistige Behinderungen	ca. 90 000
Alkoholismus, Drogenabhängigkeit und andere Suchtkrankheiten	ca. 43 000
Anfallsleiden	ca. 27 000

Die psychosoziale Versorgung dieser Personenkreise ist derzeit sowohl quantitativ als auch qualitativ völlig unzureichend, besondere Lücken sind bei den ambulanten und gemeindenahen stationären Diensten zu verzeichnen. Folgende Praxis-Gesichtspunkte mögen beispielhaft einige der Schwierigkeiten, die für die derzeitige Lage kennzeichnend sind, skizzieren:

– Die meisten Bürger, die an einer seelischen Störung leiden, gehen zunächst einmal zu einem niedergelassenen Arzt für Allgemeinmedizin; doch die Mängel in der bisherigen Ausbildung sowie gravierende Lücken in der Weiter- und Fortbildung führen bei vielen Ärzten zu einer Verkennung seelischer Störungen (vgl. ›Bericht über die Lage der Psychiatrie in der Bundesrepublik Deutschland‹).

– Die Nervenärzte sind – auch sofern sie besser auf seelische Beeinträchtigungen vorbereitet werden — derzeit überfordert, da ein Nervenarzt oftmals für mehr als 100 000 Einwohner zuständig ist, die empfohlene Relation beträgt dagegen 1:50 000 (vgl. ›Bericht über die Lage der Psychiatrie in der Bundesrepublik Deutschland‹, 1975)

– Die rechtliche Stellung von Psychotherapeuten, deren Universitätsausbildung auf einem Psychologie-Studium beruht, ist derzeit noch umstritten und die Frage, ob dieser Personenkreis überhaupt eigenständig psychotherapeutisch tätig werden darf, ist offen (vgl. Kühne und Schwaiger 1976).
  Hier dürften auch Status- und Standesdenken sowie das gegenseitige Mißtrauen zwischen verschiedenen an der psychosozialen Versorgung beteiligten Personengruppen bezüglich der fachlichen Qualifikation zu psychotherapeutischer Arbeit und der Kooperationsbereitschaft eine hinderliche Rolle spielen (vgl. z. B. Engel et al. 1976).

Bezüglich der Ursachen *psychoneurotischer* Beeinträchtigungen gibt es derzeit keine abschließenden Erkenntnisse. Sicher dürfte jedoch sein, daß ein Teil der psychischen Beeinträchtigungen auf die derzeitigen ökonomischen und gesellschaftlichen Bedingungen zurückzuführen und nur über Änderungen in diesen Bereichen grundlegend zu vermindern ist. Dazu gehören u. a. die Schaffung befriedigender äußerer Lebens- und Arbeitsbedingungen durch z. B. vermehrte Mitentscheidungsmöglichkeit des Individuums, stärkere kollektive Absicherung des Individuums im sozialen und emotionalen Bereich, befriedigende Wohnverhältnisse u. ä. m.

Genauso sicher dürfte jedoch auch sein, daß die Entwicklung psychoneurotischer Beeinträchtigungen nicht ausschließlich durch ökonomische und gesellschaftliche Bedingungen zum Tragen gebracht wird, sondern daß auch individuelle Unterschiede im Erleben und Verhalten derartige Entwicklungen auslösen können.

Psychische Beeinträchtigungen daher *nur* durch Veränderung der ökonomischen und gesellschaftlichen Bedingungen verhindern oder beseitigen zu wollen ist u. E. genausowenig ausreichend wie die ausschließliche Zentrierung auf die individuelle Beeinträchtigung.

Grundsätzlich gesehen gibt es jedoch aufgrund empirischer Untersuchungen der letzten Jahrzehnte zahlreiche Hinweise darauf, daß die psychischen Vorgänge bei der Entstehung und Beseitigung seelischer Beeinträchtigungen im wesentlichen den gleichen psychologischen Gesetzmäßigkeiten folgen, die auch außerhalb psychologisch fundierter Therapien als bedeutsam für das Erleben und Verhalten erkannt wurden.

Aufbauend auf dieser Erkenntnis sind in den vergangenen Jahren eine Reihe von Behandlungsmethoden entwickelt worden, deren Bemühen es ist, auf der Basis empirisch gesicherter Kenntnisse zur Verminderung seelischer Beeinträchtigungen verschiedenster Art beizutragen. Eine dieser Methoden ist die Gesprächspsychotherapie.

Die Gesprächspsychotherapie ist eine systematische, selektive und qualifizierte Form verbaler und non-verbaler Kommunikation und sozialer Interaktion zwischen zwei oder mehreren Personen — Psychotherapeut(en) und Klient(en) — mit dem Ziel einer Verminderung der vom Klienten erlebten psychischen Beeinträchtigungen durch eine als Folge differenzierter Selbst- und Umweltwahrnehmung eintretende Neuorientierung des (der) Klienten im Erleben und Verhalten, auf der Basis grundlegender Erkenntnisse der wissenschaftlichen Psychologie, insbesondere der Lern- und Sozialpsychologie.

Zur Skizzierung wesentlicher Merkmale der Gesprächspsychotherapie entwickelte Tausch (1973) ein ›Schema einer allgemeinen funktionellen Charakterisierung der Gesprächspsychotherapie‹ (s. Abbildung I).

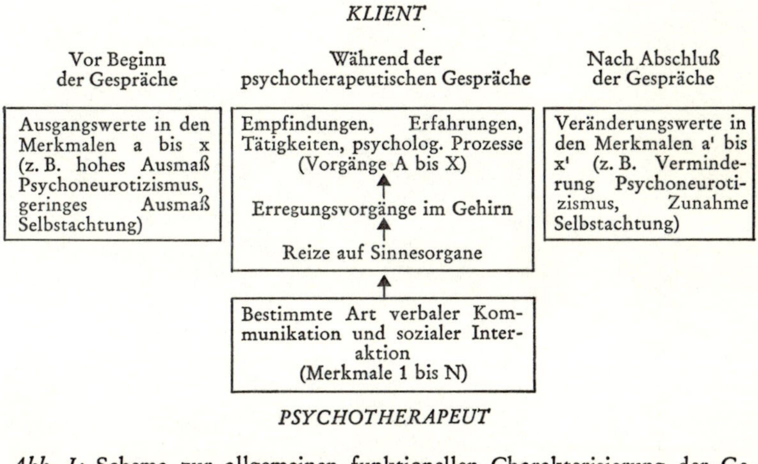

Abb. I: Schema zur allgemeinen funktionellen Charakterisierung der Gesprächspsychotherapie (nach Tausch 1973)

Danach verwirklicht der Psychotherapeut bestimmte sprachliche und soziale Verhaltensformen, durch die Reize auf die Sinnesorgane des Klienten ausgelöst werden. Im Zusammenhang mit den Reizen treten bei den Klienten bewußte Erlebnis- und Vorstellungsinhalte, komplexe Erfahrungen, bestimmte Tätigkeiten sowie nichtbewußte Vorgänge ein. Zwischen den Verhaltensformen des Psychotherapeuten und den

Erfahrungen und Prozessen des Klienten bestehen »... zahlreiche Wahrscheinlichkeitszusammenhänge von gleichsam gesetzmäßiger Art. Im Zusammenhang mit bestimmten Erfahrungen, Tätigkeiten und Prozessen der Klienten in den Gesprächen treten anhaltende Änderungen in einigen Bereichen des Erlebens und Verhaltens ein, in Richtung der Verminderung seelischer Beeinträchtigungen.« (Tausch 1973, S. 17).

Aus diesen Darstellungen der Art und Wirkungsweise der Gesprächspsychotherapie ist ersichtlich, daß die Gesprächspsychotherapie — wie jede andere derzeit praktizierte Behandlungsmethode auch — nur einen Teilbereich psychischer Beeinträchtigungen wirkungsvoll anzugehen in der Lage sein kann, und sich somit als ein Glied in der Kette der unterstützenden, fördernden und prophylaktischen Maßnahmen psychohygienischer Bemühungen darstellt.

1. Theorie

Der nachfolgende Abschnitt soll Auskunft geben über den Inhalt, die Entwicklung und den derzeitigen Stand des theoretischen Bezugsrahmens der Gesprächspsychotherapie. Dazu wird zunächst von der Biographie und der persönlichen Weltanschauung von C. R. Rogers ausgegangen, da sich diese nachhaltig auf die von ihm entwickelten theoretischen Überlegungen (wie auch auf die Praxis) ausgewirkt haben. Danach wird das Gesamt-System der Rogers-Theorien ausgehend von seinen gesellschaftlichen Zielvorstellungen und seinem wissenschaftstheoretischen Standort in den Bereichen Theorie der Therapie, der Persönlichkeit, der interpersonalen Beziehungen und der Anwendung ausführlich dargestellt. Zur Erleichterung im Umgang mit diesen theoretischen Überlegungen werden zuvor die wichtigsten von Rogers verwendeten Begriffe überblicksartig dargestellt. Die nachfolgende kritische Betrachtung dieser theoretischen Konzepte ist der Ausgangspunkt für die Darstellung alternativer Theorie-Konzepte aus den Bereichen des Lernens und des unmittelbaren Erlebens, die bei den derzeitigen Überlegungen zur Weiterentwicklung der Gesprächspsychotherapie-Theorie breiten Raum einnehmen.

1.1 Persönlich-biographischer Hintergrund und die Entwicklung des klienten-zentrierten Konzepts

Die klienten-zentrierte Gesprächspsychotherapie wurde von Carl R. Rogers begründet und gemeinsam mit vielen Mitarbeitern weiterentwickelt. Da sie so stark durch ihn beeinflußt wurde, erscheint es für das Verständnis der Theorie und Praxis der Gesprächspsychotherapie aufschlußreich, etwas über die Biographie und die persönliche Weltanschauung von Rogers zu erfahren.
Die folgende Darstellung stützt sich auf den autobiographischen Aufsatz »This is me« (Rogers 1961) und ein Gespräch zwischen J. T. Hart und C. R. Rogers (Hart und Tomlinson 1970).

Rogers wurde 1902 in Oak Park, Illinois (USA), als fünftes von sechs Kindern geboren. Er beschreibt seine Eltern als ausgesprochen puritanisch und konservativ. Die häusliche Atmosphäre ist durch enge Familienbeziehungen, strikte religiöse und ethische Überzeugungen und die Hochachtung harter Arbeit gekennzeichnet. Die Eltern kümmern sich sehr um das Wohl ihrer Kinder und kontrollieren ihr Verhalten stark.
Als Rogers zwölf Jahre alt ist, kaufen sich seine Eltern eine Farm. Er entwickelt hier ein starkes Interesse für wissenschaftliche Landwirt-

schaft. Er lernt in diesem Zusammenhang schon als Junge etwas über wissenschaftliche Methoden und gewinnt einen großen Respekt vor der Wissenschaft.

Auf dem College in Wisconsin studiert er zunächst Landwirtschaft. Während seiner ersten beiden College-Jahre verändert sich sein Berufsziel als Resultat einiger emotional für ihn bedeutsamen religiösen Studentenkonferenzen von der wissenschaftlichen Landwirtschaft zum geistlichen Beruf.

1922 besucht er eine internationale christliche Studentenkonferenz in China. Hier erkennt er zum ersten Male klar, daß ernsthafte und ehrenwerte Personen sehr unterschiedliche religiöse Überzeugungen haben können. Er löst sich von den religiösen Vorstellungen seiner Eltern, was ihm nicht leicht fällt, und wird dadurch zu einer unabhängigen Person.

1924 besucht er das liberale »Union Theological Seminary«. Ein Seminar, das von Studenten selbständig gestaltet wird, hilft ihm, seine Anschauungen zu klären und seine eigene Lebensphilosophie zu finden. Er erkennt, daß er nicht auf einem Gebiet arbeiten kann, in dem er auf eine bestimmte Überzeugung festgelegt ist. Er wechselt daher zum »Teachers' College« über, wo ihm besonders die praktische klinische Arbeit in der Erziehungsberatung (child guidance) interessiert. An einem neu gegründeten »Institute for Child Guidance« lernt er die Psychoanalyse Freuds kennen und empfindet einen starken Gegensatz zu dem streng wissenschaftlichen, statistischen Standpunkt, der am »Teachers' College« vorherrscht. Die Notwendigkeit, diesen Konflikt zu lösen, sieht er rückblickend als eine bedeutsame Lernerfahrung an.

Er nimmt dann eine Stelle als klinischer Psychologe am »Child Study Department of the Society for the Prevention of Cruelty to Children« in Rochester an. Die zwölf Jahre, die er in Rochester arbeitet, sind durch praktische psychologische Arbeit mit delinquenten und unterprivilegierten Kindern und Jugendlichen ausgefüllt. In dieser Zeit macht er einige Erfahrungen, die auch für seine spätere Arbeit bestimmend bleiben:

– Dominante und autoritäre Verhaltensweisen im Umgang mit Klienten haben höchstens kurzdauernde und oberflächliche Effekte.
– Der Klient selber weiß am besten, was ihn stört, welche Konflikte er hat und in welche Richtung er gehen will.

Er wird in dieser Zeit durch die Auffassungen des Freud-Schülers Otto Rank und von Sozialarbeitern beeinflußt, die die Fähigkeit des Klienten zur eigenständigen Lösung seiner Probleme betonen.

1939 veröffentlicht Rogers sein erstes Buch »The Clinical Treatment of the Problem Child«, in dem er noch keinen eigenen theoretischen Ansatz entwickelt hat. Hauptsächlich wegen dieser Veröffentlichung wird er 1940 als Professor an die »Ohio State University« berufen.

Beim Versuch, seine klinischen Erfahrungen an Studenten weiterzugeben, wird ihm zum ersten Male klar, daß er einen neuen Ansatz auf dem Gebiet der Psychotherapie entwickelt hat, der sich deutlich von anderen Auffassungen unterscheidet. Er schreibt das Buch »Counseling and Psychotherapy« (1942), in dem er die Methode des »non-directive counseling« ausführlich darstellt. Nach fünf Jahren in Ohio geht er nach Chicago, wo er zwölf Jahre an der Universität arbeitet und ein »Counseling Center« aufbaut. Die Psychotherapieforschung, die schon in Ohio begonnen wurde, gewinnt jetzt noch größere Bedeutung. 1951 erscheint das Buch »Client-centered Therapy«, in dem das erweiterte und veränderte Konzept der klienten-zentrierten Orientierung dargestellt wird.

Ab 1957 leitet Rogers in Wisconsin ein Forschungsprojekt mit schizophrenen Patienten, das zwar wissenschaftlich zu wichtigen Ergebnissen führt (Bestätigung seiner theoretischen Annahmen über den Therapieprozeß), aber therapeutisch recht entmutigend ist (keine bedeutsamen Unterschiede zwischen Kontroll- und Therapiegruppe).

Er gerät in starke Konflikte mit dem dortigen »Department of Psychology«, da er sich für eine Form des Psychologiestudiums engagiert, in dem nicht die Anhäufung von Faktenwissen, sondern die Entwicklung kreativer Fähigkeiten im Vordergrund steht. Wegen dieser Auseinandersetzungen verläßt Rogers Wisconsin und arbeitet zunächst am »Western Behavioral Sciences Institute«, später am »Institute for Studies of the Person« in La Jolla (Kalifornien). Nach der Arbeit mit »neurotischen« und »psychologischen« Individuen beschäftigte er sich nun vorwiegend mit »normalen« Personen. Sein Interesse gilt vor allem der Pädagogik (Freedom to Learn 1969) und den Selbsterfahrungsgruppen (Carl Rogers on Encounter Groups 1970).

Rogers (1961, S. 15—27) nennt einige für ihn wichtige persönliche Lernerfahrungen:

»In meinen Erfahrungen mit Personen habe ich gefunden, daß es langfristig nicht hilft, so zu handeln, als wäre ich jemand, der ich nicht bin.«

»Es ist effektiver, wenn ich akzeptierend mir selbst zuhöre, wenn ich ich selbst sein kann.«

»Es ist für mich von großem Wert, wenn ich mir erlauben kann, eine andere Person zu verstehen.«

»Es ist bereichernd, Kanäle zu öffnen, durch die andere ihre Gefühle, ihre private wahrgenommene Welt mir kommunizieren können.«

»Es ist höchst befriedigend, eine andere Person zu akzeptieren.«

In diesen Formulierungen beschreibt Rogers seine Einstellungen zu zwischenmenschlichen Beziehungen, die auch sein Verhalten als The-

rapeut bestimmen. Rogers hält die Gesamtheit der Erfahrung[1] für ›weiser‹ als den Verstand, wenn diese Erfahrungen unverzerrt wahrgenommen werden können.
Destruktives und antisoziales Verhalten sowie unreife und regressive Tendenzen hält Rogers für die Auswirkungen von innerer Furcht und Verteidigungshaltungen. Grundlegender und tiefer sind für ihn konstruktive Tendenzen, die sich entfalten können, wenn eine Person möglichst vollständig verstanden und akzeptiert wird.
»Das Leben ist dann, wenn es am besten ist, ein fließender, sich verändernder Prozeß, in dem nichts fixiert ist.« Es gibt für Rogers kein geschlossenes System von Überzeugungen oder unveränderbaren Prinzipien. Das Leben wird durch das sich verändernde Verständnis und die Interpretation der Erfahrungen geleitet. Es ist immer in einem Prozeß des Werdens.

Das von Rogers auf diesem Hintergrund entwickelte Konzept einer klienten-zentrierten Therapie ist in seiner historischen Entwicklung durch verschiedene Schwerpunkte gekennzeichnet, deren wesentliche Inhalte von Seeman (1965) bzw. Hart (1970) vergleichbar in drei Phasen unterteilt werden.
Für die *erste Phase* ist Rogers' Buch »Counseling and Psychotherapy« (1942) charakteristisch, in dem die neue Methode des »non-directive counseling« von der direkten Beratung und der psychoanalytischen Behandlung abgehoben wird.
Rogers geht bei seinem Therapiekonzept davon aus, daß es eine Tendenz des Individuums gibt, sich in Richtung auf Wachstum, Gesundheit und Anpassung[2] zu bewegen und daß es deshalb nicht die Aufgabe des Therapeuten ist, den Klienten zu manipulieren oder zu bestimmten Handlungen zu veranlassen. Bei der therapeutischen Interaktion handelt es sich vielmehr um ein Vorgehen, das bewußt auf die Anwendung von Ratschlägen und Verhaltensanweisungen verzichtet, da diese aus der subjektiven Sichtweise des *Psychotherapeuten* entstehen. Die Effektivität der therapeutischen Interaktion wird vor allem darin gesehen, daß die therapeutische Beziehung

> »... es dem Klienten ermöglicht, zu einem Verständnis seiner selbst in einem Ausmaß zu gelangen, das ihn befähigt, aufgrund dieser neuen Orientierung positive Schritte zu unternehmen.« (Rogers 1942/1972, S. 28)

---

1 Wir verwenden den Ausdruck ›Erfahrung‹ in der Folge stets als Übersetzung des amerikanischen Ausdrucks ›experience‹. Der Begriff ›Erfahrung‹ bezeichnet hier nicht nur kognitive Erlebnisinhalte, sondern alle Erlebnisse, die dem Bewußtsein zugänglich sind, wie Wahrnehmung, Gedanken, Gefühle usw.

2 Mit Anpassung ist nicht gemeint, daß das Individuum unkritisch die Forderungen von Autoritätspersonen oder Normen der Gesellschaft übernimmt, sondern daß es sich gewissermaßen an sich selbst anpaßt, indem es seine eigenen Ziele auswählt, diesen Zielen entsprechend handelt und dazu fähig ist, Probleme und Schwierigkeiten aus eigener Kraft zu bewältigen.

In der nicht-direktiven Therapie werden die Gefühlsaspekte von Klientenäußerungen stärker als die intellektuellen Aspekte und die unmittelbare Gegenwart stärker als die Vergangenheit des Klienten beachtet.

Die therapeutische Beziehung selbst wird als eine Erfahrung des Wachstums angesehen. Rogers sieht die Aufgabe des Therapeuten darin, eine permissive, angstfreie, entspannte Atmosphäre zu schaffen, indem er die offen ausgedrückten Gefühle des Klienten akzeptiert und klärt. Dadurch wird der Klient ermutigt, sich völlig frei auszudrükken, wodurch er allmählich Einsicht in seine Situation und sein Verhalten gewinnen und aufgrund dieser Einsichten effektiver handeln kann.

Rogers beschreibt in dieser ersten Phase die einzelnen Schritte des Therapieprozesses und erläutert sie durch Beispiele. Auch die ersten empirischen Untersuchungen, in denen Therapeuten- und Klientenäußerungen in bestimmte inhaltliche Kategorien eingeordnet werden, haben einen deskriptiven Charakter. Obwohl bestimmte theoretische Konzepte schon ansatzweise vorhanden sind, liegt eine explizite Theorie der Persönlichkeit noch nicht vor.

Eine Theorie der Persönlichkeit, deren zentraler Begriff das ›Selbst‹ ist, wird in der *zweiten Phase* ausgearbeitet, in der die ›phänomenale Welt‹ des Klienten im Mittelpunkt des Interesses steht. Kennzeichnend für die zweite Phase ist Rogers' Buch »Client-centered Therapy« (1951).

Schon die veränderte Benennung der Therapie als ›klienten-zentriert‹ drückt aus, daß das Bemühen, die subjektive Welt des Klienten zu verstehen, für das Verhalten des Therapeuten entscheidend ist und daß es nicht genügt, ›nicht-direktiv‹ zu sein.

Rogers betont im Vergleich zur ersten Phase stärker die Einstellung und Orientierung des Therapeuten als die Anwendung bestimmter Techniken. Wenn der Therapeut Respekt vor dem Wert und der Bedeutung der Person hat und von der Hypothese ausgeht, daß das Individuum die Kapazität besitzt, konstruktiv mit all den Aspekten seines Lebens umzugehen, die ihm potentiell bewußt werden können, wird es ihm leichtfallen, die klienten-zentrierten Techniken anzuwenden. Die Aufgabe des Therapeuten wird nun so formuliert, daß er soweit wie möglich versuchen soll, den *inneren Bezugsrahmen des Klienten* anzunehmen, die Welt gewissermaßen durch die Augen des Klienten wahrzunehmen und etwas von diesem einfühlenden Verständnis dem Klienten zu kommunizieren. Die Reflexion von Gefühlen wird als die Technik angesehen, die die klientenzentrierte Einstellung am besten verwirklicht. Therapeutische Eingriffe in der Art von Beruhigungen, Ermutigungen oder Vorschlägen, die in den früheren Fällen gelegentlich vorkamen, fehlen in der zweiten Phase fast völlig. Hart (1970) be-

zeichnet das Therapiekonzept der zweiten Phase daher als »reflective psychotherapy«.
Die Reflexion und Akzeptierung von Gefühlen durch den Therapeuten führt beim Klienten zu einer Reorganisation des Selbst. Bisher verzerrt wahrgenommene oder verleugnete Erfahrungen können nun bewußt symbolisiert und in das Selbstkonzept integriert werden. Der veränderten Wahrnehmung entsprechend ändert sich auch das Verhalten, das nach Rogers der zielgerichtete Versuch des Organismus ist, die erlebten Bedürfnisse in der wahrgenommenen Realität zu befriedigen.
Auch die Forschung wird in der zweiten Phase stärker durch die Theorie geleitet. Verschiedene Aspekte der Veränderungen des Klienten im Verlauf der Therapie, die mit dem Funktionieren des Selbst zusammenhängen (z. B. Einstellungen zum Selbst, Selbstakzeptierung, Standpunkt der Bewertung) werden untersucht (z. B. Raimy, 1948).
Der klienten-zentrierte Standpunkt wird nun auch auf andere Bereiche der menschlichen Interaktion, wie die Spieltherapie mit Kindern, den Unterricht, die Gruppenleitung und Verwaltung anzuwenden versucht.

In der *dritten Phase* der Entwicklung richtet sich nach Seeman (1965) das Interesse vor allem auf das Verhalten des Therapeuten. Diese Phase wird durch den Aufsatz: »The Necessary and Sufficient Conditions of Therapeutic Personality Change« von Rogers (1957) eingeleitet. Allerdings wird in der dritten Phase auch die Untersuchung der Vorgänge beim Klienten nicht vernachlässigt, wie z. B. der Aufsatz von Rogers (1958) über die Prozeßskala zeigt.
Eine der ersten Untersuchungen, in denen die Auswirkungen der Rogers-Variablen erforscht werden, ist ein Forschungsprojekt mit Schizophrenen. Der Umgang mit hospitalisierten Psychotikern stellt die klienten-zentrierten Therapeuten, die bisher fast nur mit neurotischen Klienten gearbeitet haben, vor schwierige Probleme. Da die Schizophrenen von sich aus nicht dazu fähig sind, eine Beziehung herzustellen und oft hartnäckig schweigen oder eine oberflächliche Konversation aufrechterhalten, reicht die Technik des Verbalisierens von Gefühlen nicht mehr aus. Die therapeutischen Techniken werden variabler und flexibler, z. B. stellt der Therapeut gelegentlich Fragen oder äußert sein eigenes unmittelbares Erleben. Hart (1970) nennt dieses erweiterte Konzept der dritten Phase »experiential psychotherapy«.
In der dritten Phase werden auch neue theoretische Ansätze zur Erklärung der Prozesse in der Gesprächspsychotherapie entwickelt. Die Theorie der Persönlichkeitsänderung von Gendlin (1970a, b) geht von dem subjektiven Erleben (experiencing) des Klienten aus, während

Truax und Carkhuff (1967) oder Tausch (1973) versuchen, einzelne Aspekte der Gesprächspsychotherapie lerntheoretisch zu erklären.

1.2 Das theoretische System von Rogers

Gesellschaftliche Zielvorstellungen und der wissenschaftstheoretische Standort von Rogers

In dem 1961 erschienenen Aufsatz »The Place of the Individual in the New World of the Behavioral Sciences« stellt Rogers in der Auseinandersetzung mit B. F. Skinner seine gesellschaftlichen Zielvorstellungen dar.

Skinner ist der Auffassung, daß eine Kontrolle menschlichen Verhaltens stets stattgefunden habe und unumgänglich sei. Es sei daher die Aufgabe der Wissenschaftler, ihr Wissen über die effektive Kontrolle des menschlichen Verhaltens bewußt zur Verbesserung der Gesellschaft einzusetzen. Die Idee der menschlichen Freiheit habe zwar eine historische Bedeutung im Kampf gegen die Tyrannei gehabt, sie stehe aber im Widerspruch zur wissenschaftlichen Weltanschauung und verhindere die Anwendung wirksamer Methoden der Verhaltenssteuerung im sozialen Bereich (vgl. auch Skinner 1973).

Rogers weist dagegen darauf hin, daß man letzten Endes niemals die Ziele einer solchen Verhaltenssteuerung wissenschaftlich begründen könne, sondern nur die Methoden in bezug auf bestimmte Ziele. Dies führe zu der Frage, welche Personen oder Gruppen die Macht haben sollen, die Entscheidung über die Ziele zu treffen und die Maßnahmen zur Erreichung dieser Ziele zu überwachen. Die kontrollierten Individuen hätten nicht die Möglichkeit, für sich selbst die Ziele auszuwählen und den für sie von anderen Menschen bestimmten Endzustand zu transzendieren. Rogers schlägt daher als Alternative ein System von Werten vor, das sich mehr auf Prozesse als auf Zustände bezieht und deshalb weniger statisch ist. Zu diesen Werten gehören die Prozesse der Entwicklung und Selbstverwirklichung der Person, der kreativen Adaptation an seine stets neue, sich verändernde Welt und die Transzendierung des bisherigen Wissens durch neue Erkenntnisse. Die Aufgabe der Wissenschaft wäre es, Methoden zu entwickeln, durch die diese Prozesse gefördert werden, die zu einem selbstbestimmten, spontanen und flexiblen Verhalten führen.

Rogers' Sichtweise des Individuums und der Gesellschaft stehen in engem Zusammenhang mit seiner Sichtweise der menschlichen ›Realität‹. Er geht davon aus, daß ein Konzept einer objektiven, ›wahren‹ Realität nicht nötig ist, da

»... wir niemals eine Wirklichkeit ausmachen (können), die Menschen, Beziehungen oder dem Universum zugrunde liegt. Wir können nur Beziehungen zwischen beobachtbaren Ereignissen beschreiben.« (Rogers 1961/1973, S. 203)

Da die Realität für ihn mit der subjektiven Erfahrung des Einzelnen gleichzusetzen ist, gibt es auch für das Individuum keine objektive, absolute Realität, entscheidend für das Agieren des Individuums ist vielmehr die Realität, die es *erfährt;* auf diese reagiert es als ›organisches Ganzes‹ (Rogers 1951/1973). Dabei sind

»Der innerste Kern der menschlichen Natur, die am tiefsten liegenden Schichten seiner Persönlichkeit, die Grundlage seiner tierischen Natur ... von Natur aus positiv – von Grund auf sozial, vorwärtsgerichtet, rational und realistisch.« (Rogers 1961/1973, S. 99 f)

Das gesellschaftliche Umfeld des Individuums wird von Rogers vorrangig unter dem Gesichtspunkt analysiert, inwieweit es durch seine Werthaltungen und Normen bei der Selbstverwirklichung des Individuums förderlich oder hinderlich ist. Rogers (1951/1973) geht davon aus, daß die von anderen Individuen gesetzten und vertretenen Normen und Werthaltungen nicht notwendigerweise übereinstimmen mit den eigenen organismischen Erfahrungen des Individuums, und daß die so erlebte Diskrepanz zwischen der Selbststruktur und der Erfahrungswelt Auslöser von psychischen Spannungen und in der weiteren Folge von Krankheit ist (vgl. dazu auch S. 25).

Seine Sichtweisen zur wissenschaftlichen Theorie und Forschung skizziert Rogers (1959b) folgendermaßen:

– Sowohl die empirische Forschung als auch die Theorie sollen dazu beitragen, wichtige Erfahrungen in eine innere Ordnung zu bringen. Dadurch wird das subjektive Bedürfnis nach Ordnung befriedigt. Wenn Erfahrungen nicht als isolierte Ereignisse betrachtet werden, sondern in eine Theorie integriert werden können, ergeben sich daraus neue Ansatzpunkte und Fragestellungen für die Forschung.
– Genaue Beobachtungen, sorgfältiges Denken und kreative Ideen stehen am Anfang der Wissenschaft und nicht eine Vielzahl von Laboratoriumsmethoden.
– Die wissenschaftliche Forschung ist ein Prozeß, der eine bestimmte Entwicklung durchmacht. Anfangs können die Beobachtungen grob, die Hypothesen spekulativ und fehlerhaft und die Messungen ungenau sein, aber mit zunehmender Erfahrung können die Methoden verbessert und verfeinert werden. Es kommt weniger auf den jeweils erreichten methodischen Stand einer Wissenschaft an als vielmehr auf die Richtung, in die sie sich bewegt.
– Im Bereich der Psychologie kann man nicht das wissenschaftliche Vorgehen einer viel weiter entwickelten Wissenschaft wie der theoretischen Physik nachahmen. Man muß auf einer niedrigeren Ebene ansetzen, die durch die genaue Beobachtung von Phänomenen und

die Bildung und Überprüfung versuchsweiser Hypothesen gekennzeichnet ist.

- Theorien sollten niemals als etwas Endgültiges angesehen werden, so daß sie zu einem Dogma erstarren, sondern als fehlbare und veränderbare Ansätze betrachtet werden, die einen Anreiz zu weiterem kreativen Denken geben.
- Die Wahrheit ist etwas Einheitliches. Daher können Theorien, die sich aus bestimmten Erfahrungen ergeben haben, auch auf andere Gebiete übertragen werden. Mit zunehmender Entfernung von ihrem Ursprung werden aber die Fehler und Irrtümer der Theorie immer größer.
- Jeder Mensch lebt in einer persönlichen, subjektiven Welt, und auch die objektiven Wissenschaften sind ein Resultat subjektiver Zwecke und Entscheidungen. Die wissenschaftliche Methodik ist besonders gut dazu geeignet, Selbsttäuschungen, die durch die subjektive Wahrnehmung hervorgerufen werden können, zu korrigieren. Auch wenn es eine objektive Wahrheit geben sollte, kann man sie doch niemals erkennen. Nur in der subjektiven Sichtweise eines Individuums erscheinen bestimmte Feststellungen als objektive Wahrheiten.

Nach Rogers (1959b) führten in der klienten-zentrierten Orientierung therapeutische Erfahrungen zur Formulierung einer Theorie; die daraus abgeleiteten Hypothesen wurden überprüft und die Theorie gegebenenfalls modifiziert. Die veränderte Theorie wurde dann erneut (s. o.) überprüft. Rogers empfindet den logischen Empirismus, an dem er sich in bezug auf die wissenschaftliche Forschung orientiert, als philosophische Grundlage für die klienten-zentrierte Therapie unbefriedigend. Er erhofft sich von einem existentialistischen Standpunkt eine stärkere Berücksichtigung der subjektiven Erfahrung des Individuums, die im Mittelpunkt der klienten-zentrierten Therapie steht (vgl. Rogers 1959b).
In dem Aufsatz »Towards a Science of the Person« (1969) führt Rogers diesen Gedanken weiter aus. Er glaubt, daß der phänomenologisch-existentialistische Trend in der Psychologie zu einer umfassenderen Wissenschaft vom Menschen führt, da er sich nicht nur mit dem äußeren Verhalten, sondern auch mit dem inneren Erleben beschäftigt. Er grenzt das Menschenbild des Existentialismus von dem des Behaviorismus und der Psychoanalyse ab. Für den Behavioristen sei der Mensch eine komplizierte, aber durchschaubare Maschine, die man mit immer größerem Geschick manipulieren kann, bis sie sich so verhält, wie sie sich verhalten soll; für den Freudianer sei er ein irrationales Wesen, das unter der Herrschaft seiner Vergangenheit und des Produktes dieser Vergangenheit, des Unbewußten, stehe. Von dem existentialistischen Standpunkt aus sei der Mensch mehr, nämlich eine Person im

Prozeß des Sich-Selbst-Schaffens, ein subjektiv freier, wählender, verantwortlicher Architekt des Selbst.

Wesentliche Grundbegriffe des theoretischen Systems von Rogers

Die theoretischen Überlegungen von Rogers werden begleitet von einer Reihe von Konstrukten, deren Kenntnis für die Auseinandersetzung mit diesen Überlegungen notwendig und hilfreich ist. Daher werden im folgenden einige Begriffe, die im Zusammenhang mit der Theorie der Therapie und der Theorie der Persönlichkeit eine wesentliche Rolle spielen, im Anschluß an Rogers (1959b) erläutert.

Aktualisierungstendenz (actualizing tendency):
Darunter ist die allgemeine Tendenz des Organismus zu verstehen, alle seine Fähigkeiten zur Aufrechterhaltung oder Förderung des Organismus einzusetzen. Diese Tendenz ist angeboren. Alle übrigen Triebe und Motivationen sind nur Teilaspekte, Manifestationen dieses »master motive«. Nur der Organismus als Ganzes ruft diese Tendenz hervor.

Erfahrung (experience):
Hierunter ist alles das zu verstehen, was im Organismus zu jedem gegebenen Zeitpunkt vor sich geht, das dem Bewußtsein *potentiell* zugänglich ist, aber nicht bewußt sein muß, so daß Bewußtes wie Nichtbewußtes eingeschlossen ist. Es handelt sich hierbei um eine psychologische, nicht um eine physiologische Definition.

Bewußtsein (awareness, symbolisation, consciousness):
Bewußtsein bedeutet die Symbolisierung eines Teils der Erfahrungen. Bei genauer Symbolisierung (accurate symbolisation) werden die im Bewußtsein impliziten Hypothesen bestätigt, wenn sie durch Handlungen getestet werden.

Gefühl, Erfahren eines Gefühls (feeling, experiencing a feeling):
Eine emotional gefärbte Erfahrung zusammen mit ihrer persönlichen Bedeutung. Es ist die Emotion und der kognitive Inhalt der Bedeutung dieser Emotion in ihrem erfahrenen Kontext.

Selbst, Selbstkonzept, Selbststruktur (self, concept of self, self-structure):
Die organisierte, konsistente Gestalt, die aus den wahrgenommenen Eigenschaften des ›Ich‹ und seinen Beziehungen zu Anderen oder verschiedenen Aspekten des Lebens gebildet wird, zusammen mit den *Bewertungen* dieser Wahrnehmungen. Das Selbst ist dem Bewußtsein zu-

gänglich, aber nicht notwendig bewußt. Es ist zu verstehen als eine sich verändernde ›gestalthafte‹ Ganzheit, wobei eine geringfügige Änderung eines Einzelaspektes die gesamte Konfiguration der ›Gestalt‹ vollständig ändern kann. ›Selbst‹ und ›Selbstkonzept‹ bezeichnen den Vorgang vom Individuum aus gesehen, ›Selbststruktur‹ von Dritten, von außen gesehen.

Selbstideal (ideal self):
Es ist das Konzept, dem das Individuum am liebsten entsprechen würde.

Selbsterfahrung (self-experience):
Dies ist das Rohmaterial, aus dem das organisierte, sich stetig verändernde Selbstkonzept gebildet wird.

Selbstaktualisierung, Tendenz zur (tendency toward selfactualisation):
Dieser Begriff ist auf den Teil der Erfahrungen des Organismus beschränkt, der im Selbst symbolisiert ist. Wenn das Selbst und die Erfahrungen inkongruent sind, arbeiten die generelle Tendenz, den Organismus zu aktualisieren, und das Untersystem, die Selbstaktualisierungstendenz, möglicherweise gegeneinander.

Inkongruenz zwischen Selbst und Erfahrung (incongruence between self and experience):
Diskrepanz zwischen dem wahrgenommenen Selbst und der aktuellen Erfahrung des Organismus. Die Aktualisierungstendenz des Organismus und die Selbstaktualisierungstendenz arbeiten gegeneinander. Dieser Zustand, der auch als *psychologische Fehlanpassung* (psychological maladjustment) bezeichnet wird, ist durch Spannung und innere Verwirrung gekennzeichnet. Daraus kann sich z. B. neurotisches Verhalten entwickeln.

Psychologische Fehlanpassung (psychological maladjustment):
Sie liegt vor, wenn der Organismus wichtige Erfahrungen verzerren oder verneinen muß; es besteht eine Inkongruenz zwischen dem Selbst und der Erfahrung. In diesem Zustand ist das Individuum verletzbar (›vulnerable‹: ist sich der Diskrepanz nicht bewußt) oder bedroht (›threatened‹: ist sich der Diskrepanz in gewissem Umfang bewußt).

Verzerrung oder Verneinung im Bewußtsein (distortion in, denial to awareness):
Durch diese Prozesse der Verteidigung (defense) werden Ereignisse, die mit dem Selbst nicht kongruent sind, in ihrer Bedeutung verzerrt oder vor dem Bewußtsein geleugnet, damit die gegenwärtige Selbststruktur aufrechterhalten werden kann.

Kongruenz von Selbst und Erfahrung:
Wenn die Selbsterfahrungen genau und vollständig symbolisiert werden und in das Selbstkonzept in dieser genau symbolisierten Form integriert werden, entspricht dies dem Zustand der Kongruenz. Wenn dies vollständig für alle Erfahrungen zutrifft (ein hypothetischer Zustand, den ein Individuum in der Realität nur annäherungsweise erreichen kann), handelt es sich um eine ›fully functionning person‹.

Psychologische Anpassung (psychological adjustment):
Es besteht eine vollständige Kongruenz zwischen Selbst und Erfahrung bzw. vollständige Offenheit für sämtliche Erfahrungen.

Positive Zuwendung (positive regard):
Dazu gehören Einstellungen wie: Respekt, Akzeptierung, Gernhaben, Sympathie, Wärme u. ä.

Unbedingte positive Zuwendung:
Die Zuwendung einem Individuum gegenüber ist nicht von bestimmten Bedingungen, die dieses Individuum erfüllen muß, abhängig.

Selbstachtung/positive Wertschätzung:
Positive Selbstbewertung eines Individuums, die mit bestimmten Selbsterfahrungen verbunden ist, unabhängig von der positiven Zuwendung anderer.

Bedürfnis nach Selbstwertschätzung (need for positive self-regard):
Gelerntes, sekundäres Bedürfnis, das nur mittelbar abhängig von positiver Wertschätzung anderer ist.

Werthaltungen (conditions of worth):
Die Selbststruktur enthält Wertbedingungen, wenn Selbsterfahrungen gesucht oder vermieden werden, weil sie dem Individuum als mehr oder weniger der Selbstwertschätzung würdig erscheinen. Die Bewertungen Anderer werden allmählich in das Selbstbewertungssystem übernommen und Erfahrungen als positiv oder negativ bewertet – nicht weil diese Erfahrung den Organismus fördert oder nicht fördert, sondern weil diese Werthaltungen von anderen Personen übernommen wurden.

Standpunkt der Bewertung (locus of evaluation):
Bei einem inneren Standpunkt der Bewertung ist das Individuum das Zentrum des Bewertungsprozesses, bei einem äußeren Standpunkt der Bewertung ist das Urteil anderer das Kriterium für die Bewertung.

Organismischer Bewertungsprozeß (organismic valuing process):
Dieser Begriff beschreibt einen andauernden Prozeß, in dem Werte nicht fixiert sind, sondern in dem die Erfahrungen genau symbolisiert und kontinuierlich nach der Befriedigung bewertet werden, die der Organismus kurz- oder langfristig erlebt. Kriterium für diesen Prozeß ist die Aktualisierungstendenz des Organismus.

Internaler Bezugsrahmen (internal frame of reference):
Die subjektive Welt des Individuums, die nur das Individuum selbst vollständig kennen kann. Nimmt man eine andere Person vom *eigenen* inneren Bezugsrahmen aus wahr, betrachtet man diese Person von einem äußeren Bezugsrahmen aus (external frame of reference).

Einfühlendes Verstehen:
Einfühlendes Verstehen bedeutet, den inneren Bezugsrahmen eines Individuums mit den emotionalen Komponenten und den dazugehörenden Bedeutungen so genau wahrzunehmen, als ob man das andere Individuum selbst wäre, ohne jedoch jemals diese ›Als-ob-Qualität‹ zu verlieren.

Theorie der Therapie

1951 unternimmt Rogers einen ersten Formulierungsversuch zu einer zusammenhängenden Theorie der Therapie, die für ihn im Mittelpunkt seines theoretischen Systems steht. Ausgangspunkt bei der Darstellung der Therapie-Theorie ist dabei ein Individuum, bei dem noch kein Bedürfnis nach Therapie besteht und das dann weiterbetrachtet wird im Verlaufe der Veränderungen, die in der Therapie auftreten.
Rogers geht davon aus, daß das Individuum, das im Moment noch nicht nach therapeutischer Hilfe sucht, eine organisierte Struktur der Wahrnehmungen von seinem Selbst und dem Selbst in Beziehung zur Umwelt hat. Diese Struktur ist in den Einzelelementen zwar fließend, aber grundsätzlich stabil und dem Bewußtsein zugänglich. Diese Selbststruktur wird als ein System von Hypothesen zur Lebensbewältigung betrachtet, wobei diese Hypothesen von einem *objektiven* Standpunkt der Realität aus auch ungenau oder falsch sein können. Solange eine Widersprüchlichkeit nicht wahrgenommen wird, kann das Selbst positiv bewertet und akzeptiert werden, das Verhalten stimmt mit den Hypothesen und den Konzepten der Selbststruktur überein und das Ausmaß einer bewußten Spannung bleibt minimal.
Wenn das Individuum beim Zusammentreffen seiner Bedürfnisse mit der Realitätssituation Widersprüche wahrnimmt oder die Organisation der Selbststruktur dabei nicht mehr wirksam ist, wird eine Thera-

pie für das Individuum bedeutsam. Wahrnehmungen von Erfahrungen, die im Widerspruch zur gegenwärtigen Struktur des Selbst stehen, sind bedrohend und werden daher verzerrt, verleugnet oder unzutreffend symbolisiert.

In der Gesprächspsychotherapie wird einem solchen Individuum nunmehr eine entspannte, einfühlende und akzeptierende Atmosphäre zugänglich gemacht, in der es in der Beziehung zu seinem Psychotherapeuten nach und nach ein Freisein von Bedrohung erfährt, das völlig neu für das Individuum ist. Die harte, fest begrenzte Gestalt der Selbst-Organisation entspannt sich und wird abgelöst durch flexiblere, ungenauere Strukturen. Ein Individuum, das bei diesen situativen Gegebenheiten – die sehr stark vom Psychotherapeuten hergestellt und beeinflußt werden können – sein Wahrnehmungsfeld zu erforschen beginnt, macht Erfahrungen, die ihm zuvor nie deutlich waren, die dem Bild, das es von sich gehabt hat, widersprechen und es bedrohen. Daraufhin wird sich das Individuum für eine gewisse Zeit – für eine Zwischenphase – auf eine vorherige, weniger bedrohliche ›Gestalt‹ zurückziehen, dann aber – im Schutze der akzeptierenden, einfühlenden Bedingungen der therapeutischen Interaktion – langsam, Schritt für Schritt, die widersprüchliche Erfahrung in eine neue, veränderte ›Gestalt‹ integrieren. Diese neue Konfiguration des Selbst enthält Wahrnehmungen, die bisher geleugnet wurden sowie eine präzisere Symbolisierung des größeren Erfahrungsspektrums.

Nach einer Phase ohne ein festes Konzept vom Selbst (›Desorganisation‹) erfolgt eine ›Reorganisation‹, die im wesentlichen dadurch ermöglicht wird, daß der Psychotherapeut die vom Klienten zuvor geleugneten Wahrnehmungen des Selbst genauso akzeptiert und sich ihnen entspannt zuwenden kann.

Durch die Symbolisierung und Ausdifferenzierung des so gewonnenen, erweiterten Erfahrungshintergrundes wird die Selbststruktur fester und zu einer verläßlichen Grundlage für das Verhalten, die positiven Selbstgefühle und Einstellungen treten in den Hintergrund und das Individuum empfindet weniger Erfahrungen als bedrohlich, da das neue Selbst mit der Gesamtheit der Erfahrungen wesentlich besser übereinstimmt.

Den Motor dieser gesamten Fortentwicklung sieht Rogers in der grundlegenden Tendenz des Individuums zur Erhaltung und Weiterentwicklung des Organismus und des Selbst. Aufgrund dieser Tendenz neigt das Individuum in der Therapie eher zur Reorganisation als zur Desorganisation und der therapeutische Prozeß ist danach die Realisierung von seit der Geburt des Individuums festgelegten Schritten.

Die Theorie der Therapie wird im Jahre 1959 in einem Handbuchartikel noch einmal in Form von formalen Sätzen skizziert, die den Bereichen ›Bedingungen des therapeutischen Prozesses‹, ›Der Prozeß der Therapie‹ und ›Ergebnisse in Persönlichkeit und Verhalten‹ zugeordnet werden. Rogers (1959b) versteht die Theorie der Therapie als eine funktionale Theorie: Wenn bestimmte Bedingungen vorhanden sind (unabhängige Variablen, im folgenden unter A zu finden), dann folgen bestimmte Prozesse (abhängige Variablen, im folgenden unter B zu finden), die ganz bestimmte charakteristische Elemente aufweisen. Wenn diese Prozesse stattfinden (jetzt die unabhängigen Variablen), dann ergeben sich gewisse Persönlichkeits- und Verhaltensänderungen (abhängige Variablen, im folgenden unter C zu finden).

A. Bedingungen des therapeutischen Prozesses

Für die Therapie erscheint es notwendig, daß die folgenden Bedingungen erfüllt sind:

1. Zwei Personen haben Kontakt.
2. Die erste Person, der Klient, ist in einem Zustand, den man als inkongruent, verwundbar oder ängstlich bezeichnen kann.
3. Die zweite Person, der Therapeut, ist in der therapeutischen Beziehung kongruent.
4. Der Therapeut erlebt unbedingte positive Zuwendung gegenüber dem Klienten.
5. Der Therapeut erlebt einfühlendes Verständnis in bezug auf den inneren Bezugsrahmen des Klienten.
6. Der Klient nimmt in irgendeiner Weise wahr, daß der Therapeut die Bedingungen 4 und 5 verwirklicht.

B. Der Prozeß der Therapie

Wenn die notwendigen Bedingungen vorhanden sind und fortdauern, wird ein Prozeß mit den folgenden charakteristischen Richtungen in Gang gesetzt:

1. Der Klient wird zunehmend freier im verbalen und/oder motorischen Ausdruck seiner Gefühle.
2. Seine ausgedrückten Gefühle haben zunehmend mehr Beziehung zum Selbst.
3. Er differenziert zunehmend die Objekte seiner Gefühle und Wahrnehmungen, seine Umwelt, andere Personen, sein Selbst, seine Erfahrungen und ihre Beziehungen. Seine Wahrnehmungen werden weniger intensional[3] und stärker extensional, mit anderen Worten, seine Erfahrungen werden genauer symbolisiert.

3 Intensionalität (intensionality) besagt, daß eine Person Erfahrungen als absolut und unbedingt ansieht, übergeneralisiert, Tatsachen und Bewertungen vermischt und sich mehr auf Abstraktion als auf die Realitätsprüfung verläßt. Der Gegensatz dazu wird als Extensionalität (extensionality) oder ›Offenheit gegenüber Erfahrungen‹ bezeichnet.

4. Seine ausgedrückten Gefühle beziehen sich zunehmend auf die Inkongruenz zwischen manchen seiner Erfahrungen und seinem Selbstkonzept.
5. Er erlebt bewußt die Bedrohung, die durch diese Inkongruenz entstanden ist.
   Dies ist nur möglich, wegen der fortgesetzten unbedingten positiven Zuwendung des Therapeuten, die sich genauso auf Inkongruenz wie auf Kongruenz, auf Angst wie auf angstfreie Zustände bezieht.
6. Er erlebt voll und bewußt Gefühle, die in der Vergangenheit dem Bewußtsein verleugnet wurden oder im Bewußtsein verzerrt wurden.
7. Sein Selbstkonzept wird reorganisiert, um die Erfahrungen zu assimilieren und einzuschließen, die zuvor verzerrt oder verleugnet wurden.
8. Beim Fortschreiten dieser Reorganisation der Selbststruktur wird sie zunehmend kongruenter mit seiner Erfahrung; das Selbst schließt nun Erfahrungen ein, die zuvor zu bedrohend waren, um ins Bewußtsein zu kommen.
   Daraus folgt die Tendenz, weniger Wahrnehmungen zu verzerren oder zu verleugnen, weil es weniger bedrohende Erfahrungen gibt; mit anderen Worten, die Abwehrhaltungen werden schwächer.
9. Er wird zunehmend mehr fähig, die unbedingte positive Zuwendung des Therapeuten zu erleben, ohne daß er Gefühle der Bedrohung hat.
10. Er fühlt zunehmend mehr Selbstwertschätzung.
11. Er erlebt sich selbst zunehmend als Ausgangspunkt von Bewertungen.
12. Er reagiert auf Erfahrungen weniger aufgrund von Werthaltungen und mehr aufgrund des organismischen Bewertungsprozesses.

C. Ergebnisse in Persönlichkeit und Verhalten

Es gibt keine klare Trennung zwischen dem Prozeß und dem Ergebnis der Therapie. Die folgenden Änderungen werden als relativ beständig angesehen:

1. Der Klient ist kongruenter, offener gegenüber seinen Erfahrungen und zeigt weniger Verteidigungshaltungen.
2. Er ist daher realistischer, objektiver und weniger intensional in seinen Wahrnehmungen.
3. Er kann daher seine Probleme besser lösen.
4. Seine psychologische Anpassung ist verbessert. Das liegt an den Änderungen seiner Selbststruktur, die in B7 und B8 beschrieben wurden.
5. Als Resultat der größeren Kongruenz zwischen Selbst und Erfahrung ist seine Verwundbarkeit durch Bedrohungen geringer.

6. Als Folge von C2 ist die Wahrnehmung seines Selbstideals realistischer und erreichbarer.
7. Als Folge von C4 und C5 ist sein Selbst mit seinem Selbstideal kongruenter.
8. Als Folge der erhöhten Kongruenz von Selbst und Selbstideal sowie von Selbst und Erfahrung werden Spannungen aller Art – physiologische und psychologische, insbesondere Angst – reduziert.
9. Das Ausmaß der Selbstwertschätzung nimmt zu.
10. Er nimmt den Standpunkt der Bewertung und der Wahl als in ihm selber beruhend wahr.
    a) Als Folge von C9 und C10 fühlt er sich zuversichtlicher und mehr sich selbst steuernd.
    b) Als Folge von C1 und C10 werden seine Werte durch den organismischen Bewertungsprozeß determiniert.
11. Als Folge von C1 und C2 nimmt er andere realistischer und genauer wahr.
12. Er erlebt mehr Akzeptierung durch andere, da er ein geringeres Bedürfnis hat, seine Wahrnehmungen von ihnen zu verzerren.
13. Sein Verhalten verändert sich in verschiedener Hinsicht.
    a) Da der Anteil der Erfahrungen, der an die neue Selbststruktur assimiliert werden kann, vergrößert ist, ist der Anteil des Verhaltens größer, der als zum Selbst gehörig anerkannt werden kann.
    b) Im Gegensatz dazu nimmt der Anteil des Verhaltens ab, der nicht als Selbsterfahrung anerkannt wird, der »nicht zu mir gehört«.
    c) Daher nimmt er sein Verhalten als mehr in seiner Kontrolle stehend wahr.
14. Sein Verhalten wird von anderen als sozialisierter und reifer wahrgenommen.
15. Als Folge von C1, C2 und C3 ist sein Verhalten kreativer, adaptiver gegenüber neuen Situationen und Problemen, es drückt vollständiger seine eigenen Zwecke und Werte aus.

Theorie der Persönlichkeit

Die unmittelbare Erfahrung der Therapie ist die Grundlage, von der aus die Hypothesen über die Wirkungsweise der Therapie abgeleitet worden sind (s. S. 21). Die unmittelbare Erfahrung, die subjektive Natur der Interaktion Klient – Therapeut ist für Rogers eines der fundamentalen Kennzeichen der Therapie. Eine wissenschaftliche Theorie aber kann diese Beziehung und ihre Bedeutung nicht voll erfassen, weil das begriffliche Niveau einer Theorie weitgehend die subjektive Natur des Therapiekontakts ignorieren muß.

Die Theorie der *Therapie*, in der die Bedingungen zusammengestellt sind, die nötig sind, um den Prozeß der Therapie in Gang zu bringen, ist im wesentlichen deskriptiv. Sie kann kaum erklären, warum der Klient sich ändert. Die notwendigen Erklärungsbegriffe sind in der Theorie der *Persönlichkeit* enthalten (Rogers 1951/1973, 1959b) deren Grundgedanken sich wie folgt darstellen lassen:

Die primär motivierende Kraft des menschlichen Organismus ist nach Rogers die angeborene Tendenz zur *Selbstverwirklichung*. Rogers bezweifelt, ob die Hypostasierung von spezifischen Motiven und Bedürfnissen sinnvoll ist. Es ist möglich, alle diese Bedürfnisse als Teilaspekte des einen fundamentalen Bedürfnisses anzusehen. Wenn der Organismus in einem bestimmten Augenblick ein bestimmtes Bedürfnis zu befriedigen sucht, dann geschieht das so, daß diese Bedürfnisbefriedigung in Einklang mit der Tendenz zur Selbstverwirklichung steht.

Der Mensch hat die angeborene Fähigkeit, sich selbst zu verwirklichen, d. h. sich *vorwärts-* oder weiterzuentwickeln. Diese Fähigkeit wird von Rogers definiert als

»the inherent tendency of the organism to develop all its capacities in ways which serve to maintain or enhance the organism.« (Rogers 1959b, S. 196)

Der Organismus strebt nach größerer Differenziertheit, Unabhängigkeit, Selbstverantwortlichkeit und weg von Kontrolle durch externale Kräfte. Die Tendenz zur Selbstverwirklichung – in Richtung auf größere Reife – soll für alle Lebewesen gelten. Sie äußert sich in Neugier und Explorationsverhalten, aber auch in so umfassenden Prozessen wie dem der Evolution.

Die Tendenz zur Selbstverwirklichung wird unter günstigen Bedingungen freigesetzt. Solche Bedingungen soll die Therapiesituation schaffen.

Rogers geht von bestimmten Annahmen über die Wahrnehmung des Individuums aus:

Jedes Individuum erlebt sich als Mittelpunkt der Welt, in der es lebt. Diese private Welt kann als phänomenales Feld bezeichnet werden, das nur von der Person selbst *ganz* erfaßt werden kann. Es umfaßt alle Erfahrungen (experiences), die das Individuum macht, gleich, ob diese bewußt oder unbewußt erlebt werden. Zu einem gegebenen Zeitpunkt ist nur ein Teil der Erfahrungen bewußt, d. h. die Symbolisierung dieser Erfahrungen ist im Bewußtsein gegenwärtig. Die unbewußten Erfahrungen können jedoch jederzeit bewußt werden, d. h. sie sind dem Bewußtsein verfügbar, wenn ein Bedürfnis danach besteht.

Das Individuum reagiert so auf das Feld, wie es dies wahrnimmt, weil das phänomenale Wahrnehmungsfeld für das Individuum Realität ist (vgl. S. 20). Das Individuum reagiert also nicht auf irgendeine absolute Realität, sondern auf *seine Wahrnehmung dieser Realität.*

Um ein bestimmtes Ausmaß an Sicherheit über seine Wahrnehmungen zu bekommen, überprüft das Individuum seine Konzepte. Es überprüft das, was auf dem Tisch steht und was es für Salz hält, dadurch, daß es das ›Salz‹ probiert. Stellt es fest, daß es auch salzig schmeckt, d. h. stimmen die beiden Wahrnehmungen überein, so wird diese Erfahrung als gesichert gelten.

»Behavior ist basically the goal-directed attempt of the organism to satisfy its needs as experienced, in the field as perceived.« (Rogers 1951, S. 491)

Dieses Motivationskonzept betont die Gegenwart — es sind die gegenwärtigen Bedürfnisse, die das Verhalten einer Person bestimmen. Frühere Erfahrungen sind nur soweit wichtig, wie sie die Bedeutung, mit der gegenwärtige Erfahrungen wahrgenommen werden, verändern.

Das Verhalten des Individuums ist zielgerichtet, es ist der Versuch, seine gegenwärtigen Bedürfnisse zu befriedigen. Alle Bedürfnisse lassen sich als Teilaspekte der grundlegenden Tendenz zur Selbstverwirklichung verstehen. Nach Rogers äußern sich die Bedürfnisse als physiologische Spannungen, die solches Verhalten auslösen, das die Spannung reduziert und der Aufrechterhaltung und Förderung des Organismus dient. Um entsprechendes Verhalten in Gang zu setzen, braucht das Bedürfnis nicht unbedingt bewußt erfahren zu werden — gerade physiologische Spannungen entziehen sich ja häufig der bewußten Erfahrung (Magenkontraktion — Hunger).

Auf welche Weise eine Person ein bestimmtes Ziel zu erreichen sucht, ist abhängig von ihrem Selbstkonzept. Aus den verschiedenen Möglichkeiten, die zur Befriedigung eines bestimmten Bedürfnisses führen, wählt das Individuum das Verhalten aus, das mit seinem Selbstkonzept übereinstimmt. Das kann unter Umständen zu einer Verzerrung der Realität führen.

». . . the organic needs exist but cannot be admitted to consciousness. The behavior which is adapted is such that it satisfies the organic need but it takes channels which are consistent with the concept of self.« (Rogers 1951, S. 508)

Das Selbstkonzept bestimmt also entscheidend das Verhalten des Individuums. Es ist ein zentraler Begriff in der Persönlichkeitstheorie von Rogers. Im Laufe der frühkindlichen Entwicklung wird ein Teil des Wahrnehmungsfeldes als ›Ich‹, ›Mich‹, ›Mein‹ differenziert. Es bestehen zunächst keine scharfen Grenzen zwischen den Erfahrungen, die das Selbst betreffen und denen, die die Umwelt betreffen. Ob ein Objekt oder eine Erfahrung als ein Teil des Selbst betrachtet werden, hängt davon ab, ob sie als in der Kontrolle des Selbst stehend erlebt werden.

»Those elements, which we control are regarded as a part of self, but when even such an object as a part of our body is out of control, it is experienced as beeing less a part of the self.« (Rogers 1951, S. 497)

Will nun eine andere Person das Verhalten des Individuums verstehen oder vorhersagen, so hat sie dabei zu berücksichtigen, daß der einzige, der sein Erfahrungsfeld genau erfassen kann, das Individuum selbst ist. Das Verhalten des Individuums ist eine Reaktion auf dieses Wahrnehmungsfeld. Die beste Möglichkeit, ein Individuum zu verstehen ist deshalb, *die Erfahrungswelt vom inneren Bezugsrahmen des Individuums wahrzunehmen*, sich in es hineinzuversetzen.

»The best vantage point for understanding behavior is from the internal frame of reference of the individual himself.« (Rogers 1951, S. 494)

Wenn wir das Verhalten anderer Personen beschreiben, so geschieht das häufig von unserem eigenen Bezugssystem aus. Es gehen unsere eigenen Wertungen darin ein, und das Verhalten des anderen erscheint uns als sinn- oder bedeutungslos. Betrachten wir das Verhalten so, wie es das Individuum selbst wahrnimmt, so erscheint es als sinnvolle Reaktion auf die Realität, so, wie sie vom Individuum erfahren wird.

Rogers definiert den *internalen Bezugspunkt* als

»... all of the realm of experience which is available to the awareness of the individual at a given moment. It includes the full range of sensations, perceptions, meanings, and memories, which are available to consciousness.« (Rogers 1959b, S. 210)

Er ist sich bewußt, daß das nie vollständig gelingen kann, weil das Individuum nur seine bewußten Erfahrungen mitteilen kann, diese aber nur einen Teil seiner Erfahrungswelt ausmachen. Jede Art von Kommunikation ist außerdem fehlerhaft durch das Gefühl, sich gegenüber dem anderen verteidigen zu müssen.

In der Therapie sollen solche Bedingungen geschaffen werden, die den Klienten ermutigen, frei von Angst und Verteidigung, von möglichst vielen seiner Erfahrungen zu berichten. Die Verfahrensweise soll ihn dazu ermutigen. Die zunehmende Kommunikation in der Therapiesituation läßt viele seiner Erfahrungen bewußtseinsfähig werden, so daß allmählich ein akkurates und umfassendes Bild seiner Erfahrungswelt entsteht, die sich immer mehr mit der tatsächlichen Umwelt deckt.

Diese Grundgedanken zur Theorie der Persönlichkeit werden von Rogers (1951/1973) in *19 Thesen* strukturiert zusammengestellt, um einerseits sein Denken möglichst klar darzulegen und um andererseits die Aufdeckung und Korrektur von Schwächen dieses Konzepts zu erleichtern:

These I: Jedes Individuum existiert in einer ständig sich ändernden Welt der Erfahrung, deren Mittelpunkt es ist.

These II: Der Organismus reagiert auf das Feld, wie es erfahren und wahrgenommen wird. Dieses Wahrnehmungsfeld ist für das Individuum die Realität.

These III: Der Organismus reagiert auf das Wahrnehmungsfeld als ein organisiertes Ganzes.

These IV: Der Organismus hat eine grundlegende Tendenz, den Erfahrungen machenden Organismus zu aktualisieren, zu erhalten und zu entwickeln.

These V: Verhalten ist grundsätzlich der zielgerichtete Versuch des Organismus, seine Bedürfnisse, wie sie in dem so wahrgenommenen Feld erfahren werden, zu befriedigen.

These VI: Dieses zielgerichtete Verhalten wird begleitet und im allgemeinen gefördert durch Emotionen. Diese Emotionen stehen in Beziehung zu allen Vollzugsaspekten des Verhaltens und die Intensität der Emotionen steht in Beziehung zu der wahrgenommenen Bedeutung des Verhaltens für die Erhaltung und Förderung des Organismus.

These VII: Der beste Ausgangspunkt zum Verständnis des Verhaltens ist das innere Bezugssystem des Individuums selbst.

These VIII: Ein Teil des gesamten Wahrnehmungsfeldes entwickelt sich nach und nach zum Selbst.

These IX: Als Resultat der Interaktionen mit der Umwelt und wertbestimmender Interaktionen mit anderen Personen wird die Struktur des Selbst geformt. Die Selbststruktur stellt eine organisierte, fließende, aber durchweg begriffliche Struktur von Wahrnehmungen, von Charakteristika und Beziehungen des Selbst dar.

These X: Die den Erfahrungen zugehörigen Werte und die Werte, die ein Teil der Selbststruktur sind, können Werte sein, die vom Organismus direkt erfahren werden, aber auch Werte, die von anderen übernommen, aber so verzerrt wahrgenommen werden, als wären sie direkt erfahren.

These XI: Wenn Erfahrungen im Leben des Individuums auftreten, werden sie entweder: a) symbolisiert, wahrgenommen und in eine Beziehung zum Selbst organisiert; b) ignoriert, weil es keine wahrgenommene Beziehung zur Selbst-Struktur gibt; oder c) geleugnet oder verzerrt symbolisiert, weil die Erfahrung mit der Struktur des Selbst nicht übereinstimmt.

These XII: Die vom Organismus angenommenen Verhaltensweisen sind meistens die, die mit dem Konzept vom Selbst übereinstimmen.

These XIII: Verhalten kann in manchen Fällen durch organische Bedürfnisse und Erfahrungen verursacht werden, die nicht symbolisiert wurden. Solches Verhalten kann im Widerspruch zur Struktur des Selbst stehen, aber in diesen Fällen ist das Verhalten dem Individuum nicht ›zu eigen‹.

These XIV: Psychische Fehlanpassung liegt vor, wenn der Organismus vor dem Bewußtsein wichtige Körper- und Sinneserfahrungen leugnet, die demzufolge nicht symbolisiert und in die Gestalt der Selbst-Struktur organisiert werden. Tritt dieser Fall ein, so geht dies einher mit einer grundlegenden oder potentiellen psychischen Spannung.

These XV: Psychische Anpassung besteht, wenn das Selbst-Konzept so geartet ist, daß alle Körper- und Sinneserfahrungen des Organismus auf einer symbolischen Ebene in eine übereinstimmende Beziehung mit dem Selbst-Konzept gebracht werden können.

These XVI: Jede Erfahrung, die nicht mit der Organisation oder der Struktur des Selbst übereinstimmt, kann als Bedrohung wahrgenommen werden, und je häufiger diese Wahrnehmungen sind, desto starrer wird die Selbststruktur organisiert, um sich zu erhalten.

These XVII: Unter bestimmten Bedingungen, zu denen besonders das völlige Fehlen von Bedrohung der Selbst-Struktur gehört, können Erfahrungen, die nicht mit ihr übereinstimmen, wahrgenommen und überprüft und die Struktur des Selbst revidiert werden, um derartige Erfahrungen mit einzuschließen.

These XVIII: Wenn das Individuum all seine Körper- und Sinneserfahrungen wahrnimmt und in ein konsistentes integriertes System aufnimmt, dann hat es daraus folgend mehr Verständnis für andere Personen und verhält sich diesen gegenüber akzeptierender.

These XIX: Wenn das Individuum mehr von seinen Erfahrungen in seiner Selbststruktur wahrnimmt und akzeptiert, merkt es, daß es sein gegenwärtiges Wertsystem, das weitgehend auf verzerrt symbolisierten Introjektionen beruhte, durch einen fortlaufend-organischen Bewertungsprozeß ersetzt (vgl. auch Rogers 1973, S. 418–449).

1959 stellt Rogers die Gedanken zur Persönlichkeitstheorie ausführlicher in formalen Sätzen zusammen, die in der Folge in Anlehnung an Rogers (1959 b, S. 222–231) dargestellt werden:

A. Postulierte Eigenschaften des Individuums

1. Es nimmt seine Erfahrung als Realität wahr. Seine Erfahrung ist seine Realität. Daher hat es ein größeres potentielles Bewußtsein als irgend ein anderer davon, was seine Realität ist, denn kein anderer kennt völlig seinen inneren Bezugsrahmen.
2. Es besitzt die angeborene Tendenz, seinen Organismus zu aktualisieren.
3. Es interagiert mit seiner Realität in Beziehung zu seiner grundlegenden Aktualisierungstendenz. Daher ist sein Verhalten der zielgerichtete Versuch des Organismus, seine erlebten Bedürfnisse zu befriedigen, um sie in der von ihm wahrgenommenen Realität zu verwirklichen.
4. In dieser Interaktion verhält es sich als ein organisiertes Ganzes, als eine Gestalt.
5. Es führt einen organismischen Bewertungsprozeß aus, wobei die Erfahrung mit Bezug auf die Aktualisierungstendenz als Kriterium bewertet wird.

Erfahrungen, die so wahrgenommen werden, daß sie den Organismus aufrechterhalten oder verbessern, werden positiv bewertet. Erfahrungen, die so wahrgenommen werden, daß sie diese Aufrechterhaltung oder Verbesserung negieren, werden negativ bewertet.

6. Es wendet sich positiv bewerteten Erfahrungen zu und vermeidet negativ bewertete.

B. Die Entwicklung des Selbst

1. Zusammen mit der Tendenz zur Differenzierung, die ein Teil der Aktualisierungstendenz ist, wird ein Teil der Erfahrung des Individuums als Bewußtsein des Seins und des Funktionierens differenziert und symbolisiert. Dieses Bewußtsein kann als Selbsterfahrung bezeichnet werden.
2. Dieses Bewußtsein des Seins und Funktionierens wird durch die Interaktion mit der Umwelt, besonders durch wichtige andere Personen, zu einem Selbstkonzept ausgearbeitet, das ein Wahrnehmungsobjekt in seinem Erfahrungsfeld ist.

C. Das Bedürfnis nach positiver Zuwendung

1. Sobald das Bewußtsein des Selbst auftritt, entwickelt das Individuum ein Bedürfnis nach positiver Zuwendung. Dies ist ein universales menschliches Bedürfnis, das stark und anhaltend ist. Für die Theorie ist nicht wichtig, ob es sich um ein angeborenes oder erlerntes Bedürfnis handelt.
   a) Die Befriedigung dieses Bedürfnisses beruht notwendigerweise auf Schlußfolgerungen, die das Erfahrungsfeld eines anderen betreffen. Daher ist sie oft zweifelhaft.
   b) Es ist mit einem großen Anteil der Erfahrungen des Individuums assoziiert.
   c) Es ist reziprok, denn wenn das Individuum bemerkt, daß es das Bedürfnis eines anderen nach positiver Zuwendung befriedigt, erlebt es notwendigerweise die Befriedigung seines eigenen Bedürfnisses nach positiver Zuwendung. Daher ist es sowohl angenehm, dieses Bedürfnis bei einem anderen zu befriedigen, als auch die Befriedigung des eigenen Bedürfnisses durch einen anderen zu erleben.
   d) Es ist stark, da die positive Zuwendung jedes anderen auf den gesamten Zuwendungskomplex übertragen wird, den das Individuum mit dieser Person assoziiert. Daher kann der Ausdruck der positiven Zuwendung durch einen wichtigen sozialen Partner bedeutsamer als der organismische Bewertungsprozeß werden. Das Individuum sucht dann stärker die positive Zuwendung anderer als Erfahrungen, die einen positiven Wert für die Aktualisierung des Organismus haben.

D. Die Entwicklung des Bedürfnisses nach Selbstwertschätzung

1. Die Befriedigung oder Frustration in bezug auf positive Zuwendung, die mit einer bestimmten Selbsterfahrung oder mit einer Gruppe von Selbsterfahrungen assoziiert sind, werden später vom Individuum *unabhängig* von den Transaktionen positiver Zuwendung mit sozialen Partnern erlebt. Positive Zuwendung, die in dieser Art erlebt wird, wird als Selbstwertschätzung bezeichnet.
2. Das Bedürfnis nach Selbstwertschätzung entwickelt sich als ein *erlerntes* Bedürfnis aus der Assoziation von Selbsterfahrungen mit der Befriedigung oder Frustration des Bedürfnisses nach positiver Zuwendung.
3. Das Individuum erlebt daher positive Zuwendung oder ihren Verlust unabhängig von Transaktionen mit irgendeinem sozialen Partner. In einem gewissen Sinne wird es für sich selbst eine wichtige Bezugsperson.
4. Wie die positive Zuwendung wird auch die Selbstwertschätzung, die in Beziehung zu irgendeiner bestimmten Selbsterfahrung oder einer Gruppe von Selbsterfahrungen erlebt wird, auf den gesamten Selbstwertschätzungskomplex übertragen.

E. Die Entwicklung von Werthaltungen

1. Wenn Selbsterfahrungen des Individuums durch wichtige Bezugspersonen als mehr oder weniger der positiven Zuwendung würdig unterschieden werden, wird auch die Selbstwertschätzung in ähnlicher Weise selektiv.
2. Das Individuum hat eine Werthaltung aufgebaut, wenn Selbsterfahrungen nur deshalb vermieden (oder gesucht) werden, weil sie weniger (oder mehr) der Selbstachtung würdig sind.
3. Wenn ein Individuum nur unbedingte positive Zuwendung erleben würde, würden sich keine Werthaltungen entwickeln, die Selbstwertschätzung wäre unbedingt, die Bedürfnisse nach positiver Zuwendung und Selbstwertschätzung ständen niemals im Gegensatz zur organismischen Bewertung, das Individuum wäre fortwährend psychologisch angepaßt und voll funktionsfähig. Diese Folge von Ereignissen ist hypothetisch möglich und daher theoretisch wichtig, obwohl sie nicht tatsächlich vorzukommen scheint.

F. Die Entwicklung der Inkongruenz zwischen Selbst und Erfahrung

1. Wegen des Bedürfnisses nach Selbstwertschätzung nimmt das Individuum seine Erfahrungen selektiv wahr, entsprechend den Werthaltungen, die in ihm existieren.
   a) Erfahrungen, die mit diesen Werthaltungen übereinstimmen, werden wahrgenommen und genau im Bewußtsein symbolisiert.

b) Erfahrungen, die den Werthaltungen widersprechen, werden selektiv und verzerrt wahrgenommen als ob sie den Werthaltungen entsprechen würden, oder sie werden teilweise oder ganz dem Bewußtsein verleugnet.

2. Daher gibt es nun Erfahrungen des Organismus, die nicht als Selbsterfahrungen angesehen werden, die nicht genau symbolisiert werden und nicht in der Selbststruktur in genau symbolisierter Form organisiert sind.
3. Deshalb gibt es seit den ersten selektiven Wahrnehmungen aufgrund von Werthaltungen in gewissem Ausmaß Inkongruenz zwischen Selbst und Erfahrung, psychologische Fehlanpassung und Verwundbarkeit.

G. Die Entwicklung von Diskrepanzen im Verhalten

1. Als Folge der Inkongruenz zwischen Selbst und Erfahrung, die in F beschrieben wurde, tritt eine ähnliche Inkongruenz im Verhalten des Individuums auf.
   a) Einige Verhaltensweisen stimmen mit dem Selbstkonzept überein, sie erhalten es aufrecht, verwirklichen und verbessern es. Solche Verhaltensweisen werden genau im Bewußtsein symbolisiert.
   b) Einige Verhaltensweisen dienen dazu, die Aspekte der Erfahrung des Organismus, die nicht an die Selbststruktur assimiliert sind, aufrechtzuerhalten, zu verbessern oder zu verwirklichen. Diese Verhaltensweisen werden entweder nicht als Selbsterfahrungen anerkannt oder in einer verzerrten oder selektiven Art wahrgenommen als ob sie mit dem Selbst kongruent wären.

H. Die Erfahrung der Bedrohung und der Prozeß der Verteidigung

1. Da der Organismus weiterhin Erfahrungen macht, wird eine Erfahrung, die mit der Selbststruktur (und ihren Werthaltungen) nicht kongruent ist, unterschwellig als bedrohend wahrgenommen.
2. Die grundlegende Natur der Bedrohung besteht darin, daß, wenn die Erfahrung im Bewußtsein genau symbolisiert würde, das Selbstkonzept nicht mehr eine konsistente Gestalt wäre, die Werthaltungen verletzt und das Bedürfnis nach Selbstwertschätzung frustriert würden. Ein Zustand der Angst würde bestehen.
3. Durch den Prozeß der Verteidigung werden diese Ereignisse vermieden. Dieser Prozeß besteht aus der selektiven Wahrnehmung oder Verzerrung der Erfahrung und/oder der Verleugnung der Erfahrung oder eines Teils davon vor dem Bewußtsein, so daß die gesamte Wahrnehmung der Erfahrung mit der Selbststruktur und den Werthaltungen des Individuums übereinstimmt.
4. Die allgemeinen Konsequenzen des Prozesses der Verteidigung, abgesehen von der Vermeidung der oben genannten Ereignisse, sind

Rigidität der Wahrnehmung aufgrund der Verzerrung von Wahrnehmungen und eine ungenaue Realitätswahrnehmung aufgrund der Verzerrung und des Weglassens von Daten sowie Intensionalität.

Teil G beschreibt die psychologische Basis für neurotische Verhaltensweisen, und Teil H beschreibt die Mechanismen dieser Verhaltensweisen. Der Prozeß der Verteidigung ist nicht nur für neurotische Verhaltensweisen wie Rationalisierung, Kompensation, Fantasie, Projektion usw. charakteristisch, sondern auch für manche Verhaltensweisen, die als psychotisch bezeichnet werden, z. B. paranoide Verhaltensweisen und vielleicht auch Zustände der Katatonie. Rogers hält die Unterscheidung zwischen defensiven und desorganisierten Verhaltensweisen (die letzteren werden in Teil J beschrieben) für sinnvoller als die Konzepte von Neurose und Psychose.

J. Der Prozeß des Zusammenbruchs und der Desorganisation

Die Prozesse, die in diesem und dem folgenden Abschnitt beschrieben werden, gelten nicht wie die früher beschriebenen mehr oder weniger für jedes Individuum. Sie treten nur dann auf, wenn bestimmte spezifische Bedingungen vorhanden sind.

1. Wenn bei dem Individuum ein großes oder bedeutsames Ausmaß an Inkongruenz zwischen Selbst und Erfahrung vorhanden ist und eine wichtige Erfahrung diese Inkongruenz plötzlich oder besonders deutlich zeigt, versagt der Verteidigungsprozeß des Organismus.
2. Als Folge davon wird Angst erlebt, wenn die Inkongruenz unterschwellig wahrgenommen wird. Das Ausmaß der Angst hängt von der Größe des Anteils der Selbststruktur ab, die bedroht ist.
3. Wenn der Prozeß der Verteidigung nicht erfolgreich ist, wird die Gefahr genau im Bewußtsein symbolisiert, und die Gestalt der Selbststruktur wird durch die Erfahrung der Inkongruenz zerbrochen. Daraus folgt ein Zustand der Desorganisation.
4. In einem solchen Zustand der Desorganisation verhält sich der Organismus zeitweise übereinstimmend mit den Erfahrungen, die zuvor verzerrt oder vor dem Bewußtsein verleugnet wurden, zeitweise kann das Selbst wieder die Steuerung übernehmen und der Organismus verhält sich dementsprechend. Daher wird in einem Zustand der Desorganisation die Spannung zwischen dem Selbstkonzept (mit den enthaltenen verzerrten Wahrnehmungen) und der Erfahrung, die nicht genau symbolisiert und in das Selbstkonzept integriert werden kann, durch eine verwirrte Form der Steuerung ausgedrückt, in der einmal das Selbst und ein anderes Mal die Erfahrung das »Feedback« gibt, mit dem der Organismus das Verhalten reguliert.

   Akutes psychotisches Verhalten wird als Ausdruck zuvor verleugneter Impulse angesehen. Wenn die verleugneten Erfahrungen das

Verhalten steuern, verhindert der Verteidigungsprozeß in diesem Zustand vielleicht das Bewußtwerden des Selbst. In anderen Fällen, in denen das Selbst wieder die Steuerung übernimmt, hat es sich stark verändert, da es nun die Erfahrung einschließt, eine verrückte und unzuverlässige Person zu sein, die in sich Impulse und Kräfte fühlt, die sie nicht kontrollieren kann.

K. Der Prozeß der Reintegration

In den Situationen, die in den Teilen G und H beschrieben wurden (und vielleicht auch in den Situationen des Zusammenbruchs, die unter J beschrieben wurden), ist ein Prozeß der Reintegration möglich, der sich in die Richtung zunehmender Kongruenz zwischen Selbst und Erfahrung bewegt. Dies kann wie folgt beschrieben werden:

1. Es müssen bestimmte Bedingungen vorhanden sein, damit der Verteidigungsprozeß rückgängig gemacht werden kann, so daß eine normalerweise bedrohende Erfahrung genau im Bewußtsein symbolisiert werden kann.
   a) Die Werthaltungen müssen vermindert werden.
   b) Die unbedingte Selbstwertschätzung muß zunehmen.
2. Die kommunizierte unbedingte Zuwendung einer wichtigen Bezugsperson ist eine Möglichkeit, diese Bedingungen herzustellen.
   a) Damit die unbedingte positive Zuwendung kommuniziert werden kann, muß sie in einem Kontext des einfühlenden Verständnisses vorhanden sein.
   b) Wenn das Individuum diese unbedingte positive Zuwendung wahrnimmt, werden die bestehenden Werthaltungen abgeschwächt oder aufgelöst.
   c) Eine andere Konsequenz ist das Anwachsen in der eigenen unbedingten Selbstwertschätzung.
   d) Wenn die Bedingungen 2a und 2b vorhanden sind, wird die Bedrohung reduziert, der Verteidigungsprozeß wird rückgängig gemacht und normalerweise bedrohende Erfahrungen werden genau symbolisiert und in das Selbstkonzept integriert.
3. Als Konsequenzen von 1 und 2 hat das Individuum seltener bedrohende Erfahrungen; Verteidigungsprozesse sind seltener und ihre Konsequenzen geringer; Selbst und Erfahrung sind kongruenter; die Selbstwertschätzung ist größer; die psychologische Anpassung ist größer; die positive Zuwendung zu anderen ist größer; der organismische Bewertungsprozeß wird zunehmend die Grundlage für die Regulierung des Verhaltens; das Individuum wird nahezu voll funktionsfähig.

Der Teil K ist eine allgemeine Fassung der zuvor dargestellten Theorie der Therapie.

Aus diesen Überlegungen heraus definiert Rogers das *Modell der »voll funktionsfähigen Person«* (»fully functioning person«) und bezieht sich dabei im wesentlichen auf folgende Grundannahmen:

1. Das Individuum hat eine angeborene Tendenz zur (Selbst-)Verwirklichung.
2. Das Individuum hat die Tendenz und die Fähigkeit, Erfahrungen zutreffend und richtig im Bewußtsein darzustellen, wobei es in der Lage ist und auch beabsichtigt, sein Selbstkonzept in Übereinstimmung mit seinen Erfahrungen zu halten.
3. Das Individuum hat ein Bedürfnis nach positiver Wertschätzung.
4. Das Individuum hat ein Bedürfnis nach positiver Selbsteinschätzung.

Die Tendenzen zur Selbstverwirklichung und zur Kongruenz von Selbstkonzept und Erfahrung (Punkte 1 und 2) werden nach Rogers besonders dann realisiert, wenn die Bedürfnisse nach positiver Wertschätzung und positiver Selbsteinschätzung erfüllt werden; dies wiederum ist der Fall, wenn das Individuum positive Wertschätzung von ihm bedeutsamen Personen erfährt, wobei – und das ist wichtig – diese positive Wertschätzung an keine spezifischen Bedingungen oder Forderungen seitens des anderen Individuums gebunden ist.

Diese umfassende positive Wertschätzung wird in Beziehungsverhältnissen verdeutlicht, die gekennzeichnet sind durch vollständiges *einfühlendes Verstehen* des jeweiligen individuellen Bezugsrahmens einer Person und durch das *Kommunizieren* dieses einfühlenden Verständnisses.

Sind diese Bedingungen in hohem Maße erfüllt, so ist das Individuum, das diese Bedingungen erfährt, als ›fully functioning person‹ zu bezeichnen. Diese Person ist nach Rogers durch folgende Merkmale gekennzeichnet:

1. Sie ist offen für alle Erfahrungen, d. h. alle Erfahrungen sind ihrem Bewußtsein zugänglich. Sie kann alle Reize — sowohl die aus ihrem Organismus als auch die aus der Umwelt stammenden – so aufnehmen, daß sich ein genaues Abbild der tatsächlichen Umwelt ergibt, welches nicht durch bestimmte Verteidigungshaltungen – zum Schutz gegenüber Erfahrungen, die die Struktur des Selbst zerstören könnten – verzerrt ist. Die Struktur des Selbst ist kongruent mit den individuellen Erfahrungen dieser Person.
2. Diese Person lebt im Mittelpunkt sich ständig ändernder Gegebenheiten, wobei die Bewertung dieser Gegebenheiten ein Prozeß ist, in dem es keine unveränderbaren Festlegungen gibt, sondern Erfahrungen unter dem Gesichtspunkt der Befriedigung des Organismus stets neu bewertet werden. Die Struktur des Selbst ist flexibel im Sinne dieses Assimilationsprozesses neuer Erfahrungen.

3. Diese Person erfährt sich selbst als den Maßstab ihres Verhaltens. Die Sicherheit, die sie dabei hat, gewinnt sie aus der Offenheit für alle Erfahrungen, welche es ihr erlaubt, sowohl die augenblickliche Situation klar zu beurteilen als auch früher aufgenommene und verarbeitete Informationen zu aktivieren. Ihr steht somit eine große Anzahl von Daten zur Verfügung, die sie nun abrufen, gewichten und untereinander abwägen kann, um dann sicher ihre Entscheidung zu treffen. Die ›fully functioning person‹ kann diesem Entscheidungsprozeß vollständig vertrauen, denn sie ist sich dessen bewußt, das die ›Daten‹, die sie ›gespeichert‹ hat, nicht durch Verteidigungshaltungen verzerrt oder dem Bewußtsein vorenthalten werden. Natürlich ist auch die ›fully functioning person‹ nicht unfehlbar in diesem Prozeß des Gegeneinander-Abwägens, des Ausbalancierens und Entscheidens, denn sie wird zwar die vorhandenen ›Daten‹ richtig auswerten, aber auch ihr werden immer wieder einmal einige ›Daten‹ fehlen, d. h. Informationen, die für eine fehlerfreie Entscheidung notwendig wären. Da sie jedoch offen ist für neue Erfahrungen jeder Art, wird das Nicht-Erreichen der höchstmöglichen Befriedigung durch das effektive Abtesten der Realität registriert und somit eine Korrekturmöglichkeit in Richtung auf die maximale Befriedigung geschaffen.

Rogers faßt die Charakteristika der ›fully functioning person‹ folgendermaßen zusammen:

»He is able to live fully in and with each and all of his feelings and reactions. He is making use of all his organic equipment to sense, as accurately as possible, the existential situation within and without. He is using all of the date his nervous system can thus supply using it in awareness, but recognizing his total organism may be, and often is, wiser than his awareness. He is able to permit his total organism to function in all its complexity in selecting, form the multitude of possibilities, that behavior which in this moment of time will mostly generally and genuinely satisfying. He is able to trust his organism in his functioning, not because it is infallible, but because he can be fully open to the consequences of each of his actions and correct them if they prove to be less than satisfying.« (Rogers, 1969a, S. 288)

Rogers versteht die ›fully functioning person‹ als eine hypothetische Person, als einen hypothetischen Endzustand, dem sich ein Individuum asymptotisch nähern kann.

Wichtig ist,daß – wenn auch einzelne die ›fully functioning person‹ beschreibende Merkmale, wie vollständige Kongruenz und vollständige Offenheit für alle Erfahrungen, diese Person als statisch erscheinen lassen mögen – alle Charakteristika als *Prozeßcharakteristika* zu verstehen sind. Die ›fully functioning person‹ ist ein Individuum, das in einem ständigen Wechsel begriffen ist; daher können seine spezifischen Verhaltensweisen nicht vorhergesagt werden. Das einzige, was vorhergesagt werden kann, ist, daß sich das Individuum an die neue Situation

adaptieren wird und sich im Prozeß zur weiteren Selbstverwirklichung befinden wird.
Rogers gibt verschiedene Gründe an, die ihn zu dieser Vorstellung einer Zielrichtung geführt haben; diese Gründe sieht er selbst jedoch in hohem Maße als persönliche Gründe an, ohne Anspruch darauf, daß die ›fully functioning person‹ in dieser Form tatsächlich das Ziel menschlicher Entwicklung sein muß. In diesem Sinne ist das Modell der ›fully functioning person‹ als eine Herausforderung zu verstehen: Rogers möchte, daß jeder, der sich mit den beschriebenen Vorstellungen beschäftigt, seinen eigenen Standpunkt überdenkt und klarlegt, und er glaubt, auf diese Weise erreichen zu können, daß eine intensive Diskussion über die Ziele menschlicher Entwicklung – und damit über die Ziele von Erziehung und Therapie – in Gang kommt.

Theorie der interpersonellen Beziehungen

Die Theorie der interpersonellen Beziehungen (Rogers 1959b, S. 235 bis 240) ist ein Versuch, die Theorie der Therapie zu erweitern und die Gesetzmäßigkeiten, die in allen zwischenmenschlichen Beziehungen zu bestehen scheinen, zu formulieren. Die Bedingungen, der Prozeß und die Ergebnisse einer sich verschlechternden und einer sich verbessernden Beziehung werden getrennt beschrieben, obwohl es sich hier um zwei Punkte auf einem Kontinuum handelt.
Die Theorie geht davon aus, daß die Personen X und Y Kontakt miteinander haben möchten und miteinander kommunizieren. Die Person Y wird als eine durchschnittliche Person angesehen, die etwas fehlangepaßt, inkongruent und defensiv ist. Die Bedingungen für eine sich verschlechternde Beziehung sind vorhanden, wenn bei X zwischen den Erfahrungen, über die er mit Y kommuniziert, den Symbolisierungen dieser Erfahrungen in seinem Bewußtsein und dem bewußt kommunizierten Ausdruck dieser Erfahrungen deutliche Inkongruenz besteht. Dies führt zu widersprüchlichen und mehrdeutigen Kommunikationen von X, da er in seinem Verhalten nicht nur das ausdrückt, was mit seinem Bewußtsein übereinstimmt, sondern auch das, was in seinem Bewußtsein nicht genau symbolisiert ist. Y erlebt diese Widersprüchlichkeiten, aber er versucht, nur die bewußten Kommunikationen von X in seinem Bewußtsein zu symbolisieren. Wegen dieser Diskrepanz zwischen Erfahrung und bewußter Symbolisierung sind seine Kommunikationen ebenfalls widersprüchlich oder mehrdeutig. Da X verletzbar ist, sieht er Y's Reaktionen als potentielle Bedrohung an und nimmt sie in verzerrter Art wahr, so daß sie mit seiner Selbststruktur übereinstimmen. Er kann daher den inneren Bezugsrahmen von Y nicht richtig wahrnehmen und erlebt kein einfühlendes Verständnis für ihn. Da Y als potentielle Bedrohung wahrgenommen wird, kann X keine unbedingte positive Zuwendung zu ihm erleben. Y nimmt dies wahr und drückt

daher weniger von seinen Gefühlen aus. Daher kann X noch weniger Y's inneren Bezugsrahmen genau wahrnehmen, und die ungenaue und verzerrte Wahrnehmung führt zu einem defensiven Verhalten von X. Die verzerrte Wahrnehmung kann auch dazu führen, daß X die Aspekte seiner Erfahrung, die er nicht genau symbolisiert hat (vor allem negative Gefühle), nun bei Y wahrnimmt. Wenn dies der Fall ist, fühlt sich Y bedroht und zeigt defensive Verhaltensweisen.

Eine solche Beziehung führt zu einem zunehmend defensiven Verhalten von X und Y und zu einer zunehmend oberflächlichen Kommunikation. Die Wahrnehmungen des Selbst und Anderer werden wegen der Abwehrhaltungen zunehmend starrer, die Inkongruenz zwischen Selbst und Ausdruck verbleibt im status quo oder wird größer, psychologische Fehlanpassung wird in einem gewissen Ausmaß bei beiden gefördert, und die Beziehung wird als unbefriedigend erlebt. Der Prozeß der Persönlichkeitsveränderung verläuft hier in entgegengesetzter Richtung zur Therapie.

Die Bedingungen für eine sich verbessernde Beziehung liegen vor, wenn die Personen X und Y Kontakt miteinander haben möchten und miteinander kommunizieren und bei X ein hohes Maß von Kongruenz zwischen den Erfahrungen, den Symbolisierungen dieser Erfahrungen und ihrem Ausdruck in der Kommunikation mit Y besteht. Da die Kommunikationen von X kongruent sind, ist auch die Wahrscheinlichkeit größer, daß sich Y kongruent ausdrückt. Da X in dem Bereich, über den er kommuniziert, nicht verletzbar ist, kann er die Reaktion von Y unverzerrt mit Einfühlung für dessen inneren Bezugsrahmen wahrnehmen. Wenn sich Y verstanden fühlt, wird sein Bedürfnis nach positiver Zuwendung befriedigt. Wenn X dies wahrnimmt, führt dies bei ihm reziprok zu einem Anwachsen des Gefühls der positiven Zuwendung zu Y. Da sich X im Bereich der Kommunikation nicht verletzbar fühlt, kann er unbedingte positive Zuwendung erleben. Y erlebt sich dadurch in einer Beziehung, die durch Kongruenz, einfühlendes Verständnis und unbedingte positive Zuwendung von X gekennzeichnet ist, so daß sein Bedürfnis nach Verzerrung von Wahrnehmungen reduziert wird. Die Kommunikation wird in beiden Richtungen zunehmend kongruenter, sie wird genau symbolisiert und enthält mehr reziproke positive Zuwendung.

Wenn dieser Prozeß anhält, kann er die gleichen Effekte wie eine Therapie haben. Das Ausmaß der Veränderungen ist allerdings von der Dauer der Beziehung und von eventuellen gegenseitig akzeptierten Begrenzungen abhängig, z. B. werden bei einer Beziehung zwischen Rechtsanwalt und Klient oder zwischen Lehrer und Schüler bestimmte Bereiche der Kommunikation normalerweise nicht berührt. Innerhalb dieser Begrenzungen fördert die Beziehung die Kongruenz und die psychologische Anpassung bei X und Y.

Rogers (1959b, S. 240) faßt diese Überlegungen in einem »versuchsweisen Gesetz der interpersonellen Beziehungen« zusammen:

Wenn man eine minimale gegenseitige Bereitschaft annimmt, in Kontakt zu treten und Kommunikationen aufzunehmen, kann man sagen, daß je größer die kommunizierte Kongruenz von Erfahrung, Bewußtsein und Verhalten bei einem Individuum ist, um so stärker die sich entwickelnde Beziehung die Tendenz enthalten wird zur gegenseitigen Kommunikation mit den gleichen Qualitäten, zu wechselseitigem richtigen Verstehen der Kommunikation, zu verbesserter psychologischer Anpassung bei beiden und zu gegenseitiger Befriedigung in der Beziehung.

Je größer die kommunizierte Inkongruenz von Erfahrung, Bewußtsein und Verhalten ist, desto mehr wird die sich entwickelnde Beziehung weitere Kommunikationen mit der gleichen Qualität, weniger richtiges Verständnis, verminderte psychologische Anpassung bei beiden und gegenseitige Unzufriedenheit in der Beziehung enthalten.

Rogers weist darauf hin, daß die Theorie der interpersonellen Beziehungen aus der Theorie abgeleitet worden sei und noch überprüft werden müsse.

Theorien der Anwendung

Rogers geht davon aus, daß die Mechanismen und Prinzipien, die in den Theorien der Therapie, der Persönlichkeit und der interpersonellen Beziehung wirksam sind, sich auch auf andere Bereiche der menschlichen Interaktion, wie z. B. Erziehung und Lernen, Gruppenleitung und Schlichtung von Gruppenkonflikten u. ä. übertragen lassen.

Für den Bereich *Erziehung und Lernen* hat Rogers seine Ansichten zum Lernen in der Schule und Hochschule in »Client-centered Therapy« (1951, S. 384–428) und vor allem in dem Buch »Freedom to Learn« (1969) dargestellt. Er betont, daß die von ihm propagierte Erziehungsmethode nur dann geeignet sei, wenn man ein demokratisches Erziehungsziel verfolgte, dagegen völlig ungeeignet, wenn man gutinformierte Techniker schaffen wolle, die alle Befehle einer Autorität ausführen, ohne sie in Frage zu stellen.

Rogers (1969a, S. 157 ff) stellt folgende Thesen über das bedeutsame Lernen auf, bei dem der Lernende im Gegensatz zum bloß mechanischen Lernen intellektuell und gefühlsmäßig beteiligt ist und das Konsequenzen für sein Verhalten hat:

1. Menschen haben eine natürliche Fähigkeit zu lernen.
2. Bedeutsames Lernen findet statt, wenn der Gegenstand von dem Lernenden als relevant für seine eigenen Ziele angesehen wird.
3. Lernen, das eine Änderung in der Organisation des Selbst, der Wahrnehmung von sich selbst beinhaltet, ist bedrohend und ihm wird Widerstand geleistet.

4. Die Lernprozesse, die das Selbst bedrohen, werden dann leichter ausgeführt und assimiliert, wenn die äußeren Bedrohungen minimal sind.
5. Wenn die Bedrohung des Selbst gering ist, kann die Erfahrung in differenzierter Weise wahrgenommen werden und das Lernen kann fortschreiten.
6. Bedeutsames Lernen wird häufig durch Handeln erreicht.
7. Das Lernen wird erleichtert, wenn der Lernende verantwortlich am Lernprozeß teilnimmt.
8. Selbstbestimmtes Lernen, das die ganze Person des Lernenden beteiligt, ist am nachhaltigsten und am durchdringendsten.
9. Unabhängigkeit, Kreativität und Selbstvertrauen werden gefördert, wenn Selbstkritik und Selbstbewertung grundlegend sind und die Bewertung durch andere von sekundärer Bedeutung ist.
10. Das wichtigste soziale Lernen in der modernen Welt ist das Erlernen des Lernprozesses, eine beständige Offenheit gegenüber der Erfahrung und die Einbeziehung des Selbst in den Prozeß der Veränderung.

Bei der Art des Lernens, die Rogers befürwortet, gibt es nicht einen Lehrer im konventionellen Sinn, sondern eine Person, die den Lernprozeß fördern soll (facilitator of learning). Die folgenden Thesen beschäftigen sich mit den Bedingungen für die Förderung des Lernens (Rogers 1969a, S. 164—166):

1. Die fördernde Person hat viel damit zu tun, die anfängliche Stimmung oder das Klima für die Gruppen- oder Klassenerfahrung zu schaffen.
2. Sie hilft, die Ziele der Individuen in der Klasse und auch die allgemeineren Ziele der Gruppe herauszuarbeiten und zu klären.
3. Sie vertraut auf den Wunsch jedes Lernenden, nach den Zielen zu streben, die für ihn bedeutsam sind, als Motivation für bedeutsames Lernen.
4. Sie bemüht sich, so viele Hilfsmittel wie möglich für das Lernen zu organisieren und leicht erreichbar zu machen.
5. Sie betrachtet sich selbst als eine flexible Hilfe, die von der Gruppe gebraucht werden kann.
6. Indem sie auf Ausdrücke in der Lerngruppe reagiert, akzeptiert sie sowohl den intellektuellen Inhalt als auch die emotionalen Haltungen und bemüht sich, jeden Aspekt in dem Grad zu beachten, wie er für das Individuum oder die Gruppe bedeutsam ist.
7. Wenn ein akzeptierendes Klima in der Lerngruppe vorhanden ist, kann sie zunehmend zu einem teilnehmenden Lernenden, einem Gruppenmitglied werden, das seine Ansichten nur als die eines Individuums ausdrückt.
8. Sie übernimmt die Initiative bei der Teilnahme an der Gruppe in ihren Gefühlen und in ihren Gedanken in einer Art, die nicht for-

dernd oder verlangend ist, sondern die nur eine persönliche Teilnahme repräsentiert, die die Lernenden annehmen oder ablehnen können.

9. In der Lerngruppenerfahrung bleibt sie stets wachsam für den Ausdruck tiefer und starker Gefühle.
10. In ihrer Funktion als Förderer des Lernens bemüht sich die fördernde Person, ihre eigenen Begrenzungen zu erkennen und zu akzeptieren.

Bezüglich der *Gruppenleitung und Schlichtung von Gruppenkonflikten* wurde aus den Erfahrungen der klienten-zentrierten Theorie die Hypothese abgeleitet, daß ein Gruppenleiter, der die Bedingungen der Therapie oder der sich verbessernden Beziehungen verwirklicht, bestimmte Auswirkungen auf die Gruppe hat; z. B. werden die Hilfsmittel der Gruppe besser gebraucht, und differenziertere Daten werden von ihr besorgt, das Denken und die Wahrnehmung werden extensionaler, selbstverantwortliches Denken und Handeln nehmen zu, die Gruppenleitung wird in einem größeren Ausmaß verteilt, und die langfristigen Problemlösungen sind effektiver. Gordon (1951, 1955) beschreibt das Konzept der gruppen-zentrierten Führung und Verwaltung detaillierter.

Rogers (1970) beschäftigt sich mit den Prozessen und Auswirkungen von Selbsterfahrungsgruppen, für die das Interesse in der letzten Zeit ständig gewachsen ist. Rogers (1959b, S. 242 ff) nimmt an, daß eine Person, die die Bedingungen der Therapie verwirklicht, zur Reduzierung von Gruppenkonflikten beitragen und einen Prozeß sich verbessernder Beziehungen in Gang setzen kann. Eine Darstellung dieser Ansichten wird auch in dem Aufsatz »Dealing with Breakdowns in Communication-Interpersonal and Intergroup« (Rogers 1961, S. 329–337) gegeben. Es ist allerdings anzunehmen, daß eine Verminderung von Gruppenspannungen durch eine vermittelnde Person nur in dem Ausmaß möglich ist, in dem sie auf verzerrten Wahrnehmungen und einer gestörten Kommunikation beruhen und nicht, sofern sie auf echten Interessengegensätzen beruhen.

1.3 Alternative Theoriekonzepte

Ausgangspunkte zur Entwicklung alternativer Konzepte

Das theoretische System von Rogers ist bereits von ihm selbst u. a. dahingehend relativiert und kritisiert worden, daß es sich bei seinen Überlegungen nicht um eine Theorie im streng wissenschaftlichen Sinne handele, und daß viele Teile seiner Persönlichkeitstheorie aus Definitionen und Annahmen bestünden, die nur teilweise empirisch überprüft werden könnten (Rogers 1951, 1959b). Gesprächspsychotherapeutische Aktivitäten haben sich auch zunächst stärker auf die von Rogers auf dem Hintergrund seiner theoretischen Überlegungen entwickelten Verhaltensmerkmale konzentriert und eine Weiterentwicklung und Absicherung dieser Merkmale angestrebt, die Unzulänglichkeit dieses theoretischen Bezugsrahmens wurde jedoch im Laufe der letzten Jahre für die Praxis und Forschung immer schwerwiegender (vgl. dazu S. 129).

Zu den empirisch nicht überprüfbaren Sätzen gehört z. B. die Annahme, daß der menschliche Organismus eine angeborene Aktualisierungstendenz besitze, die das Individuum in eine konstruktive Richtung bewege. Alle menschlichen Verhaltensweisen, die dem zu widersprechen scheinen, werden dagegen auf ungünstige äußere Einflüsse zurückgeführt, die die Entfaltung der Aktualisierungstendenz blockieren. Bei diesem Konzept wird übersehen, daß sich der Mensch nicht aus sich selbst heraus entfalten kann, sondern von der Geburt an auf die Interaktion mit Bezugspersonen aus seiner sozialen Umwelt angewiesen ist, die ihm Anregungen geben und Anforderungen an ihn stellen. Insofern erscheint es als fragwürdig, konstruktive Verhaltensweisen des Individuums auf eine biologische Grundausstattung des Organismus zurückzuführen, da sie genauso wie destruktive Verhaltensweisen ein Ergebnis sozialer Lernvorgänge sein können und — zumindest zum Teil — sein werden. Zudem ist die Klassifikation einer Verhaltensweise als ›konstruktiv‹ oder ›destruktiv‹ in starkem Maße vom gesellschaftlichen Umfeld mitbestimmt.

Zweifelhaft ist auch das Postulat, daß das Verhalten der psychisch gesunden Person durch einen organismischen Bewertungsprozeß reguliert werde, dessen Kriterium die Aktualisierungstendenz sei. Dies dürfte höchstens für elementare biologische Bedürfnisse gelten. Nach Rogers besteht bei dem fehlangepaßten Menschen eine besonders starke Diskrepanz zwischen der organismischen Bewertung und den erlernten Werthaltungen, die zu einer Selbstentfremdung führen. Jedoch sind auch andere bedeutsame Konflikte denkbar, die nicht auf den Gegensatz von biologischen Bedürfnissen und sozialen Forderungen zurückzuführen sind, sondern z. B. auf unvereinbaren Einstellungen und Überzeugungen verschiedener Bezugspersonen oder -gruppen des Individuums. Wenn sich ein Individuum z. B. zwischen verschiedenen gesellschaftlichen Orientierungen entscheiden muß — sofern es das realiter kann —, so kann es sich nicht auf einen von früheren Lernerfahrungen unabhängigen organismischen Bewertungsprozeß oder eine angeborene Aktualisierungstendenz beziehen. Die Annahme, daß das Individuum durch eine positive therapeutische Beziehung völlige Entfaltungsmöglichkeit erhält, kann nur so lange Gültigkeit haben, als sie nicht mit der objektiven gesellschaftlichen Realität kollidiert. Die ›Gefahr‹ einer solchen Kollision dürfte dabei in engem Zusam-

menhang stehen mit der Zugehörigkeit des Individuums zu einer bestimmten sozialen Schicht, da hier die Freiheitsgrade zur persönlichen Entfaltung oftmals bereits a priori differieren.
Soziales Lernen führt nicht nur zu einer Entfremdung von ursprünglich vorhandenen Bedürfnissen, sondern auch zu ihrer dauerhaften Veränderung und zum Aufbau neuer Bedürfnisse. Die Bewertung von Erfahrungen wird auch bei einem Individuum *ohne* Abwehrhaltungen von diesen Lernvorgängen modifiziert.
Auch das Postulat, daß in der Gesprächspsychotherapie nur die bereits vorhandenen Tendenzen des Individuums zum Wachstum und zur Reifung freigesetzt würden, läßt sich in dieser Form nicht halten. Dadurch daß der Gesprächspsychotherapeut selektiv auf die Erlebnisinhalte des Klienten eingeht (vgl. S. 61 ff), beeinflußt der Psychotherapeut den Therapieprozeß, es wird dem Klienten möglich, einen für ihn befriedigenden Weg zu finden. Was aber der Klient als befriedigend erlebt, ist nicht nur von angeborenen Tendenzen abhängig, sondern — in ganz erheblichem Maße — von seinen bisherigen Erfahrungen.

Das »Selbstkonzept«, d. h. die Wahrnehmung und Bewertung der eigenen Person, ist eines der wichtigsten Konstrukte in der Theorie von Rogers. Er vergleicht es mit der Gestalt von Umsprungbildern, da die gleichen Erfahrungen je nach der Einstellung des Individuums völlig verschieden wahrgenommen werden können. Schon scheinbar geringfügige Erlebnisse können zu einem »Umspringen« in der Wahrnehmung des Selbst führen; z. B. kann einer Person in einer depressiven Stimmung alles das, was sie erreicht hat, sinnlos und unbedeutend erscheinen, während sie kurz vorher noch stolz und zufrieden mit sich war.
Kanfer & Phillips (1970, S. 408—410) sehen vom lerntheoretischen Standpunkt aus das Selbst nicht als eine einheitliche Struktur, eine konsistente Gestalt an (vgl. S. 50). Sie weisen darauf hin, daß sich die selbstbezogenen Reaktionen einer Person je nach der Situation, in der sie sich befindet, sehr stark unterscheiden können. Das Selbstkonzept, wie es z. B. durch einen Q-Sort erfaßt werden kann, wäre in dieser Sichtweise nur eine sehr globale und unspezifische Beurteilung der eigenen Person.
Rogers sieht die Diskrepanz zwischen Selbst und Erfahrung als grundlegend für alle neurotischen und psychotischen Störungen an; damit diese Diskrepanz nicht bewußt wird und Furcht auslöst, muß das Individuum bestimmte bedrohende Erfahrungen im Bewußtsein verzerren oder vor dem Bewußtsein verleugnen. In vielen Fällen mag es aber auch sein, daß ein Klient, der über bestimmte Erfahrungen in der Therapie zunächst nicht sprechen kann, diese nicht vor sich selbst verleugnet oder in ihrer Bedeutung verzerrt hat, sondern nur starke Angst davor hat, sie vor einem anderen offen auszusprechen. Wahrscheinlich

kann ein negatives Selbstbild oder die Verzerrung und Verleugnung wichtiger Erfahrungen zur Verursachung oder Stabilisierung unangemessener Verhaltensweisen führen, z. B. zur Mutlosigkeit und Resignation oder zu überhöhten Erwartungen, die nicht erfüllt werden können. Eine verstärkte Selbstakzeptierung und eine realistischere Wahrnehmung des Selbst und der Umwelt, die der Klient in einer erfolgreichen Gesprächspsychotherapie erreicht, ermöglichen es ihm dann, daß störende Symptome zu einem negativen Selbstkonzept des Individuums führen und eine Beseitigung dieser Symptome eine verbesserte Selbsteinschätzung bewirkt. Nach den Ergebnissen lerntheoretisch orientierter Forschungen ist nicht anzunehmen, daß die durch Verteidigungsprozesse hervorgerufene Diskrepanz zwischen Selbst und Erfahrung die Grundlage für alle neurotischen Störungen ist, wenn diese kognitiven Angstvermeidungsreaktionen auch sicherlich einen wichtigen Teilaspekt darstellen.

Weiterhin ermöglicht die Rogers-Theorie keine präzise Vorhersage darüber, auf Grund welcher Gesetzmäßigkeiten eine bestimmte Art gesprächspsychotherapeutischer Intervention welche Pre-/Post-Veränderungen des Klienten in der Therapie bewirkt. Dies ist jedoch als eines der vorrangigen Ziele einer (im weitesten Sinne) Therapie-Theorie anzusehen, auch wenn der Idealzustand einer fehlerlosen Erklärung und Vorhersage für alle denkbaren Variationen von Ausgangs- und Endzuständen des Klienten und der möglichen Interventionen wohl realiter nicht erreichbar ist.

Die genannten Unzulänglichkeiten haben in neuerer Zeit zu einer Reihe von Versuchen geführt, andere Theorie-Konzepte für die Gesprächspsychotherapie zu entwickeln. Den breitesten Raum nehmen dabei einerseits Konzepte des Lernens ein, andererseits das (auch über den Rahmen der Gesprächspsychotherapie hinauszielende) Konzept vom Prozeß des unmittelbaren Erlebens (Experiencing).

Konzepte des Lernens

Hierbei stehen Ansätze im Vordergrund, die die gesprächspsychotherapeutische Wirksamkeit in der Praxis lernpsychologisch zu erklären versuchen (vgl. Truax & Carkhuff 1967, Tausch 1973, Bommert 1975a).

In der gesprächspsychotherapeutischen Interaktion dürfte nach diesen Überlegungen dem Bereich der *Gegenkonditionierung* eine wichtige Funktion zukommen, da durch die unbedingte Akzeptierung und das einfühlende Verstehen des Psychotherapeuten beim Klienten mit Gefühlen wie Angst, Scham oder Schuld unvereinbare positive Gefühle hervorgerufen werden. Diese positiven Gefühle hemmen die Angstreaktionen, die in anderen Situationen auftreten, wenn der Klient über bestimmte Einstellungen, Bewertungen oder Ereignisse spricht. Durch diese Hemmung wird die Verbindung zwischen den angstauslösenden Reizen (z. B. auch Vorstellungen) und der Angst geschwächt. Es ist anzunehmen, daß die emotionale Wärme und Wertschätzung des Psychotherapeuten, die sich als Postulat an den Psychotherapeuten aus der Rogers-Theorie ableiten lassen, in Verbindung mit dem einfühlenden Verständnis – im Sinne des Nachvollziehens des inneren Bezugsrahmens des Klienten – für die Gegenkonditionierung von Ängsten verantwortlich sind, indem sie dem Klienten ein Gefühl der Sicherheit und der Akzeptierung geben.

Die Konzepte der *operanten verbalen Konditionierung* und der Gegenkonditionierung führen teilweise zu widersprüchlichen Vorhersagen bezüglich des therapeutischen Handelns: Während es nach dem Modell der verbalen Konditionierung günstig erscheint, positive Äußerungen des Klienten zu verstärken und negative nicht zu beachten, müßte sich der Psychotherapeut nach dem Prinzip der Gegenkonditionierung genauso den negativen Äußerungen zuwenden, um eine Angstreduktion zu bewirken. Praktikabel könnte in diesem Zusammenhang eine *deutlichere* positive Zuwendung zu positiven Selbstreferenzen sein, ohne die negativen außer acht zu lassen. Derzeit ist noch ungeklärt, welches der therapeutischen Handlungskonzepte effektiver ist. Hinzu kommt, daß Wolpes Theorie der reziproken Hemmung (vgl. Wolpe 1972) nach neueren Forschungsergebnissen umstritten ist. Goldfried (1971) sieht die systematische Desensibilisierung nicht als eine mehr oder weniger passive Hemmung von Angstreaktionen auf spezielle Reize an, sondern als einen aktiven Prozeß der Selbstkontrolle, in dem das Individuum eine allgemeine Fähigkeit zur Bewältigung von Angstsituationen erwirbt.

Der neue, durch experimentelle Ergebnisse gestützte Ansatz von Goldfried ist möglicherweise für die Gesprächspsychotherapie angemessener als Wolpes Theorie, da durch die therapeutischen Gespräche weniger eine Beseitigung spezifischer Angstreaktionen als vielmehr eine allgemeine Neuorientierung des Erlebens und Verhaltens bewirkt wird.

Der Begriff des ›Selbstkonzepts‹ wird in der Lerntheorie nicht verwendet. Auch wird das Selbst nicht als eine einheitliche innere Struktur angesehen (vgl. Kanfer & Philipps 1970), sondern es wird von *Selbstreaktionen* (selfreactions) gesprochen, die als Verhaltensweisen angesehen werden, die in der Beziehung zu anderen Personen erlernt und in das Denken übernommen wurden. Da die Sprache Reaktionsklassen kombiniert und in Beziehung setzt, können zusammenhängende Reaktionssysteme entstehen. Dennoch können sich die Selbstreaktionen einer Person in verschiedenen Situationen oder bei der Anwesenheit verschiedener Personen stark unterscheiden.

Das Wissen über die eigene Person, gleichgültig ob es zutreffend ist oder nicht, beeinflußt das Verhalten: Es gibt Hinweise darüber, welche Handlungen begonnen und wie sie durchgeführt werden; es beeinflußt auch die Bewertung ausgeführter Handlungen (Selbstverstärkung) und hat daher weitreichende Konsequenzen für das Verhalten des Individuums. Die Selbstverstärkung spielt besonders dann eine Rolle, wenn ein Verhalten ohne äußere Verstärkung aufrechterhalten werden muß. Durch eine verstärkte Zuwendung des Therapeuten zu positiven Selbstreferenzen müßte es möglich sein, das Verbalverhalten und evtl. auch die gedankliche Selbsteinschätzung von Klienten zu verändern.

Heller & Marlatt (1969) weisen auf die Bedeutung des *Diskriminationslernens* als Voraussetzung für Verhaltensänderungen hin. Es ist für das Individuum wichtig, zwischen den aversiven und den ungefährlichen Aspekten seiner Umwelt zu differenzieren und die Ereignisse zu erkennen, die früher einmal aversiv waren, es aber jetzt nicht mehr sind. Bei sozialen Beziehungen ist oft eine nuancierte Wahrnehmung des Verhaltens des Partners notwendig, um angemessen reagieren zu können. Inadäquate Reaktionen auf bestimmte Situationen können durch deren kognitive Einordnung, die weitgehend unabhängig von den Merkmalen der äußeren Situation sein kann, determiniert sein. In einem solchen Fall wäre für ein effektives Verhalten zunächst eine Veränderung der Kodierung von Ereignissen erforderlich.

Man kann annehmen, daß bei dem Klienten in der Gesprächspsychotherapie durch seine intensive Auseinandersetzung mit seinem inneren Bezugsrahmen ein Prozeß in Gang gesetzt wird, der nicht nur zu differenzierteren Wahrnehmung anderer Personen und äußerer Ereignisse führt, sondern auch zu einer differenzierteren Betrachtungsweise der eigenen emotionalen Reaktionen. Dieser Prozeß kann insbesondere unterstützt werden durch die Erfassung und Verbalisierung impliziter Klienten-Äußerungen durch den Psychotherapeuten.

Zu berücksichtigen ist in diesem Zusammenhang auch das Konzept der Konfrontation, das ebenfalls eine differenziertere Betrachtungsweise nach sich ziehen könnte. Als Konfrontation werden Therapeuten-Äußerungen bezeichnet, die von der Selbstbeschreibung des Klienten abweichen und ihn auf Diskrepanzen in seinem Verhalten hinweisen, z. B. auf Diskrepanzen zwischen seiner Selbstbeschreibung und seinem sonstigen beobachtbaren oder berichteten Verhalten. Konfrontationen können nach Anderson (1969) sowohl auf Schwierigkeiten und Schwächen hinweisen, als auch konstruktive Möglichkeiten aufzeigen (vgl. auch S. 133).

Das Konzept des Diskriminationslernens ist in mancher Hinsicht den Theorien von Rogers (1959b) und Gendlin (1960a, b) ähnlich, in denen der Zusammenhang zwischen der Wahrnehmung bzw. dem Erleben und dem Verhalten stark betont wird. Im Gegensatz zu diesen

Theorien wird man aber, vom Standpunkt des Lernens aus gesehen, nicht erwarten, daß eine veränderte Wahrnehmung gleichsam automatisch auch zu einem veränderten Verhalten führt. Eine differenziertere Wahrnehmung des Selbst und anderer Personen und Sachverhalte in Verbindung mit einer reduzierten Angst erleichtert aber sicherlich den Aufbau neuer befriedigender Verhaltensweisen.

Die genannten Lernprinzipien sind — wie oben erwähnt — in der Gesprächspsychotherapie insbesondere deswegen zum Tragen gekommen, weil man von ihnen eher eine Erklärung des Prozeßgeschehens erhoffte als von der Rogers-Theorie. Aber auch das Heranziehen lerntheoretischer Gesichtspunkte kann die Schwierigkeiten der Erklärung bisher nicht befriedigend lösen, weil u. a. auch hier einige Unzulänglichkeiten unübersehbar sind: So gibt es z. B. nicht *die* Lerntheorie als umfassendes Theoriengebäude, so können Lernprozesse und damit Verhaltens- und Erlebensänderungen nicht ausschließlich über Verstärkungen erreicht werden, so ist das lerntheoretische Instrumentarium nicht normen- oder wertfrei (vgl. Bommert 1973). Sicherlich wären auch wesentliche Konstrukte des Rogers-Konzepts (z. B. »Selbst-Konzept« oder »Kongruenz«, vgl. Rogers 1951) in eine konkretere Sprache überführbar und damit lerntheoretischen Gesetzmäßigkeiten eher zugänglich. Unabhängig davon muß aber bezweifelt werden, ob es für die Gesprächspsychotherapie sinnvoll und nützlich ist, bei der Suche nach einem befriedigenderen theoretischen Bezugsrahmen eine so starke Gewichtung der Lerntheorie vorzunehmen. Zu überlegen wäre beispielsweise, ob nicht auch eine kommunikationstheoretische Einordnung sinnvoll wäre (vgl. z. B. Tscheulin 1975).
Ferner dürften kognitive Faktoren im Prozeß der Gesprächspsychotherapie eine bedeutsame Rolle spielen; daher stellt sich die Frage, ob nicht u. U. die theoretische Position von Wexler (1974) — der den therapeutischen Prozeß unter dem Gesichtspunkt der Aufnahme und Verarbeitung von Informationen betrachtet — oder die theoretischen Überlegungen von Kelly (1955) — der in der Betonung des phänomenalen Aspekts Rogers sehr nahe kommt, sich jedoch u. a. in der Gewichtung von Perzeption und Kognition (vgl. Vernon 1963) sowie in der Gewichtung der affektiven Dimension des Verhaltens deutlich von Rogers unterscheidet — zur Lösung der theoretischen Probleme beitragen könnte.

Ein zu den oben genannten Versuchen unterschiedlicher Ansatz der Verwendung von Lernprozessen als Grundlage einer Gesprächspsychotherapie-Theorie wird von Martin (1972/1975) verfolgt (vgl. auch Perrez 1975). Martin bezieht sich bei seinen Überlegungen im wesentlichen auf die von Dollard & Miller (1950) vertretenen theoretischen Gedanken und die dazu von verschiedenen Autoren durchgeführten experimentellen Arbeiten. Ausgangspunkt ist für Martin die Annahme, daß *Konflikte* bei einer Reihe von Verhaltensstörungen verhaltensdesorganisierende Konsequenzen haben. Die Reize, die einem Konflikt zugrunde liegen, sind entweder außerhalb des Individuums oder innerhalb des Individuums (Überlegungen, Gedanken, Vorstellungen) lokalisiert, weshalb von einem external oder einem internal motivierten Konflikt auszugehen ist (Martin 1972/1975). Das Therapieziel ist hiernach die Konfliktverminderung, wobei davon ausgegangen wird, daß die Gesprächspsychotherapie eher bei internal motivierten Konflikten, bei denen die angstauslösenden Reize dem Individuum auf Grund des Vermeidungsverhaltens nicht verfügbar und damit auch nicht unmittelbar abfragbar sind, indiziert ist.

Der Vorteil dieses Theorie-Ansatzes ist darin zu sehen, daß umfassende psychologische Theorien (Lern- und Konflikttheorie) und nicht empirische Generalisierungen den Ausgangspunkt bilden, womit u. a. Indikationsaussagen eher realisierbar werden dürften. Wesentliche Nachteile dieses Ansatzes sind zum einen seine Komplexität (die in dieser kurzen Darstellung nur ansatzweise verdeutlicht werden kann) und zum anderen – derzeit – das Fehlen von empirischen Hinweisen darauf, ob die Gesprächspsychotherapie mit dieser Theorie kompatibel ist.

Das Konzept des unmittelbaren Erlebens (Experiencing)

Das Experiencing-Konzept wurde in den USA von E. T. Gendlin und anderen (z. B. Gendlin 1961, 1962, 1968, 1970, Gendlin & Tomlinson 1967) im Kontext der klienten-zentrierten Psychotherapieforschung auf der Basis der Rogers-Theorie (Rogers 1942, 1951) konzipiert; es soll in seiner Anwendung jedoch nicht auf diese Therapieform beschränkt bleiben (vgl. Gendlin 1974).

Das »Experiencing«-Konstrukt steht für Gendlin, einem Mitarbeiter der Rogers-Gruppe, im Mittelpunkt einer Theorie über Persönlichkeitsänderung und psychotherapeutische Aktivitäten. Nach seiner Meinung sind Persönlichkeitstheorien, die mit Annahmen wie einem »Veränderungsparadigma« arbeiten, zu statisch, da sie nur das Überdauern und die Konstanz, aber nicht den Wandel der Persönlichkeit erklären können.

Gerade aber die Dynamik einer Veränderung, die in der Experiencing-Theorie im klienten-zentrierten Rahmen in Verbindung mit einer persönlichen Beziehung (so zu einem Therapeuten) und einer intensiven Beschäftigung mit dem eigenen Gefühlserleben gesehen wird, soll von theoretischen Begriffen, die sich auf die Veränderung von Persönlichkeit beziehen, erfaßt werden.

»Experiential psychotherapy stems from a philosophy (Gendlin 1952) that holds that direct experiencing is ›implicitly‹ rich in meanings, but is never equatable to words or concepts. Experiencing is the organism's interaction with all the environment, therefore it is implicitly very rich.
One must always ›directly refer‹ to felt experience, and if one does, then words ond concepts can be of help in articulating it and carrying it further. To say what one feels is not a mere telling about it, but is itself a *further* experiencing. When one articulates it rightly, one feels an experiential movement.« (Gendlin 1974, S. 227)

Experiencing ist ein Vorgang, ein ablaufender Prozeß, der sich deutlich von dem sonst üblichen, statischen Erfahrungskonzept als die Summe der Erfahrungen und Erlebnisse eines Individuums unterscheidet.

Gendlin selbst definiert es folgendermaßen:

»Experiencing ist the process of concrete, bodily feeling, which constitutes the basic matter of psychological and personality phenomena.« (Gendlin 1970a, S. 138)

»I use the word experiencing to denote *concrete* experience, because the phenomenon I refer to is the *raw* present, ongoing *functioning* (in us), of what is usually called experience.« (Gendlin 1970b, S. 163)

»... ›experiencing‹, using that term for the flow of feeling, concretely, to which you can every moment attend inwardly if you wish.« (Gendlin 1970b, S. 562)

»We mean (by experiencing) inwardly sensed, bodily felt events and we hold that the concrete ›stuff‹ of personality or of psychological events is the flow of bodily sensing or feeling.« (Gendlin 1970a, S. 138)

Bommert et al. (1973) schlagen »gefühlsmäßiges, vorbegriffliches Erleben« als Übersetzung für Experiencing vor, und Dahlhoff und Bommert (1975) definieren im Deutschen:

»Experiencing ist das konkrete, im Augenblick vor sich gehende Erleben eines Individuums, bei dem die Aufmerksamkeit auf einen zugrunde liegenden, gefühlten Erlebnisgegenstand gerichtet ist. Dieser Gegenstand muß nicht unbedingt vollständig verbal faßbar sein, es ist für das Individuum mehr eine körperlich fühlbare Beziehung: eine gefühlte, unmittelbar gegenwärtige, persönliche Bedeutung von Dingen und Erlebnissen.« (Dahlhoff & Bommert 1975, S. 1)

»Experiencing« versucht, was während des Therapie-Kontaktes im Klienten abläuft, zu beschreiben und zu erfassen. »Experiencing« bezieht sich auf das unmittelbare Gefühlserleben des Klienten und unterscheidet sich von anderen in der Psychotherapieform verwandten Konstrukten. Weder die Stimmqualität, die Menge oder das reine Vorhandensein von Gefühlsäußerungen, noch eine reine inhaltliche Betrachtung der Klientenäußerungen stehen dabei im Mittelpunkt. Statt dessen soll der im Klienten ablaufende *Prozeß* des Fühlens und Erlebens betrachtet werden.

Dieser Prozeß des In-sich-Hineinschauens, um eine gefühlsmäßige Bedeutung zu erspüren und zu erleben, kommt im weiteren Verlauf des

Prozesses in den verbalen Äußerungen des Klienten zum Ausdruck. Auf einer *niedrigen Stufe* ist ein persönlich bedeutsamer, innerer Bezugsrahmen des Erlebens des Klienten nicht vorhanden. Die Schilderungen sind von Gefühlen, Reaktionen und Bedeutungen persönlicher Art ziemlich entfernt. Auf einer *höheren Stufe* wird die persönliche Perspektive deutlicher, das eigene aktuelle Erleben wird ein direkt angehbarer Prozeß, der als eine unmittelbare Basis, als ein direkter Bezugsrahmen und Motor anzusehen ist.

Experiencing kann so als ein *Kontinuum* verstanden werden, das von der Schilderung einfacher, begrenzter oder äußerer Tatbestände bis zu einem Zustand der Wechselwirkung zwischen im Innern erarbeitetem unmittelbarem Ausdruck gegenwärtiger Erlebnismomente und deren Formulierung, sowie dem Erleben neuerer Zusammenhänge reicht.

Es gibt eine Möglichkeit des Individuums, nicht innerhalb seines Fühlens gefangen zu sein, sondern sein Augenmerk auf diesen Gefühlsprozeß selbst zu richten. Klein et al. (1969) führen dazu aus:

»The continuum (erg. of experiencing) deals with the manner in which feelings are experienced not whether they are uncovered or expressed, or even with how strong or overwhelming they may seem to the subject. Indeed someone who is completely immersed in strong feelings of anxiety, guilt or depression may be so involved *in* the feeling or its situational or behavioral details that he has no grasp of his experiencing of it – that is he is unable to focus *on* it. There is a difference in set involved, when one feels an emotion strongly, one cannot also feel about it, that is one cannot directly attend to the bodily felt meaning of one's self in the situation.« (Klein et al. 1969, S. 7)

»Experiencing is a process not a fixed trait.« (Klein et al. 1969, S. 6)

Psychotherapie ermöglicht das Erleben eines solchen Prozesses für den Klienten. Jede Persönlichkeitsveränderung in dieser Situation ist durch zwei Außenbedingungen gekennzeichnet: Ein intensives Befassen mit Gefühlsinhalten sowie eine sich weiterentwickelnde persönliche Beziehung zu einem anderen Menschen.

»The ›motor‹ that powers psychotherapeutic change is a direct sensing into what is concretely felt (not emotions, implicitly complex felt sense); the allowing that to form and to move.« (Gendlin 1974, S. 240 f, im Original kursiv)

Es handelt sich hierbei nach Gendlins Auffassung um etwas sehr Einfaches und Eindeutiges, das für jedes Individuum erlebbar und vorstellbar ist. Mit »gefühlter Bedeutung« (felt meaning) kann beschrieben werden, worauf sich dieses Erleben richtet. »Gefühl« unterscheidet sich vom Experiencing-Begriff deutlich, denn damit werden spezifische *Inhalte* des Erlebens, wie Stimmungen und Färbungen von Erlebnissen wie z. B. schön, glücklich, traurig bezeichnet. Gendlin geht es aber mehr um die Art, in der Gefühle erlebt werden.

»A first step to notice is that the person's experiential felt sense of a difficulty is not the same as what is called *emotion*. Emotions are ›felt‹, but an emotion is all one, it is anger or joy or shame; there is nothing else inside it but what it is. A moment's experiencing, on the other hand, though also felt, is a rich maze of implicit aspects, all of them felt together in one conceptually unclear ›this‹« (Gendlin 1974, S. 227)

»Besides the logical and the operational dimension of knowledge, there is also a directly felt, experiential dimension. *Meaning* is not only about things and is not only a certain logical structure, but it also involves felt experiencing. Any concept, thinking or behavior is meaningful only as some noise, thing or event interact with felt experiencing. Meanings are formed and had trough an interaction between experiencing and symbols or things.« (Gendlin 1970b, S. 561)

Gendlin bezeichnet es als wesentliche Möglichkeit eines Individuums eine »direkte Bezugnahme« (direct reference) zu vollziehen. Damit ist die Bezugnahme auf das konkrete, im Augenblick im Innern eines Individuums ablaufende Erleben gemeint.

Dabei ist die gefühlte Bedeutung (felt meaning) »implicit« für das Individuum vorhanden, d. h. sie ist nicht unbewußt oder außerhalb des Bewußtseins, sondern körperlich fühlbar gegenwärtig. Sprache dient dazu, dieses implizit vorhandene »felt meaning« explizit zu machen.

»Rarely do I think in explicit words what I will say. All these meanings function implicitly as my present concretely felt experiencing.« (Gendlin 1970a, S. 140)

Die implizite Bedeutung ist unvollständig, sie bedarf einer symbolischen Vervollständigung durch Worte, sie muß weiterentwickelt und konkret bildhaft gemacht werden.

»Only when interaction with verbal symbols (or events) actually occurs, is the process actually carried forward and the explicit meaning formed.« (Gendlin 1970a, S. 141)

Hier setzt die Möglichkeit und Wirkung von Psychotherapie ein. Das Vervollständigen und Weiterentwickeln der gefühlten Bedeutung wird durch den Prozeß des »continuous focusing« ermöglicht.

Focusing (Konzentration, Zentrierung) ist das Verhalten des Klienten, in dem die gefühlte Bedeutung, die implizit vorhanden ist, verfügbar wird, dadurch läuft der Prozeß des »experiencing« ab. Während des Gespräches können Phasen eingeschaltet werden, in denen der Klient aufgefordert wird, sich in sein Erleben zu vertiefen. Gelingt diese Vertiefung/Konzentration, so sind die Erlebnisinhalte durch einen ständigen Wechsel gekennzeichnet (experientical shift), der seinerseits als »Motor« der Therapie fungiert.

Nach Gendlin setzen vier Phasen des Focusing (vgl. Gendlin 1970a) einen überall vorhandenen Gefühlsprozeß in Gang. Dieser Prozeß hat eine sehr konkret fühlbare, sich selbst vorwärtstreibende Qualität.

»This self-propelled feeling process is the essential motor of personality change.« (Gendlin 1970a, 152)

Focusing ist danach ein wesentlicher Bestandteil, eine Art Basisprozeß erfolgreicher Psychotherapie. Diesen Prozeß zu ermöglichen und zu seinem Fortgang beizutragen, ist eine der wesentlichen Aufgaben des Psychotherapeuten. Ob der Klient die Stadien der direkten Bezugnahme auf seine gefühlten Bedeutungen und ihre Entfaltung verwirklichen kann, hängt zu einem großen Teil vom Verhalten des Therapeuten ab. In einer Abhandlung über Focusing (Gendlin 1969) als therapeutisch explizit anwendbare Methode, gibt Gendlin ein Verfahren an, durch das der Prozeß des Focusing unterstützt werden kann. Diese Fähigkeit muß nach Gendlin vorhanden sein. Das Vermögen, sein Fühlen (was nicht gleichbedeutend mit Gefühlen ist) in den Brennpunkt zu stellen, ist die Voraussetzung auf der Seite des Klienten für ein Zustandekommen effektiver Psychotherapie.
Für das Kontinuum des Experiencing-Konzepts sind sowohl eine amerikanische Einschätzungsskala (Klein et al. 1969) als auch eine deutsche Fassung (Dahlhoff & Bommert 1975, s. S. 91) entwickelt worden, die Ausgangspunkt zu empirischen Untersuchungen zum Experiencing-Konzept waren (vgl. S. 146).

2. Praxis

Dieser Abschnitt beschäftigt sich mit den grundlegenden Aspekten gesprächspsychotherapeutischer Praxis und soll die charakteristischen Elemente praktischer Tätigkeit im Rahmen dieser Therapieform verdeutlichen. Dazu wird zunächst auf die äußeren Bedingungen vor Beginn und während der Therapie eingegangen und das generelle Vorgehen im Kontakt mit dem Klienten dargestellt. Anschließend werden zentrale Merkmalsbereiche des Psychotherapeuten und des Klienten angesprochen, die – unabhängig von dem Nachweis der Wirksamkeit zusätzlicher Einzelvariablen — als kennzeichnende Bezugspunkte gesprächspsychotherapeutischer Interaktion zu verstehen sind. Die Beschreibung gesprächspsychotherapeutischer Praxis wird durch die Demonstration verschiedener Praxisaspekte ergänzt: Fragebögen aus der Gesprächspsychotherapie-Praxis und ausgewählte Therapie-Situationen verdeutlichen die Wahrnehmung, Verwirklichung und Auswirkungen verschiedener grundlegender Verhaltensweisen, und die Demonstration einer vollständigen Therapie-Stunde ermöglicht die Wahrnehmung der Wirkungsweise der Einzelmerkmale im Kontext der Interaktion. Abschließende Thematik dieses Abschnitts ist die Praxis der Gesprächspsychotherapie in der Gruppe.

Die theoretischen Grundlagen der Gesprächspsychotherapie, insbesondere das theoretische System von Rogers, und die damit einhergehenden impliziten und expliziten Ziele legen – sofern das praktische Handeln zumindest im Grundsatz als theoriegeleitet gelten darf – für das praktische Vorgehen in der therapeutischen Interaktion zwischen Klient und Psychotherapeut hinsichtlich der Form und des Inhalts der therapeutischen Beziehung fast zwangsläufig andere therapeutische Praktiken nahe als bei therapeutischen Interventionen differierender theoretischer Grundlagen und Zielorientierungen.

So liegt es unmittelbar nahe, daß bei einer Therapieform, die als einen zentralen Punkt den inneren Bezugsrahmen des Klienten definiert und die davon ausgeht, daß geeignete soziale Bedingungen es dem Klienten möglich machen, die Zusammenhänge zwischen seinem Verhalten und den damit verbundenen Gefühlen, Wünschen und Interessen zu erforschen, Erfahrungen und Erkenntnisse über sich zu gewinnen und daraus neue Strategien zur Problembewältigung zu erarbeiten, der Psychotherapeut nicht die Rolle des ›wissenden Experten‹ übernimmt, der auf der Basis größerer Information über psychologische Fakten und Theorien Erklärungen, Interpretationen und Lösungsmöglichkeiten aus *seiner* Sicht vermittelt. Er wird hiernach vielmehr zu versuchen haben, eben die Bedingungen in der therapeutischen Situation herzustellen und aufrechtzuerhalten, die es dem Klienten ermöglichen, die genannten Klärungsprozesse und Problemlösungsstrategien zu realisieren.

Äußere Bedingungen der Gesprächspsychotherapie

Die *Anmeldung* des Klienten zur Gesprächspsychotherapie erfolgt im allgemeinen durch eine persönliche oder telefonische Kontaktaufnahme mit der Anmeldestelle/Sekretariat der behandelnden Institution. Hier erfolgt eine Information des Klienten über wesentliche äußere Gesichtspunkte wie z. B. Ort und Zeitpunkt des ersten Kontakts mit dem Psychotherapeuten, Häufigkeit der Kontakte, Durchführung psychodiagnostischer Untersuchungen, Bezahlung des Psychotherapeuten u. ä. Diese Informationen können auch (oder zusätzlich) in einem Merkblatt festgehalten werden, das dem Klienten bei der Anmeldung ausgehändigt wird.
Vor Beginn der Gesprächspsychotherapie erfolgt eine *psychologisch-diagnostische Untersuchung* des Klienten mit verschiedenen Verfahren zur Ermittlung des Erlebens, Verhaltens und der äußeren Situation des Klienten. Diese psychologische Diagnose hat bei dem derzeitig überwiegend praktizierten Vorgehen in der Gesprächspsychotherapie – im Sinne einer einheitlichen, bei allen Klienten relativ ähnlichen Vorgehensweise – lediglich das Ziel, die Effektivität der Gesprächspsychotherapie durch den Vergleich der vor und nach der Therapie erhaltenen Daten zu prüfen, um daraus evtl. langfristig Änderungen der Behandlungsmethodik abzuleiten. Bei einer Vorgehensweise, die stärker die differentiellen Aspekte betont, könnte die psychologische Diagnostik zudem auch im Verlaufe des Psychotherapie*prozesses* an Bedeutung gewinnen, da differentielle Interventionsstrategien eine fortlaufende differentielle Diagnostik erforderlich machen (s. dazu auch S. 157).
Derzeit ist es nicht möglich, aufgrund psychologisch-diagnostischer Daten zu entscheiden, welche Art der Behandlung (z. B. Gesprächspsychotherapie oder Verhaltenstherapie) für einen Klienten mit einer bestimmten Datenkonstellation indiziert wäre, da die zu derartigen Aussagen nötigen empirischen Grundlagen bisher fehlen (vgl. auch S. 138).
Im Rahmen der Gesprächspsychotherapie können jedoch ansatzweise bereits nach den ersten beiden Kontakten aufgrund der Erfahrungen, die der Klient berichtet, Aussagen darüber gemacht werden, inwieweit der Klient auf diese Art der Behandlung anspricht (s. S. 147).
Im Rahmen der psychodiagnostischen Untersuchung (oder während des Anmeldegespräches) müssen auch Informationen darüber gewonnen werden, inwieweit der Klient sich bereits in *medizinischer Therapie* befindet bzw. ob eine solche vom Klienten angestrebt wird. Arbei-

tet die behandelnde Institution nicht ohnehin routinemäßig mit einem Mediziner zusammen, dem jeder Klient zu einer medizinischen Diagnose vorgestellt wird, so ist es notwendig, vor Beginn der Psychotherapie darauf hinzuwirken, daß durch einen Kontakt zwischen dem Klienten und einem von ihm konsultierten Mediziner organische Ursachen der Symptomatik ausgeschlossen sind. Verzichtet werden sollte auf dieses Vorgehen höchstens dann, wenn die vom Klienten berichteten psychischen Beeinträchtigungen körperliche Grundlagen weitgehend unwahrscheinlich machen (z. B. bei psychischer Beeinträchtigung durch Verlust des Lebenspartners o. ä.).

Das praktische Vorgehen in der Gesprächspsychotherapie, das – ausgehend von den theoretischen Annahmen von Rogers – den Aspekt der freien Selbstverwirklichung des Individuums besonders betont und das damit z. B. auch Ratschläge und Handlungsanweisungen durch den Psychotherapeuten für ungünstig klassifiziert (s. auch S. 108 ff), steht oftmals im Widerspruch zu den Erwartungen des Klienten, woraus Unzufriedenheit beim Klienten und/oder die Ineffektivität bzw. der Abbruch der Gesprächspsychotherapie resultieren kann. Tausch (1973) schlägt daher vor, *Informationen über den Ablauf der Therapie,* einschließlich des als günstig erachteten Klienten- und Therapeutenverhaltens, in das dem Klienten auszuhändigende Merkblatt mit aufzunehmen, um Unklarheiten und unangemessene Erwartungshaltungen abzubauen.

Weitere Möglichkeiten bestehen in der (zusätzlichen) Demonstration von Ausschnitten gesprächspsychotherapeutischer Kontakte allgemeinen oder auf die spezielle Problematik der abweichenden Erwartung hin konzipierten Inhalts durch Ton- oder Video-Aufnahmen; all diese Möglichkeiten wirken sich im Sinne einer Anpassung der Erwartungen des Klienten an das Therapiekonzept aus, wobei die rationale Komponente der Erwartungen (im Sinne der *Vermutungen* des Klienten, was in der Therapie ablaufen wird) offensichtlich durch solche Informationen stärker zu beeinflussen ist als die emotionale Komponente (im Sinne der *Wünsche* des Klienten, was in der Therapie ablaufen sollte) (vgl. Bommert et al. 1975a, Suckert-Wegert 1976).

Hinsichtlich der *Häufigkeit und Dauer der Kontakte* werden in der Praxis recht unterschiedliche Verfahrensweisen praktiziert, die zum Teil auch davon abhängig sind, ob es sich um Einzel-, Partner- oder Gruppentherapie handelt. Bei Einzelkontakten findet meist pro Woche ein Kontakt von ca. 45 Minuten Dauer statt, bei Gruppensitzungen meist ein Kontakt pro Woche von ca. 90 Minuten; es handelt sich hierbei jedoch um recht willkürliche Einteilungen, da Forschungsergebnisse zu diesen Punkten fehlen bzw. uneinheitlich sind (vgl. dazu S. 148).

An die *Räumlichkeiten,* in denen die psychotherapeutischen Gespräche stattfinden, sind lediglich die Anforderungen zu stellen, daß in ihnen

Störungen (Mitarbeiter, andere Klienten, Telefon o. ä.) weitgehend vermieden werden und sie mit bequemem Mobiliar ausgestattet sind. Weitere Anforderungen an die Ausstattung des Raumes, etwa mit Bildern, Blumen etc., wie sie von manchen Praktikern für notwendig gehalten werden, dürften weniger bedeutsam sein als die Qualität der Interaktion zwischen Klient und Psychotherapeut. Die Sitzposition wird meist so gewählt, daß sich Klient und Psychotherapeut schräg gegenübersitzen, getrennt durch die Ecke eines dazwischenstehenden Tisches. Diese Sitzposition wurde durch eine Untersuchung von Haase und Dimattia (1970) als die vom Klienten bevorzugte herausgearbeitet, konnte nachfolgend jedoch nicht voll bestätigt werden (vgl. Broekmann und Möller 1973).

Ton- oder Video-Aufzeichnungen der psychotherapeutischen Kontakte sind ein wesentliches Merkmal gesprächspsychotherapeutischer Praxis. Sie dienen vorrangig der Kontrolle des Verhaltens des Psychotherapeuten hinsichtlich wesentlicher Merkmale der therapeutischen Interaktion und ermöglichen eine Korrektur unangemessenen Psychotherapeutenverhaltens; sie dienen somit der Effektivierung der Kontakte für den Klienten. Daneben sind sie eine wesentliche Grundlage zur empirischen Erforschung psychotherapeutischer Prozesse und Effekte. Aus ethischen und rechtlichen Gründen können derartige Aufnahmen nur mit Wissen und Einverständnis des Klienten durchgeführt werden. Es ist daher sinnvoll, den Klienten bei der Anmeldung (evtl. im Informationsblatt) über die beabsichtigten Aufnahmen zu informieren und sich das Einverständnis für diese Aufnahmen auf einem dafür vorgesehenen Vordruck schriftlich bestätigen zu lassen.

Dabei dürfte es hilfreich sein, dem Klienten völlige Anonymität durch Verwendung von Codierungen und/oder der Löschung sämtlicher Namensnennungen zuzusichern, ihn über das mit der Aufnahme verbundene Ziel (Kontrolle des Psychotherapeuten, Forschung als Grundlage für die Effektivierung der Therapie) zu informieren und ihm auch freizustellen, gegebenenfalls die Aufnahmen auf seinen Wunsch hin wieder zu löschen. Die Aufzeichnungsgeräte und deren Installation sollten so gewählt werden, daß durch ihre Größe, Ton oder Bewegung keine Störung der Konzentration bei Klient oder Psychotherapeut erfolgt (s. dazu auch S. 149).

2.2 Das generelle Vorgehen in der Praxis

Bevor nun die in der Praxis der Gesprächspsychotherapie wesentlichsten und grundlegenden Merkmalsbereiche und Verhaltensweisen von Psychotherapeut und Klient im einzelnen dargestellt werden, erscheint es sinnvoll, sich zunächst einmal das praktische Vorgehen in der Gesprächspsychotherapie in seinem Gesamtablauf zu vergegenwärtigen.

Abbildung II stellt in vereinfachter und schematischer Form die Vorgehensweise eines Gesprächspsychotherapeuten in der Interaktion mit seinem Klienten und dem Problem dieses Klienten dar.

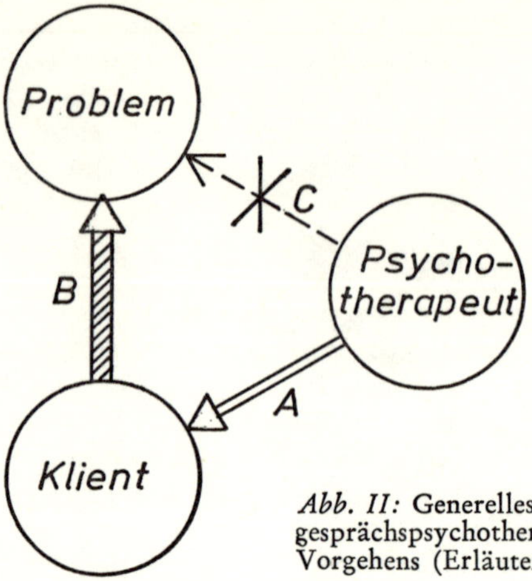

Abb. II: Generelles Schema gesprächspsychotherapeutischen Vorgehens (Erläuterung im Text)

Der Psychotherapeut geht auf das vom Klienten geäußerte Problem ein, indem er sich zunächst bemüht, sich gedanklich und erlebnismäßig in den Klienten hineinzuversetzen (A) und sodann auf der Basis der Sichtweise und des Erlebens des *Klienten* (B) seine weiteren (meist verbalen) Aktivitäten zur Unterstützung des Klienten in Richtung auf die Verminderung oder Lösung des Problems ausrichtet und realisiert. Er bemüht sich dabei, den ›direkten‹ Weg von sich aus zum Problem des Klienten (C) zu vermeiden, d. h. – soweit möglich – seine eigenen Sichtweisen, Arten des Herangehens an Probleme, Erfahrungen und Einschätzungen zum Problem oder zur Problemlösung zurückzustellen. Er versucht also, *mit* dem Klienten zu denken und zu handeln, nicht aber *über* ihn und sein Problem zu überlegen.

Die Abbildung II ist insofern willkürlich, als sie die drei Bereiche Psychotherapeut, Klient und Problem unverbunden nebeneinander stellt. Denkbar wäre auch eine Darstellung sich überschneidender Kreise ›Klient/Problem‹, da hier logischerweise eine Verbindung besteht. Betrachtet man ferner Psychotherapeut, Klient und Problem als in einem gemeinsamen gesellschaftlichen Rahmen eingebettet, so sind weitere Variationen in der Darstellung denkbar. Diese Abbildung soll jedoch nur der Veranschaulichung des therapeutischen Vorgehens in schematischer Form dienen.

Dieses Zurückstellen der eigenen Sichtweisen, Bewertungen, Erfahrungen etc. des Psychotherapeuten ist einer der schwierigsten Punkte bei der praktischen Realisierung des therapeutischen Verhaltens im Rahmen der Gesprächspsychotherapie. Hierbei wird nämlich impliziert, daß der Gesprächspsychotherapeut – bei den unterschiedlichsten Arten von Problemen und Schwierigkeiten, die Klienten mit ihm zusammen zu einer Klärung und Lösung bringen wollen – völlig unvoreingenommen und frei sich ausschließlich in der Form an einen Problembereich heranbewegen könnte, wie sie ihm vom Klienten durch dessen Mitteilungen nahegelegt wird.

Aber auch der Gesprächspsychotherapeut ist nicht in der Lage, die im Rahmen seiner Sozialisation und seiner Berufstätigkeit erlernten Bewertungen, Erfahrungen, Sichtweisen etc. in der therapeutischen Situation in jedem Einzelfall völlig auszuschalten (vorausgesetzt, er will dies überhaupt).

Jeder Gesprächspsychotherapeut hat in seiner praktischen Tätigkeit also Grenzen, jenseits derer er nicht mehr bereit oder in der Lage ist, das nicht-wertende Verhalten, das völlige Zurückstellen der eigenen Erfahrungen, das ausschließliche Nachvollziehen der Ansichten, Bewertungen und Ziele des Klienten zu praktizieren. In der gesprächspsychotherapeutischen Praxis kann die Frage also nicht lauten, *ob* der Gesprächspsychotherapeut in bestimmten Situationen die nicht-wertende Basis verläßt, sondern *in welchen Situationen,* d. h. bei welchen Problemen und Zielsetzungen von Klienten, bei welcher Art von Klienten, bei welcher Kombination Problem/Klient usw. der Gesprächspsychotherapeut aufgrund seiner eigenen Ziele, Werthaltungen und Normen nicht (mehr) in der Lage und/oder bereit ist, dem Klienten in seinen Zielen und Sichtweisen zu folgen.

Die gesprächspsychotherapeutische Praxis fordert in diesem Zusammenhang von dem Therapeuten u. a., daß er sich Rechenschaft darüber ablegt, ob er *grundsätzlich bereit* ist, in einem möglichst hohen Prozentsatz von Situationen die Ziele und Vorgehensweisen des Klienten, die dieser zur Lösung seiner Probleme für angemessen und anstrebenswert hält, nachzuvollziehen und ihn dabei zu unterstützen. Ist er grundsätzlich dazu bereit – was im Einklang mit dem Gesprächspsychotherapie-Grundkonzept stehen würde –, so können die auch unter diesen Bedingungen für jeden Therapeuten geltenden Grenzen bezüglich des nicht-wertenden, unvoreingenommenen Verhaltens auf unterschiedliche Arten in der therapeutischen Situation ihren Niederschlag finden:

Im einen Fall ist sich der Gesprächspsychotherapeut dieser Grenzen bewußt, d. h. er weiß, daß er bei bestimmten Problemen oder Klienten sich nicht unvoreingenommen mit den Problemen des Klienten aus *dessen* Sicht auseinandersetzen kann, z. B. weil er selbst von einem vergleichbaren Problem belastet ist, oder weil er bestimmte Problemlösungsalternativen nicht nur für sich selbst, sondern generell, also auch für andere Personen, für völlig unakzeptabel hält. In einem solchen Fall sollte der Gesprächspsychotherapeut dies offen mit dem Klienten besprechen und ihm evtl. die Durchführung oder Weiterführung der

Therapie bei einem anderen Therapeuten empfehlen. Dieses Vorgehen charakterisiert ein wesentliches Moment der ›Echtheit‹ des Psychotherapeuten in der Interaktion mit seinem Klienten (vgl. dazu auch S. 79 ff).

Im anderen Fall ist sich der Gesprächspsychotherapeut dieser Grenzen nicht bewußt, d. h. er beeinflußt den Klienten in einer bestimmten Richtung – beispielsweise in Richtung auf seine eigenen, des Psychotherapeuten, Normen und Sichtweisen – ohne dies zu bemerken und ohne es zu wollen. Hier kann die hilfreiche Kontrolle durch Therapeuten-Kollegen, die dem Gesprächspsychotherapeuten z. B. nach Abhören der Tonaufnahmen seiner Therapie-Kontakte eine entsprechende Rückmeldung geben, von entscheidender Bedeutung sein. Auch eine im Rahmen der Ausbildung zum Gesprächspsychotherapeuten durchgeführte, auf das praktische Therapeutenverhalten zentrierte Selbsterfahrung des angehenden Gesprächspsychotherapeuten kann helfen, diese Grenzen für ihn greifbarer zu machen.

Bei all diesen Vorgehensweisen darf nicht übersehen werden, daß das Zurückstellen der eigenen Interessen, Werthaltungen und Ziele durch den Psychotherapeuten nur in dem eng begrenzten Rahmen der Gesprächspsychotherapie-Interaktion realisiert werden soll, in der es darum geht, zu einer dem Klienten angemessenen und von ihm akzeptierten Klärung und Lösung seiner Probleme zu kommen. Dies darf nicht verwechselt werden mit der – sicherlich unrealistischen und auch inhumanen – Erwartung, Gesprächspsychotherapeuten sollten auch in anderen Interaktions-Situationen sich eher auf die Interessen und Ziele der Interaktionspartner einstellen und diese nachvollziehen als die eigenen Interessen zu vertreten. Hier stellt sich die Frage nach dem *Ziel* einer jeweiligen Interaktion: Das schwerpunktmäßige Ziel eines Gespräches in der Gesprächspsychotherapie unterscheidet sich bereits a priori von z. B. einem Gespräch zweier politischer Kontrahenten oder auch von einem Anamnese-Gespräch.

Dieses generelle Vorgehen in der therapeutischen Interaktion und Situation findet seinen Niederschlag in jeder Phase des Psychotherapieprozesses, unabhängig davon, ob es sich um einen Anfangs- oder Endkontakt handelt, ob es sich um den Beginn, die Mitte oder das Ende einer Stunde handelt.

Abbildung III verdeutlicht nun am Schema einer konkreten Gesprächssituation, wie sich das oben skizzierte generelle Vorgehen in der Praxis der Gesprächspsychotherapie in einer spezifischen Situation auswirkt und in welcher Form durch die Interaktion zwischen dem Klienten und dem Psychotherapeuten der Prozeß der Klärung für den Klienten fortentwickelt wird.

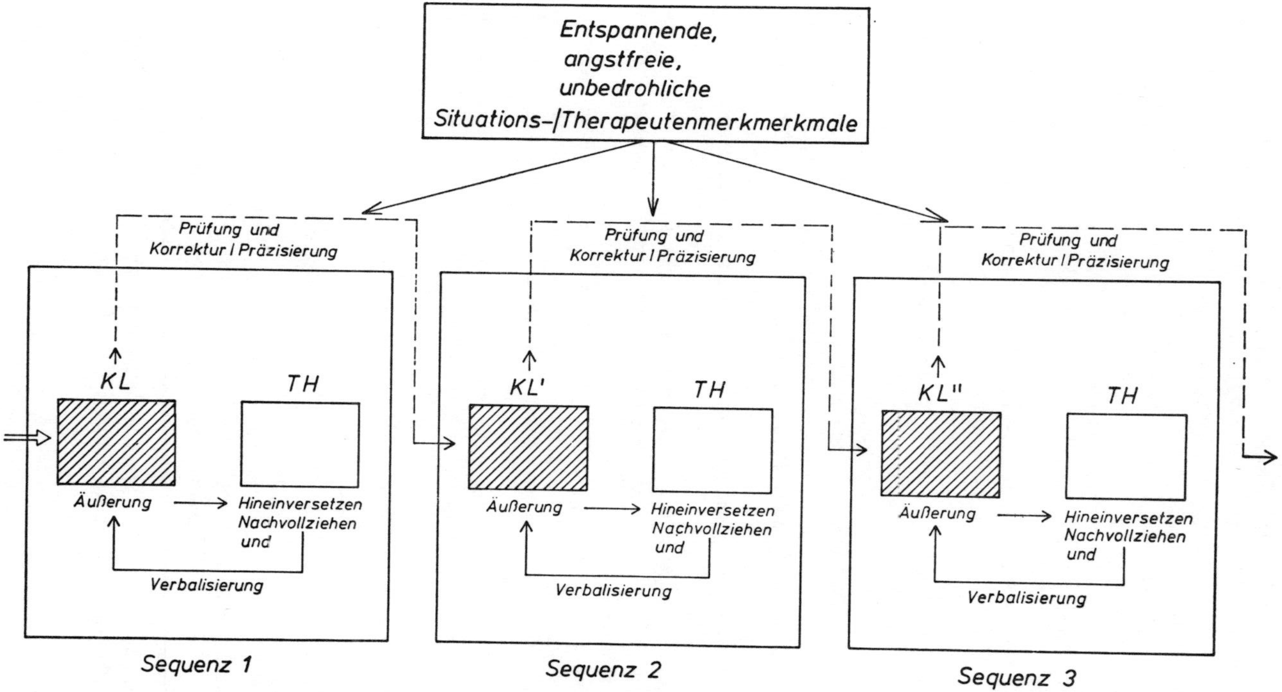

Abb. III: Schematische Darstellung der Interaktion zwischen Klient und Psychotherapeut in einer konkreten Gesprächssituation. (Erläuterung im Text)

Ausgangspunkt ist (vgl. Sequenz 1) die *Äußerung des Klienten* (Kl), die dieser in einer *angstfreien, entspannten interaktiven Gesamtsituation* gegenüber dem Psychotherapeuten realisiert. Der Psychotherapeut (Th) bemüht sich daraufhin, sich in den Klienten *hineinzuversetzen,* d. h. des Klienten inneren Bezugsrahmen (seine Gefühle, Sichtweisen, Bewertungen, Absichten, Bedürfnisse) *nachzuvollziehen* – allerdings ohne sie in gleicher Weise wie der Klient selbst zu erleben – und dem Klienten die so nachvollzogene Sichtweise, Bewertung, Absicht etc. zu *verbalisieren.*
Diese Verbalisierung stellt für den Klienten eine Anregung/Möglichkeit dar, den Inhalt, die Bedeutung, den Stellenwert, die Intensität seiner eigenen Äußerung – die ihm durch den Psychotherapeuten noch einmal vergegenwärtigt wird – erlebnismäßig zu *überprüfen* und gegebenenfalls zu *korrigieren/präzisieren.*
Diese Korrektur/Präzisierung mündet in der Sequenz 2 in die Klientenäußerung Kl', und der skizzierte Prozeß beginnt auf einer höheren Präzisierungsebene von neuem, mündet wiederum in einer Prüfung mit eventueller nachfolgender Präzisierung, die sich dann in der Klientenäußerung Kl" in der Sequenz 3 niederschlägt, usw. Diesen sequentiellen Klärungsprozeß mag auch das Beispiel in Abb. IV verdeutlichen. Begleitet und beeinflußt wird dieser Prozeß von weiteren Personen- bzw. Situationsmerkmalen (z. B. Akzeptierung und Echtheit des Psychotherapeuten; vgl. S. 79 ff), die fördernden oder hemmenden Einfluß haben können.

So wird z. B. vermutet, daß eine mangelnde Akzeptierung des Klienten durch den Psychotherapeuten den Klienten die Gesprächssituation als belastend erleben lassen kann, so daß z. B. eine aus der ›Prüfungsphase‹ abgeleitete Korrektur oder Präzisierung nicht mehr in eine neue, weiterführende Klientenäußerung umgesetzt wird, aus Angst, vom Psychotherapeuten abgelehnt, verurteilt, belächelt o. ä. zu werden.

2.3 Grundlegende Merkmalsbereiche der Gesprächspsychotherapie-Praxis

Rogers (1957) postulierte drei Psychotherapeutenmerkmale als notwendige und hinreichende Bedingungen für konstruktive Änderungen von Klienten durch psychotherapeutische Gespräche: 1. Positive Wertschätzung und emotionale Wärme des Psychotherapeuten für den Klienten, 2. Einfühlendes Verständnis des Psychotherapeuten, 3. Echtheit des Psychotherapeuten gegenüber dem Klienten.
Ergebnisse empirischer Untersuchungen haben dieses Postulat Rogers' nachfolgend stark relativiert (vgl. dazu Forschung, S. 130 ff).

Sequenz 1

Kl: Mein Beruf . . . . also, der macht mir überhaupt keinen Spaß mehr — zum Kotzen — schlichtweg zum Abgewöhnen ist das Ganze . . .

Th: Ihr Beruf hängt Ihnen so zum Halse heraus, daß Sie am liebsten alles hinwerfen würden

Prüfung und Korrektur/Präzisierung

Sequenz 2

Kl': Ja . . . (10 sec) . . . ja, eigentlich nicht der Beruf als solcher, der macht mir schon Spaß und . . . und ich würde gern dabeibleiben, eher wohl der Arbeitsplatz, ja der Arbeitsplatz, an dem ich im Moment arbeiten muß — das nervt mich doch unheimlich

Th: Ja, grundsätzlich haben Sie schon Lust zu diesem Job, aber die Tätigkeit an diesem speziellen Platz bringt Sie so aus dem seelischen Gleichgewicht?

Prüfung und Korrektur/Präzisierung

Sequenz 3

Kl'': Das kann man wohl sagen! Wenn ich da den Herrn X, meinen Vorgesetzten sehe . . . ich könnte explodieren! Was ich auch mache, immer wird gemäkelt, nie hab' ich in seinen Augen was richtig gemacht . . . ja . . . ja, das ist es eigentlich! Ich erwarte ja nicht, daß er mir jeden Tag vor Begeisterung um den Hals fällt, aber so ein wenig Anerkennung braucht man ja doch mal. So mach' ich das nicht mehr lange . . . da muß was passieren . . .

Th: Diese Meckerei und Unzufriedenheit Ihres Chefs fällt Ihnen so unheimlich auf die Nerven und Sie wollen sich das nicht auf Dauer bieten lassen

Prüfung und Korrektur/Präzisierung

Abb. IV: Kurzbeispiel eines sequentiellen Klärungsprozesses.
Die anfangs recht globale Unzufriedenheit mit der Berufssituation wird durch das gemeinsame Bemühen von Klient und Psychotherapeut stufenweise geklärt und präzisiert, wobei in der Sequenz 3 bereits erste Überlegungen bezüglich einer Verhaltensänderung bzw. einer Veränderung der Situation vom Klienten ausgedrückt werden.

Dennoch sind diese drei Konzepte als die wesentlichen Ausgangspunkte für die Ausdifferenzierung und Weiterentwicklung der gesprächspsychotherapeutischen Praxis anzusehen.

So wurde versucht, die globalen Konzepte in konkrete Einzelmerkmale zu untergliedern, diese mit Einschätzungsskalen erfaßbar zu machen; dabei traten dann wieder neue konkret-praktische und theoretisch-evaluative Fragestellungen auf, deren Lösung sich in veränderten Praxis-Konzepten niederschlug.

Neben der Auseinandersetzung mit den Psychotherapeutenmerkmalen wurden auch zunehmend Merkmale des Klienten, insbesondere Art und Umfang seiner Auseinandersetzung mit seinem inneren Erleben

sowie seine Sichtweise und Einschätzung des psychotherapeutischen Prozesses, in die Betrachtung und Weiterentwicklung mit einbezogen.
Nachfolgend werden nun die Merkmalsbereiche dargestellt, die als Bezugs- und Schwerpunkte derzeitiger gesprächspsychotherapeutischer Praxis anzusehen sind.

Merkmalsbereich Einfühlendes Verstehen des Psychotherapeuten

Dieser Merkmalsbereich des Psychotherapeuten — der als am besten erforscht und abgesichert gelten kann — ist im Zusammenhang zu sehen mit den theoretischen Annahmen von Rogers (1942, 1951, 1959b), daß jedes Individuum sich in einem phänomenalen Feld befindet, das nur von ihm selbst erfaßt werden kann, und daß das Individuum in einer gegebenen Situation nicht auf eine absolute Realität reagiert, sondern auf seine Wahrnehmungen von dieser Realität (vgl. S. 20).

Eine psychotherapeutische Unterstützung für das Individuum ist demnach dann besonders wirksam, wenn sie sich an der Wahrnehmungs- und Erfahrungswelt — am inneren Bezugsrahmen — des Individuums orientiert.

Auf der Ebene des Verhaltens des Psychotherapeuten bedeutet das, daß der Psychotherapeut sich bemüht, die innere Erlebniswelt des Klienten aus dessen sprachlichen und nicht-sprachlichen Mitteilungen nachzuvollziehen und sie dem Klienten, so, wie er sie verstanden hat, zu kommunizieren. Dies bedeutet nicht, daß der Psychotherapeut sich die Sichtweisen und inneren Erlebensvorgänge des Klienten zu eigen machen und selbst erleben muß; gemeint ist vielmehr ein intensives, differenziertes *Nachvollziehen* der persönlich-emotionalen Erlebnisinhalte des Klienten. Das, was der Psychotherapeut von diesen Erlebnisinhalten wahrgenommen hat, soll er dem Klienten in konkreter, anschaulicher, bildhafter Form kommunizieren, um ihm somit eine ›Prüfung‹ und ›Korrektur/Präzisierung‹ zu ermöglichen (vgl. Abbildung III, S. 65). Durch das unmittelbare Aufgreifen der persönlich-emotionalen Erlebnisinhalte des Klienten erfolgt eine Verstärkung dieser Art von Klienten-Äußerungen, und diese persönlich-emotionalen Erlebnisinhalte werden in kürzester Zeit zum Hauptinhalt der therapeutischen Kommunikation.

Die Herleitung und die Zielsetzung des einfühlenden Verstehens des Psychotherapeuten schließt aus, daß der Psychotherapeut dem Klienten Ratschläge oder Empfehlungen gibt, ihn auffordert von etwas Bestimmtem zu sprechen oder sich in vom Psychotherapeuten festgelegter Weise zu verhalten, ihn kritisiert oder belehrt — alle diese Verhaltensweisen des Psychotherapeuten gehen vom inneren Bezugsrahmen des *Psychotherapeuten*, nicht von dem des Klienten aus.

Beruhen bestimmte Teile des vom Klienten erörterten und ihn belastenden Problems oder das Gesamtproblem auf einem Mangel an *Information,* so sollte der Psychotherapeut diese Information geben bzw. auf geeignete Institutionen oder Personen hinweisen, die die fehlende Information geben oder falsche Informationen korrigieren können.

Das in diesem Merkmalsbereich angesprochene Psychotherapeutenmerkmal des Kommunizierens des inneren Bezugsrahmens des Klienten wurde zunächst noch mit ›reflecting of feeling‹ (Rogers 1942, 1951) bezeichnet, dann setzten sich im Laufe der Zeit im Amerikanischen stärker die Begriffe ›empathy‹ und ›accurate empathic understanding‹ (Rogers 1965), im Deutschen die Bezeichnung ›Verbalisierung emotionaler Erlebnisinhalte des Klienten durch den Psychotherapeuten‹ (vgl. Tausch 1973) durch. Die letztgenannten Bezeichnungen dürften gegenüber dem Begriff des ›reflecting of feeling‹ den Vorteil haben, daß sie eher Mißverständnisse derart zu vermeiden helfen, diese Variable meine ein echohaftes Wiederholen der Äußerungen des Klienten (vgl. dazu auch S. 72).

Truax (1961) entwickelte für dieses Psychotherapeutenmerkmal eine Beurteilungsskala, mit deren Hilfe es möglich sein sollte, psychotherapeutische Gespräche einzuschätzen, und die zudem eine nähere Beschreibung des Merkmals für Ausbildungszwecke gab. Tausch et al. (1969) übersetzten und revidierten diese Schätzskala und erstellten ein elfstufiges Meßinstrument (Skalenstufen 2 bis 12, wobei die Stufe 1 nicht vorgesehen ist – s. u.), bei dem 6 Stufen verbal definiert sind. Diese Skala (s. S. 70/71) wurde in zahlreichen deutschen Forschungsuntersuchungen verwendet.

Sowohl die amerikanische als auch die deutsche Fassung der Einschätzungsskala sind von erheblicher Komplexität, was Probleme bei ihrer Verwendung mit sich bringt: So beschreiben z. B. die unteren Skalenstufen der deutschen Fassung qualitativ unterschiedliches Psychotherapeutenverhalten (Stufe 2: Belehrungen, Ermahnungen, Mißverständnis; Stufe 4: Das Eingehen auf vom Klienten geäußerte äußere Sachverhalte; Stufe 6: Das Eingehen auf einen dem Klienten nicht wichtigen Erlebnisinhalt). Die oberen Skalenstufen der deutschen Fassung stellen dann quantitative Unterschiede im Ausmaß des Eingehens auf die Erlebnisinhalte des Klienten dar. Zudem können hohe Skalenwerte auch bei bloßer Wiederholung der Klientenäußerung erreicht werden, während andererseits die vom Klienten implizierte (aber von ihm nicht verbal geäußerte) Bedeutung mit dieser Skala überhaupt nicht erfaßt werden kann.

Die Komplexität des Merkmals ›accurate empathy‹ veranlaßte Carkhuff (1969) dazu, in einer neuen Skala stärker die Einzelmerkmale herauszuarbeiten, um sie so eher einer Beurteilung zugänglich zu machen. Einen Schritt weiter gingen Schwartz und Eckert (1974), die getrennte Skalen für die wesentlichen Einzelmerkmale erstellten, die bei dreistu-

Skala zur Beurteilung des Merkmals »Verbalisierung persönlich-emotionaler Erlebnisinhalte des Klienten durch den Psychotherapeuten« (nach Tausch et al. 1969)

Im folgenden werden Ihnen Ausschnitte aus psychologisch-therapeutischen Gesprächen mit der Bitte um Beurteilung dargeboten. Es handelt sich dabei um eine oder mehrere mitten aus dem Gespräch entnommene Äußerungen eines Klienten mit der bzw. den unmitelbar anschließenden Äußerungen des Psychotherapeuten. Wir bitten Sie, anhand der nachfolgenden Skala das Ausmaß des Merkmals »Verbalisierung persönlich-emotionaler Erlebnisinhalte des Klienten durch den Psychotherapeuten« zu beurteilen, das in der Äußerung des Psychotherapeuten gegeben ist.

Beschreibung des Merkmals:

Der Psychotherapeut verbalisiert (äußert sprachlich) die persönlich-emotionalen Inhalte des Erlebens des Klienten, wie sie vom Klienten in der unmittelbar vorhergehenden Äußerung ausgedrückt wurden.

Unter persönlich-emotionalen Inhalten des Erlebens sind hier gemeint:

Gefühle, gefühlsmäßige Bewertung von Ereignissen, Wünsche, Interessen, Erleben der eigenen Person und Erleben der Wirkung der eigenen Person auf andere Menschen.

Mit anderen Worten: Der Psychotherapeut sucht die innere Welt des Klienten mit ihren Bedeutungen und Gefühlen wie etwa Verwirrung, Furcht, Freude, so wie sie der Klient erlebt, wahrzunehmen und zu verstehen, so als ob er sie selber erleben würde (jedoch ohne diese Verwirrung, Furcht oder Freude selber zu empfinden) und kommuniziert sie dem Klienten durch angemessene Verbalisierung (teilt sie dem Klienten in angemessenem sprachlichen Ausdruck mit).

Diese einfühlende Vergegenwärtigung und Verbalisierung bezieht sich auf diejenigen persönlich-emotionalen Erlebnisse, die der Klient in der vorhergehenden Äußerung äußerte oder die mit großer Sicherheit mit seiner vorhergehenden Äußerung zusammenhängen oder mit seinem sonstigen Ausdruck (wie Lachen, Weinen).

Bitte beurteilen Sie nun an Hand der nachfolgenden Beurteilungsskala von 2 bis 12, in welchem Ausmaß der Psychotherapeut die persönlich-emotialen (persönlich-gefühlsmäßigen) Erlebnisse des Klienten verbalisiert. Lassen Sie sich bitte bei Ihrer Beurteilung nicht durch die folgende Ablehnung oder Zustimmung des Klienten beeinflussen.

Bitte ordnen Sie jede Therapeutenäußerung derjenigen Stufe zu, die Ihrer Meinung nach für die Äußerung am zutreffendsten ist.

In der Beurteilungsskala, die mit 2 beginnt und 12 endet, ist nur immer jede zweite Stufe (2, 4, 6, 8, 10, 12) näher beschrieben.

Liegt eine Psychotherapeutenäußerung zwischen zwei derartigen Beschreibungen, so machen Sie bitte Gebrauch von den dazwischen liegenden Stufen.

Bei der Beurteilung einer Psychotherapeutenäußerung beachten Sie bitte noch folgendes:

1. Hat sich der Psychotherapeut besonders anschaulich, konkret und zutreffend ausgedrückt, so kann dies die Einschätzung etwas erhöhen (etwa bis + 1). Ist dies der Fall, so setzen Sie bitte + 1 hinter Ihre Stufeneinschätzung in Klammern, z. B. 7 (+ 1).

2. Hat sich der Psychotherapeut ziemlich abstrakt oder intellektualisierend ausgedrückt, so kann dies die Einschätzung etwas vermindern. Ist dies der Fall, so setzen Sie bitte - 1 in Klammern hinter Ihre Stufeneinschätzung.

3. Hat der Psychotherapeut die *Intensität* der inneren Erlebnisse des Klienten, besonders der Gefühle, auf die er sich in seiner Äußerung bezieht, *nicht* richtig getroffen, so kann dies die Einschätzung etwas vermindern. Ist dies der Fall, so setzen Sie bitte - 1 Intens. in Klammern hinter Ihre Stufeneinschätzung, z. B. 8 (– 1 Intens.).

Nehmen Sie bitte diese Korrekturen jedoch nicht schematisch jedesmal vor, sondern nur, wenn diese Merkmale deutlich ausgeprägt sind.

Stufe 2: Keine Verbalisierung der vom Klienten ausgedrückten persönlich-emotionalen Inhalte des Erlebens durch den Psychotherapeuten. Auch keine Äußerungen über irgendwelche vom Klienten vorgebrachten äußeren Sachverhalte. Die Äußerung besteht etwa aus einer Belehrung oder Ermahnung.

Stufe 3

Stufe 4: Keine Verbalisierung der vom Klienten ausgedrückten persönlich-emotionalen Inhalte des Erlebens durch den Psychotherapeuten. Jedoch Äußerungen über igrendwelche vom Klienten vorgebrachten äußeren Sachverhalte.

Stufe 5

Stufe 6: Verbalisierung eines oder einiger nebensächlicher vom Klienten ausgedrückten Erlebnisinhalte. Es werden *nicht* diejenigen Erlebnisinhalte vom Psychotherapeuten verbalisiert, auf die der Klient in seiner Äußerung das Hauptgewicht legte; z. B. bezieht sich der Psychotherapeut ausschließlich auf einen Inhalt, den der Klient nur als Beispiel für den Hauptinhalt des Erlebens brachte.

Stufe 7

Stufe 8: Verbalisierung eines Teiles der wesentlichen, vom Klienten ausgedrückten persönlich-emotionalen Inhalte des Erlebens durch den Psychotherapeuten. – Es fehlen aber andere wesentliche Erlebnisinhalte.

Stufe 9

Stufe 10: Verbalisierung des überwiegenden Teiles der wesentlichen, vom Klienten ausgedrückten persönlich-emotionalen Inhalte des Erlebens durch den Psychotherapeuten; es sind aber noch nicht alle wesentlichen Erlebnisinhalte berücksichtigt.

Stufe 11

Stufe 12: Verbalisierung in genauer Form aller wesentlichen vom Klienten geäußerten persönlich-emotionalen Inhalte des Erlebens durch den Psychotherapeuten.

figer Vorgabeform (zwei näher beschriebene alternative Polkategorien und eine Kategorie für Zweifelsfälle) bereits in der Praxis erprobt worden sind (Darstellung der Skalen s. S. 74-77).

In der Praxis stellt die Realisierung des Merkmalsbereichs Einfühlendes Verstehen des Psychotherapeuten eine erhebliche Anforderung an den Psychotherapeuten, da er bei seiner verbalen Interaktion mit dem Klienten zwei Extreme nicht tangieren darf:

1. Echohafte Wiederholung der Klientenäußerung

Ein bloßes Wiederholen der Äußerung des Klienten – evtl. noch in gleichem Wortlaut – kann den in Abbildung III (S. 65) skizzierten Prozeß der präzisierenden Klärung nicht wesentlich unterstützen, da es den Klienten nicht ausreichend anregen kann, das von ihm selbst Geäußerte sich noch einmal vorzustellen oder nachzuerleben, um eine eventuelle Präzisierung/Korrektur vorzunehmen. Daneben sind bei einem derartigen Psychotherapeutenverhalten auch negative Auswirkungen auf den Interaktionsprozeß mit dem Klienten zu erwarten, da auch diesem die Sinnhaftigkeit einer echohaften Wiederholung zweifelhaft erscheinen dürfte.

2. Interpretation, Schlußfolgerung oder Bewertung aus der Sicht des Psychotherapeuten

Stellt sich der Psychotherapeut ganz auf den inneren Bezugsrahmen des Klienten ein und versucht, das Problem des Klienten ›mit dessen Augen‹ zu sehen, so wird er in seinen Verbalisierungen alle Schlußfolgerungen, Bewertungen und Stellungnahmen des Klienten aufzunehmen haben; seine *eigenen* Bewertungen oder Stellungnahmen, zu denen er aufgrund seiner Erziehung, seiner Erfahrung, seiner sozialen Situation oder psychologischer Theorien kommt, müssen hier – soweit das realistischerweise überhaupt praktizierbar ist – in den Hintergrund treten und dürfen nicht zur Grundlage der Verbalisierung gemacht werden. Damit würde er sonst das phänomenale Feld des Klienten verlassen – diesem damit ungünstigere Bedingungen für eine angstfreie, unbedrohliche Auseinandersetzung mit seinen Problemen bieten – und anstelle dessen sein eigenes phänomenales Feld, seinen eigenen Bezugsrahmen setzen.

Die Vermeidung dieser beiden Extrempositionen bedeutet in der Praxis positiv, daß der Psychotherapeut sein Hauptaugenmerk auf das richtet, was der Klient ihm *mitteilt*, weniger ausschließlich auf das, was er ihm *sagt*. Gemeint ist damit, daß die Hauptaufgabe des Psychotherapeuten darin besteht, sich den inneren Bezugsrahmen des Klienten zu vergegenwärtigen, *wie auch immer der Klient über diesen Auskunft gibt:* Auch Gestik und Mimik, Lachen und Weinen können Auskunft geben über den inneren Bezugsrahmen des Klienten; etwas, was ›zwischen den Zeilen‹ gesagt wird, kann deutlicher Auskunft geben über das, was den Klienten bewegt, als die ausgesprochenen Worte.

Gerade durch die Verbalisierung dessen, was in den verbalen oder nicht-verbalen Mitteilungen des Klienten bereits enthalten, aber von diesem noch nicht deutlich expliziert – weil nicht deutlich wahrgenommen – ist, fördert der Psychotherapeut in erheblichem Maße den Fortgang der Psychotherapie. Hier muß jedoch der Psychotherapeut im Auge behalten, daß der Schritt vom Bezugsrahmen des Klienten zu seinem eigenen – und damit zur Interpretation – oft sehr klein ist, und somit eine ständige Vergewisserung seitens des Psychotherapeuten erforderlich ist.

In der konkreten Gesprächssituation hat es sich als hilfreich erwiesen, daß der Psychotherapeut in Situationen, in denen er sich nicht sicher ist, ob er das ›zwischen den Zeilen‹ Mitgeteilte richtig verstanden hat, sogenannte ›Vergewisserungsfragen‹ stellt, etwa derart »Habe ich Sie da richtig verstanden, daß ...«, »Ist es so, daß ...?« o. ä.

Das letztgenannte Psychotherapeutenverhalten zielt u. a. auch auf eine weitere bedeutsame Psychotherapeutenvariable des Merkmalsbereiches Einfühlendes Verstehen des Psychotherapeuten, die in der Literatur unter ›Ausmaß aktiven Bemühens-Suchens-Nachdenkens-Anstrengens‹ dargestellt ist (vgl. Tausch 1973, Minsel et al. 1973). Dieses Merkmal meint die intensive, auch für den Klienten deutlich wahrnehmbare Anstrengung des Psychotherapeuten, den inneren Bezugsrahmen des Klienten nachzuvollziehen. In der Praxis bedeutet das, daß der Psychotherapeut – obwohl er keine Ratschläge und Verhaltensmaßregeln gibt – ein aktiver Partner des Klienten ist und diesem gleichzeitig als Modell für dessen aktive, engagierte, suchende Zuwendung zu seinem inneren Erleben dient. Dieses Merkmal wird in der Praxis der Gesprächspsychotherapie überwiegend auf einer 7-stufigen unipolaren Skala (von ›sehr wenig‹ bis ›sehr viel‹) eingeschätzt.

In Verbindung hiermit ist das Merkmal ›Häufigkeit des Gesprächswechsels Psychotherapeut–Klient‹ zu sehen (Minsel et al. 1973), das den Gesichtspunkt der Aktivität des Psychotherapeuten von einer anderen Seite her beleuchtet: Günstig erscheint ein Dialog mit etwa gleichverteilter sprachlicher Aktvität zwischen Klient und Psychotherapeut. Ein Monolog von seiten des Klienten oder des Psychotherapeuten läßt angesichts der für das Fortschreiten des Klärungsprozesses notwendigen Moment-zu-Moment Interaktion eher ungünstige Effekte erwarten.

Einzelmerkmale des Psychotherapeuten im Merkmalsbereich »Einfühlendes Verstehen« (nach Schwartz 1975):

Weitergehen des Psychotherapeuten

I	II
Benennung	
Der Psychotherapeut hält sich eng an die unmittelbaren Äußerungen des Klienten.	Der Psychotherapeut faßt das vom Klienten Geäußerte weiter.
Erläuterung	
Unabhängig davon, ob er sprachlich flexibel neue Begriffe findet oder nur stereotyp wiederholt, bringen die Äußerungen des Psychotherapeuten gegenüber denen des Klienten keine neuen Aspekte.	Der Psychotherapeut bringt zusätzliche Aspekte hinein, die der Klient nicht ausgedrückt hat, die aber vermutlich in engem Zusammenhang mit seinem Erleben stehen. Der Psychotherapeut erweitert mit seiner Äußerung den Assoziationsrahmen, indem er über das vom Klienten Geäußerte hinausgeht und z. B. frühere Äußerungen mit einbezieht oder emotionale Erlebnisweisen, wie Befürchtungen des Klienten, vorwegnimmt. Er knüpft unmittelbar an das vom Klienten Gesagte an, reflektiert es nicht allein, sondern setzt es fort. Der Psychotherapeut geht in den Satz des Klienten hinein und beendet ihn.

Flexibilität im Sprachverhalten

I	II
Benennung	
Die Äußerungen des Psychotherapeuten sind sprachlich inflexibel.	Die Äußerungen des Psychotherapeuten sind sprachlich flexibel.
Erläuterung	
Der Psychotherapeut verbalisiert – mechanisch wiederholend – unbeholfen – ungeschickt – in stereotyper Sprechweise	Die Verbalisierungen des Psychotherapeuten sind gekennzeichnet durch – Vermeiden von Wiederholungen – abwechslungsreiche Wortwahl – geschickte Formulierungen

Weiterer Hinweis:

Die Einschätzung soll unabhängig von der Flüssigkeit des Sprechens erfolgen; wichtig ist hier die Beweglichkeit der Wortwahl.

Häufigkeit des Ansprechens von Gefühlen des Klienten durch den Psychotherapeuten

I	II
Benennung	
Der Psychotherapeut spricht kaum von Gefühlen des Klienten, weder von tatsächlich geäußerten noch von solchen, die hinter den vom Klienten geschilderten Vorgängen vermutet werden können.	Der Psychotherapeut spricht so oft wie möglich von Gefühlen des Klienten, und zwar sowohl von solchen, die der Klient tatsächlich geäußert hat als auch von solchen, die hinter den vom Klienten geschilderten Vorgängen vermutet werden können.
Erläuterung	
Der Psychotherapeut läßt viele gefühlsmäßige Äußerungen des Klienten unberücksichtigt, indem er schweigt oder vorwiegend externale Inhalte aufgreift. Auf sprachlich nicht geäußerte, aber zu vermutende Gefühle des Klienten geht er überhaupt nicht ein.	Der Psychotherapeut greift fast alle gefühlsmäßigen Äußerungen des Klienten auf, und er versucht zusätzlich, auch bei überwiegend externalen Stellungnahmen des Klienten, mögliche gefühlsmäßige Aspekte zu sehen und dem Klienten zu verbalisieren.

Richtigkeit der Psychotherapeutenäußerung

I	II
Benennung	
Die Äußerungen des Psychotherapeuten über die Gefühle des Klienten sind unzutreffend.	Die Äußerungen des Psychotherapeuten über die Gefühle des Klienten sind zutreffend.
Erläuterung	
Der Psychotherapeut mißversteht den Klienten bzw. ist nicht in der Lage, sein Verständnis dem Klienten sprachlich mitzuteilen, so daß der Eindruck des Nichtverstehens entstehen kann. Der Psychotherapeut trifft selten das für den Klienten wesentlichste Gefühl.	Der Psychotherapeut versteht in vollem Umfang, was in dem Klienten vorgeht; er ist zudem in der Lage, sein Verständnis dem Klienten zu vermitteln. Der Psychotherapeut trifft überwiegend das für den Klienten wesentlichste Gefühl.

Weiterer Hinweis:

Die Beurteilung soll unabhängig von sprachlich-stilistischen und ausdrucksmäßigen Kriterien sowie von der Häufigkeit psychotherapeutischer Äußerungen überhaupt erfolgen; bei der Einschätzung sollen nur die auf Gefühle des Klienten bezogenen Verbalisierungen des Psychotherapeuten berücksichtigt werden.

Kriterium für die Richtigkeit einer Psychotherapeutenäußerung ist der Vergleich mit den voraufgegangenen Klienten-Äußerungen, wie die Beurteiler sie verstanden haben.

Innere Beteiligung des Psychotherapeuten

I	II
Benennung	
Der Psychotherapeut wirkt in seinen Äußerungen innerlich unbeteiligt.	Der Psychotherapeut wirkt in seinen Äußerungen innerlich beteiligt.
Erläuterung	
Man spürt aus Inhalt und Tonfall der Psychotherapeutenäußerungen, daß er sich dem Klienten berufsmäßig zuwendet; der Psychotherapeut wirkt distanziert und desinteressiert, er zeigt nicht mehr Einsatz als nötig, um das Gespräch in Fluß zu halten.	Man spürt aus Inhalt und Tonfall der Psychotherapeutenäußerungen, daß er sich dem Klienten nicht berufsmäßig zuwendet, sondern daß er echt am Klienten und dessen Problemen interessiert ist; er engagiert sich in hohem Maße.

Unbestimmtheit der Aussage des Psychotherapeuten

I	II
Benennung	
Die Äußerungen des Psychotherapeuten sind abschließend.	Die Äußerungen des Psychotherapeuten sind offenlassend.
Erläuterung	
Die Stimme des Psychotherapeuten sinkt am Ende einer Äußerung ab. Die Formulierungen klingen wie endgültige Feststellungen, z. T. auch diagnostizierend. Die Sätze sind sehr abgerundet.	Der Psychotherapeut hebt am Ende einer Äußerung fragend die Stimme; seine Formulierungen klingen fragend und tastend, wenig bestimmt und feststellend. Die Sätze werden z. T. nicht zu Ende geführt und klingen oft mit einer Konjunktion aus (oder . . . ; und . . .). Der Psychotherapeut blendet sich ein und aus; er gibt Impulse, ohne den Klienten in seinem Gedankenfluß zu bremsen.

Konkretheit der Formulierungen des Psychotherapeuten

I	II
Benennung	
Der Psychotherapeut formuliert abstrakt.	Der Psychotherapeut formuliert konkret.
Erläuterung	
Die Äußerungen des Psychotherapeuten wirken farblos; es fehlen anschauliche Konkretisierungen. Die Sprache weist viele Substantive auf; z. T. werden Fachtermini verwendet (Beispiel: »Das war für Sie eine Frustration.«).	Die Äußerungen des Psychotherapeuten sind plastisch. Beispiele oder sehr anschauliche Schilderungen verdeutlichen, was der Psychotherapeut meint. Als Wortarten werden Verben und Adjektive benutzt. Der Psychotherapeut spricht mögliche Empfindungen in direkter Rede aus (Beispiel: »Sie fühlen sich da tief enttäuscht.«).

Deutlichkeit der Psychotherapeutenäußerung

I	II
Benennung	
Der Psychotherapeut äußert sich vage.	Der Psychotherapeut äußert sich deutlich.
Erläuterung	
Der Psychotherapeut vermeidet es, direkt auf die Gefühle des Klienten einzugehen; er verallgemeinert oder schwächt ab. Beispiele: »Die Situation, als Sie Ihrem Vorgesetzten gegenüber saßen, war nicht schön für Sie.« »Mit Ihrer Mutter kommen Sie nicht so zurecht.«	Der Psychotherapeut bezieht sich direkt auf die geäußerten oder vermuteten Gefühle des Klienten, ohne sie abzuschwächen; er benennt auch negative Emotionen mit der Intensität, in der der Klient sie vermutlich erlebt. Beispiele: »Als Sie Ihrem Vorgesetzten gegenüber saßen, verspürten Sie eine starke Angst.« »Sie hassen Ihre Mutter.«

Weiterer Hinweis:

Zur Einschätzung des Psychotherapeutenverhaltens auf dieser Skala werden nur Äußerungen berücksichtigt, die in irgendeiner Weise Aussagen über die Gefühle des Klienten machen.

Merkmalsbereich Emotionale Zuwendung des Psychotherapeuten

Rogers (1957) geht davon aus, daß dieser Merkmalsbereich mit seinen Einzelelementen wie ›Unbedingte positive Wertschätzung‹, ›Akzeptierung‹ und ›Emotionale Wärme‹ in engem Zusammenhang steht mit psychischen Veränderungen von Klienten im Laufe des psychotherapeutischen Prozesses. Eine präzise Definition dieses Merkmals liegt derzeit jedoch nicht vor. Vielmehr werden in den USA eine Reihe von Begriffen synonym verwendet (z. B. ›emotional warmth‹, ›positive regard‹, ›unconditional positiv regard‹). Rogers (1957, 1962) nimmt an verschiedenen Stellen ausführliche Beschreibungen dieses Merkmals vor.

Dieser Merkmalsbereich meint die grundlegende positive Einstellung des Psychotherapeuten gegenüber seinem Klienten und dessen Akzeptierung als Person. Diese Einstellung/Verhaltensweise gegenüber dem Klienten sollte nicht an Bedingungen geknüpft sein (unconditional), d. h. weitgehend unabhängig sein vom Verhalten des Klienten auch während der Therapie. Der Psychotherapeut sollte den Klienten also auch in dem Fall wertschätzen, akzeptieren und ihm positiv emotional zugewandt sein, wenn dieser ihn z. B. kritisiert, bedroht o. ä.

Macht man sich diese Forderung in allen Konsequenzen deutlich, so erscheint sie in erheblichem Maße unrealistisch. So schränkt Rogers (1957, S. 98) auch selbst ein:

›The phrase »unconditional positiv regard« may be an unfortunate one, since it sounds like an absolute, an all or nothing dispositional concept. It is probably evident from the discription that completely unconditional positive regard would never exist except in theory. From a clinical and experiential point of view I believe the most accurate statement is that the effective therapist experiences unconditional positive regard for the client during many moments of his contact with him, yet from time to time he experiences only a conditional positive regard – and perhaps at times a negative regard, though this is not likely in effective therapy.‹

Truax (1962) versuchte, dieses Merkmal in einer Schätzskala zu erfassen; Tausch (vgl. 1973) übersetzte und kürzte diese Skala und überträgt in diesem Zusammenhang die allgemeine Definition wie folgt:

›Nicht an Bedingungen gebundene Wertschätzung und Wärme ist eine einheitliche Dimension. Sie ist in hohem Maße vorhanden, wenn der Psychotherapeut mit Wärme das, was der Klient erlebt und äußert, akzeptiert, ohne die Akzeptierung und Wärme von Bedingungen abhängig zu machen. Ein niedriges Ausmaß liegt vor, wenn der Psychotherapeut den Klienten oder dessen Gefühle wertet, Abneigung oder Mißbilligung ausdrückt oder Wertschätzung in selektiver Weise äußert.‹ (Tausch 1973, S. 115)

Die Darstellung der Endstufen der Truax-Einschätzungsskala mag der weiteren Veranschaulichung dessen, was mit diesem Merkmalsbereich angezielt wird, dienen (nach Tausch 1973, S. 115 f):

Stufe I: Der Psychotherapeut bietet aktiv Ratschläge an oder zeigt klar negative Wertschätzung. So mag er dem Klienten sagen, was das ›Beste‹ für ihn sei oder er mag auf andere Weise seinem Verhalten entweder zustimmen oder es mißbilligen. Der Psychotherapeut urteilt nach seinen eigenen Wertmaßstäben. Der Psychotherapeut glaubt, daß er *für* den Klienten verantwortlich sei.

Stufe V: Der Psychotherapeut läßt ohne Einschränkung eine nicht an Bedingungen gebundene Wertschätzung und Wärme erkennen. Er hat eine tiefe Achtung vor dem Patienten als einer Person von Wert und vor seinen Rechten als freies Individuum. Hierbei ist der Klient frei, er selbst zu sein, auch wenn das bedeutet, daß er in der Psychotherapie Rückschritte macht, Verteidigungshaltungen zeigt, den Psychotherapeuten nicht mag oder ablehnt. Der Psychotherapeut sorgt in tiefer Weise für den Klienten als eine Person, unabhängig, welche Wahl des Verhaltens der Klient trifft. Es ist eine Fürsorge und eine Wertschätzung für den Klienten mit seinen menschlichen Gegebenheiten. Diese echte und tiefe Fürsorge hängt nicht zusammen mit Wertungen des Verhaltens des Klienten oder seiner Gedanken. Der Psychotherapeut ist bereit, in gleicher Weise an Freuden und Wünschen wie an Niedergeschlagenheit und Versagen des Klienten teilzuhaben. Die einzige Einengung durch den Psychotherapeuten entsteht aus der Notwendigkeit, daß der Klient über persönlich relevantes Material spricht.

Obwohl der theoretische Hintergrund und die Zielsetzung dieser Therapieform die Bedeutsamkeit dieses Merkmalsbereichs nahelegen, ist er auf der konkreten Verhaltensebene derzeit kaum präzise zu fassen. In der therapeutischen Interaktion dürften erhebliche Überschneidungen mit dem Merkmalsbereich Einfühlendes Verstehen des Psychotherapeuten zu verzeichnen sein, d. h. die Art und das Ausmaß des Einfühlenden Verstehens dürfte entschieden durch diesen Merkmalsbereich determiniert sein.

Merkmalsbereich Echtheit des Psychotherapeuten

Dieses Konzept des Psychotherapeutenverhaltens wird von Rogers als in engem Zusammenhang mit den Merkmalsbereichen Einfühlendes Verstehen des Psychotherapeuten und Emotionale Zuwendung des Psychotherapeuten stehend gesehen und von ihm wie folgt umschrieben:

›The therapist's genuineness in the relationship: The third condition is that the therapist should be, within the confines of this relationship, a congruent, genuine, integrated person. It means that within the relationship he is freely and deeply himself, with his actual experience accurately represented by his awareness of himself. It is the opposite of presenting a facade, either knowingly or unknowingly.‹ (Rogers 1957, S. 97)

Barrett-Lennard (1962) nimmt folgende Abgrenzung von inkongruentem und kongruentem Verhalten vor:

›Direct evidence of lack of congruence includes, for example, inconsistency between what the individual says, and what he implies by expression, gestures, or tone of voice. Indications of discomfort, tension, or anxiety are considered to be less direct but equally important evidence of lack of congruence. They imply that the individual is not, at the time, freely open to awareness of some aspects of his experience, that he is lacking in integration and is, in some degree, incongruent.

In brief, optimum congruence means maximum unity, wholeness, or integration of the total spectrum of organismic processes in the individual, from physiological to conscious symbolic levels. It implies that the person is psychologically unthreatened and, therefore, maximally open to awareness what the other person is communicating to him. And it means that the individual's capacity to discriminate between his own feelings or attitudes, and those of the other person, is at a maximum.‹ (Barret-Lennard 1962, S. 4)

Truax (1962) entwickelt für dieses Merkmal eine 5-stufige Einschätzungsskala, die das Psychotherapeutenverhalten in diesem Bereich erfaßbar machen sollte und die daher gleichzeitig das in Frage stehende Verhalten des Psychotherapeuten ebenfalls konkretisieren kann. Tausch (vgl. 1973) übertrug dieses Skala ins Deutsche und weist gleichzeitig darauf hin, daß mit einer solchen Skala nicht eingeschätzt werden kann, ob und in welchem Ausmaß der Psychotherapeut tatsächlich er selbst ist, sondern nur, ob er sich so verhält, daß er Außenstehenden kongruent erscheint.

Die beiden Enden der Skala werden folgendermaßen gekennzeichnet (Tausch 1973, S. 130):

Stufe I: Der Psychotherapeut ist bei der Interaktion klar in der Defensive; eine beträchtliche Diskrepanz zwischen seinem bewußten Erleben und seinen fortlaufenden Verbalisierungen ist evident. So zeigt etwa der Psychotherapeut offensichtliche Gegensätzlichkeiten im Inhalt seiner Äußerungen, oder solche Gegensätzlichkeiten sind offensichtlich impliziert im Inhalt seiner Äußerungen oder in der Art seines Sprechens. Oder der Psychotherapeut ist gegensätzlich im Inhalt seiner Äußerungen und in seinen Stimmqualitäten oder seinem nicht-verbalen Ausdruck; der aufgeregte Psychotherapeut z. B. stellt mit gespannter Stimme fest, daß er durch den ärgerlichen Gefühlsausdruck des Klienten nicht beunruhigt sei.

Stufe V: Der Psychotherapeut ist in freier und tiefer Weise in dem Beziehungsverhältnis er selbst. Er ist offen für Erfahrungen und Gefühle aller Arten, sowohl erfreulicher wie verletzender Natur, ohne Spuren von Verteidigung oder Rückzug in Professionalismus. Es mögen gegensätzliche Gefühle da sein, aber diese werden akzeptiert oder erkannt. Der Psychotherapeut ist klar er selbst in allen seinen Äußerungen, ob diese Äußerungen nun persönlich bedeutungsvoll oder schlicht sind. Es ist nicht nötig, daß der Psychotherapeut auf dieser Stufe persönliche Gefühle ausdrückt. Aber es ist klar, wann immer er einfühlendes Verstehen kommuniziert oder wann immer er gar einen Rat oder Interpretation geben sollte oder an Erfahrungen teil hat, daß er in hohem Maße er selbst ist, so daß seine Äußerungen mit seinem inneren Erleben zusammenfallen.

In diesem Zusammenhang ist es wichtig, sich zu verdeutlichen, daß es – bei realistischer Herangehensweise – nicht darum gehen kann, daß der Psychotherapeut laufend seine persönlichen Gefühle, Absichten, Einstellungen und Werthaltungen ausdrückt, wohl aber, die für beide Partner bedeutsamen (z. B. kommunikationshemmenden Empfindungen) Gefühle mit dem Klienten zu besprechen.

Der Gesichtspunkt der Echtheit/Kongruenz kommt insbesondere auch bei der Verwirklichung des Merkmalsbereiches Einfühlendes Verstehen des Psychotherapeuten und der damit einhergehenden Kommunikation des vom Klienten Verstandenen zum Tragen: Anfänger-Psychotherapeuten bemühen sich anfangs vorrangig, sich in dem Merkmal ›Verbalisierung emotionaler Erlebnisinhalte‹ (vgl. S. 69) zu verbessern (vermutlich auch deshalb, weil sie sich hier an einem relativ konkret beschriebenen Merkmal orientieren können), indem sie ihr Sprachverhalten umstellen; dies führt oftmals zu einem automatenhaften Sprachverhalten, das vom Klienten als in hohem Maße unecht erlebt wird und teilweise zum Abbruch der Interaktion führt.

Dieser Aspekt der Echtheit macht deutlich, daß die schematische Anwendung einzelner therapeutischer Techniken allein in der Gesprächspsychotherapie keine positiven Effekte erwarten läßt, sondern daß Echtheit und Kongruenz auch eine Internalisierung des intensiven, nicht-wertenden Sich-Einstellens auf den Klienten meint, die im Zweifelsfalle in der Interaktion mit dem Klienten Vorrang vor einer bestimmten Technik haben muß.

Der letztgenannte Punkt – die Frage nach einer stärkeren Betonung einer therapeutischen Technik oder einer therapeutischen Einstellung/Haltung des Psychotherapeuten in der Interaktion mit seinem Klienten (wobei die Anwendung von psychotherapeutischen Techniken oftmals gleichgesetzt wird mit ›unechtem‹ Psychotherapeutenverhalten) – ist seit kurzem Kernpunkt einer Kontroverse von Gesprächspsychotherapeuten im deutschen Sprachraum (vgl. dazu verschiedene Autoren auf dem I. Europäischen Kongreß für Gesprächspsychotherapie 1974 in Würzburg, sowie die ›Informationsblätter der Gesellschaft für wissenschaftliche Gesprächspsychotherapie‹, insbesondere 1975).

Diese Kontroverse vermittelt den Eindruck, in der Praxis würde eine existentialistische Form der Gesprächspsychotherapie einer empirisch/naturwissenschaftlichen gegenüberstehen, wobei sich beide weitgehend ausschließen würden, und die empirisch/naturwissenschaftlich orientierten Gesprächspsychotherapeuten ›technizistische‹ Vorgehensweisen, die existentialistisch/phänomenologisch orientierten dagegen Einstellungs- und Haltungsgesichtspunkte für die ausschließliche Grundlage therapeutischer Tätigkeit halten würden.

Ausgangspunkt für die unterschiedliche Bewertung des einen oder anderen Standpunkts bildete dabei die gemeinsame Erfahrung, daß die Grenzen der Wirksamkeit der Gesprächspsychotherapie bei sehr enger Orientierung am Rogers-Konzept schnell erreicht sind, insbesondere dann, wenn als Grundlage die älteren deutschen Übersetzungen und Revisionen der Merkmalsbeschreibungen psychotherapeutischen Verhaltens der Rogers-/Truax-Gruppe dienten (vgl. S. 69 ff), zumal bei diesen die ›technische‹ Seite des Psychotherapeutenverhaltens stärker betont wurde als es bei Rogers und Mitarbeitern intendiert war.

Auch allgemein lag im deutschen Sprachraum die Betonung gesprächspsychotherapeutischer Aktivitäten durch Tausch und Mitarbeiter zunächst stärker auf der Auseinandersetzung mit konkreten Verhaltensvariablen, die in den USA bereits Bedeutung erlangt hatten, und weniger auf der Auseinandersetzung mit den theoretischen/philosophischen Grundannahmen von Rogers (s. dazu auch S. 129). Nach ›Absicherung‹ der grundlegenden Variablen als fördernde Bedingungen des therapeutischen Prozesses auch im deutschen Sprachraum, rückte die Frage nach der Ausweitung des Gesprächspsychotherapie-Konzepts – insbesondere bezüglich des Psychotherapeutenverhaltens – in den Mittelpunkt.

Einigkeit besteht offensichtlich auch noch darüber, *daß* eine Konzepterweiterung notwendig ist. Der Streitpunkt liegt auf den ersten Blick in der Frage der Richtung der Ausweitung. Bei näherer Betrachtung liegt die Kontroverse jedoch auf einer anderen Ebene: Unterschiedlich beurteilt wird zunächst nicht die grundsätzliche Richtung der Konzepterweiterung, sondern die Frage, wann diese Konzepterweiterung (in eine zunächst beliebige Richtung) als für die therapeutische Praxis empfehlenswert deklariert werden kann, d. h. die Frage der Notwendigkeit der empirischen Absicherung einer Konzeptänderung wird unterschiedlich bewertet. Daß es dabei auch möglich ist, z. B. phänomenologische Konzepte nach empirisch-methodologischen Gesichtspunkten zu behandeln, ist u. a. durch die Arbeiten von Kiesler und Mitarbeitern verdeutlicht worden (z. B. Kiesler 1969, 1971, Kiesler et al. 1964, 1965, 1967b), die dieses Vorgehen im Zusammenhang mit dem Konzept des ›Experiencing‹ (vgl. S. 53 ff) praktizierten. Gerade aber der Bereich des Experiencing und der in diesem Zusammenhang postulierten ›erlebnisaktivierenden‹ Methoden ist im deutschen Sprachraum ein Beispielbereich, in dem sich die o. g. Kontroverse manifestiert: Von dem Kreis derer, die auch bei phänomenologischen Konzepten eine empirische Absicherung für notwendig halten, wird der Bereich des Experiencing derzeit noch viel zurückhaltender und differenzierter beurteilt als von denen, die eine empirische Absicherung für sekundär halten (vgl. dazu auch Bommert 1974, Dahlhoff und Bommert 1975 sowie Wild und Teuwsen 1975).

Der Disput bezieht sich also weniger auf die Richtung gesprächspsychotherapeutischer Konzepterweiterung und auch nicht darauf, ob eine Technik anzuwenden oder eine Haltung/Einstellung zu verwirklichen sei, sondern vornehmlich auf die Frage, ob und wie das, was unter dem Begriff Einstellung/Haltung subsummiert wird und als Konzepterweiterung praktiziert werden soll, vor der Deklaration als therapeutisch wichtig und notwendig, einer weitgehenden empirischen Absicherung unterzogen werden soll.

Für die Praxis stellt sich somit derzeit z. B. die Frage – bezogen auf den gewählten Beispielbereich des Experiencing – nach den Kriterien dafür, wann, in welcher Form und mit welchem Ziel erlebnisaktivierende Methoden seitens des Psychotherapeuten eingesetzt werden sollen, bzw. ob diese Kriterien den subjektiven Evidenzerlebnissen des einzelnen Psychotherapeuten überlassen bleiben sollten. Aus der Zurückhaltung beim Einsatz derartiger Methoden – wie auch aus der geringen Seitenzahl bei der Darstellung einzelner therapeutischer Merkmalsbereiche in Lehrbüchern – beim derzeitigen Forschungsstand auf eine generelle Ablehnung dieser Bereiche als grundsätzlich bedeutungslos für die therapeutische Praxis zu schließen (s. z. B. Pavel 1975), ist dabei sicher nicht legitim.

Merkmalsbereich Zuwendung des Klienten zu seinem inneren Erleben

Wird in der Gesprächspsychotherapie als vorrangige Aufgabe des Psychotherapeuten das Sich-Einstellen auf den Klienten und das Nachvollziehen seines inneren Bezugsrahmens postuliert, so muß in der therapeutischen Interaktion von seiten des Klienten her Auskunft gegeben werden über diesen seinen inneren Bezugsrahmen, um so die Basis für eine gemeinsame therapeutische Arbeit am Problem des Klienten zu legen. Definiert man nun den ›inneren Bezugsrahmen‹ des Klienten als seine Gefühle, Wünsche, Hoffnungen, Interessen sowie persönlichbedeutsame Stellungnahmen und Bewertungen bezüglich Personen oder Dingen, so sind alle Äußerungen, seien sie verbal oder nicht-verbal, die über diese Bereiche (oder damit persönlich-bedeutsam verbundene) des Klienten Auskunft geben, als ›selbstexplorative‹ Äußerungen zu verstehen.

Diese dienen dem Psychotherapeuten als Grundlage für seine Aktivitäten in der therapeutischen Interaktion, durch die wiederum die Zuwendung des Klienten zu seinem inneren Erleben gefördert und im

Zusammenhang damit der Konflikt in Richtung auf eine Präzisierung, Klärung und Lösung vorangebracht wird.

Das Eingehen des Psychotherapeuten auf die persönlich-gefühlsmäßigen Erlebnisäußerungen des Klienten – im Gegensatz etwa zum Eingehen auf äußere Sachverhalte, andere Personen oder *deren* persönlich-gefühlsmäßige Erlebnisäußerungen – stellt eine selektive Verstärkung dieser Klientenäußerungen dar, so daß in der Psychotherapie in relativ kurzer Zeit der innere Bezugsrahmen des Klienten im Mittelpunkt der Interaktion steht.

Schafft es der Psychotherapeut darüber hinaus, seine Verbalisierungen bildlich-konkret und anschaulich zu formulieren, so dürfte dies für den Klienten eine erhebliche Unterstützung bei der Auseinandersetzung mit seinem inneren Erleben darstellen und in der Folge wiederum die Zuwendung zu seinem inneren Erleben erleichtern.

Spielte das Äußern von persönlich-bedeutsamen Erlebnisinhalten durch den Klienten bereits in der ersten Phase der ›nicht-direktiven‹ Therapie (Rogers 1942) eine bedeutsame (wenn auch nicht deutlich explizierte) Rolle, so wurden dennoch erst 1961 durch Truax präzisere Aussagen über dieses Merkmal initiiert: Truax (1961) erstellte eine Einschätzungsskala für das Merkmal der »Selbstexploration«, die von Tausch et al. (1969) einer Revision unterzogen und ins Deutsche übersetzt wurde.

Die deutsche Fassung dieser Skala (s. S. 85-86) umfaßt neben einer allgemeinen Definition von Selbstexploration 9 Abstufungen dieses Merkmals; sie wurde in zahlreichen deutschen Forschungsuntersuchungen als Meßinstrument verwendet (vgl. Forschung, S. 144 ff) und dient darüber hinaus dem Wahrnehmungs- und Differenzierungstraining im Rahmen der Ausbildung von Gesprächspsychotherapeuten.

Skala zur Einschätzung des Ausmaßes der »Selbstexploration des Klienten« (nach Tausch et al. 1969)

Im folgenden werden Ihnen Ausschnitte aus psychotherapeutischen Gesprächen vorgelegt. Es handelt sich um eine oder mehrere mitten aus dem Gespräch entnommene Äußerung (Äußerungen) von Klienten mitsamt der bzw. den darauf folgenden Psychotherapeutenäußerung(en).
Bitte, beurteilen Sie an Hand der angeführten 9stufigen Skala das

Ausmaß der Selbstexploration,

das in der Äußerung des Klienten zum Ausdruck kommt.
Definition von Selbstexploration:

Unter »Selbstexploration« soll verstanden werden, daß der Klient über sich selbst, besonders über seine *spezifisch persönlichen inneren Erlebnisse* spricht, sich über sie klarer wird oder daß er sich wenigstens deutlich um Klärung bemüht.

Mit »spezifisch persönlichen inneren Erlebnissen« sind hier gemeint: Sein Fühlen; seine gefühlsmäßigen Stellungnahmen und gefühlsmäßigen Bewertungen seiner Umwelt, seines eigenen Verhaltens und Erlebens; seine Ziele und Wünsche; sein Selbstbild, d. h. die Vorstellung, die er von sich selber hat.

Dabei kann es auch vorkommen, daß der Klient neue Aspekte seines inneren Erlebens oder neue Zusammenhänge in seinem inneren Erleben findet, die ihm bisher noch kaum oder gar nicht bewußt waren.

Bitte, ordnen Sie jede Klientenäußerung bzw. alle Klientenäußerungen der nachfolgenden Stichprobe derjenigen der folgenden 9 Stufen zu, die Ihrer Meinung nach für die Äußerung am zutreffendsten ist.

»Selbstexploration des Klienten«

Stufe 1: Der Klient sagt nichts über sich selbst, weder über sein Verhalten noch über sein inneres Erleben. Er spricht ausschließlich über Tatbestände, die unabhängig von seiner Person sind.

Stufe 2: Der Klient berichtet nichts über sich selbst, weder über sein Verhalten noch über sein Erleben. Er erzählt jedoch von Personen und/oder Sachen, die zu ihm in einer Beziehung stehen (z. B. von seinen Eltern, seinem Auto).

Stufe 3: Der Klient berichtet von äußeren Vorgängen *und* auch von seinem eigenen Verhalten, jedoch ohne von seinen spezifisch persönlichen inneren Erlebnissen zu sprechen, die dazu in Beziehung stehen.

Stufe 4: Der Klient berichtet von äußeren Vorgängen *und* auch von seinem eigenen Verhalten, jedoch ohne von spezifisch persönlichen inneren Erlebnissen zu sprechen, die im Zusammenhang damit stehen. Man kann jedoch annehmen, daß das Berichtete für ihn mit Gefühlen verbunden oder für ihn von ziemlicher Bedeutung ist.

Stufe 5: Der Klient berichtet über sein eigenes Verhalten oder äußere Vorgänge und über die spezifisch persönlichen inneren Erlebnisse, die dazu in

Beziehung stehen. Der überwiegende Teil der Aussage besteht in der Schilderung seines Verhaltens oder äußerer Ereignisse; seine spezifisch persönlichen inneren Erlebnisse werden nur kurz erwähnt.

Stufe 6: Der Klient berichtet über sein eigenes Verhalten oder äußere Vorgänge ***und*** über die spezifisch persönlichen inneren Erlebnisse, die dazu in Beziehung stehen. Der Inhalt der Aussage besteht überwiegend aus der Schilderung seiner inneren Erlebnisse.

Stufe 7: Der Klient berichtet überwiegend von seinen spezifisch persönlichen inneren Erlebnissen. Zusätzlich ist ein Ansatz zu erkennen, seine inneren Erlebnisse weiter zu klären: etwa sie in neuen Zusammenhängen zu sehen, sich zu fragen, woher gewisse Einstellungen kommen, Widersprüche zu entdekken u. ä.

Stufe 8: Der Klient schildert ausführlich seine spezifisch persönlichen inneren Erlebnisse. Das Suchen nach neuen Aspekten und Zusammenhängen in seinem inneren Erleben kommt deutlich zum Ausdruck.

Stufe 9: Der Klient schildert ausführlich seine spezifisch persönlichen inneren Erlebnisse. Es wird deutlich, daß er neue Aspekte und Zusammenhänge in seinem inneren Erleben findet.

Die Differenzierung und Einschätzung dieses Merkmals mit Hilfe dieser Skala ist jedoch einigen bedeutsamen Nachteilen unterworfen, die zu einem großen Teil aus der Komplexität des Merkmalsbereiches Zuwendung des Klienten zu seinem inneren Erleben zu erklären sind: So wird z. B. im oberen Skalenbereich (Stufen 7—9) nicht nur nach der Quantität der subjektiv-bedeutsamen Äußerungen differenziert, sondern zusätzlich bewertet, in welchem Ausmaß der Klient neue Aspekte in seinem Erleben sucht und findet. Das Herausarbeiten neuer Erlebnisaspekte ist zwar ein wesentlicher Motor der Gesprächspsychotherapie; bezweifelt werden muß allerdings, ob diese neuen Aspekte nur dann zum Tragen kommen, wenn — wie es in der Stufe 7 postuliert wird — der Klient zunächst überwiegend über seine Gefühle spricht. Zudem stellt Schwartz (1975) fest, daß Ausdruckscharakteristika wie Unmittelbarkeit und emotionale Nähe der Äußerungen, oder sprachliche Merkmale wie Differenziertheit oder Flexibilität die Einschätzungen in erheblichem Maße überlagern können.

Carkhuff (1969) versucht in der von ihm konzipierten Einschätzungsskala insbesondere die letztgenannten Punkte aufzufangen, indem er z. B. die Art, in der der Klient auf die persönlich bedeutsamen Erlebnisinhalte eingeht (mechanisch, spontan, mit gefühlsmäßiger Nähe u. ä.) mit in die Stufenbeschreibungen seiner Skala aufnimmt.

Günstiger — weil präziser differenzierbar — als die Erfassung dieses Merkmalsbereiches durch die Carkhuff-Skala dürfte die Entflechtung

und Aufgliederung dieses komplexen Bereiches in Einzelmerkmale sein, wie sie von Schwartz und Eckert (1974) vorgenommen worden ist (s. S. 89-91). Die auf diese Weise resultierenden Einzelmerkmale können unabhängig voneinander beobachtet und eingeschätzt werden und erfassen ein breiteres Spektrum von Merkmalen aus dem Merkmalsbereich Zuwendung des Klienten zu seinem inneren Erleben als die Skalen von Truax (1961), Tausch et al. (1969) und Carkhuff (1969).
Die Vorgabeform dieser neuen Skalen soll nach der Vorstellung von Schwartz (1975) auf drei Stufen mit zwei näher beschriebenen alternativen Polkategorien und einer ›Weder-noch‹- bzw. ›Null‹-Kategorie erfolgen, da das mit einer solchen Skala vorgestellte inhaltliche Konzept bisher nur in der Beschreibung extremer Ausprägungen des Merkmals vorliegt, die Definition von Zwischenstufen jedoch noch fehlt.
Die Darstellung der verschiedenen Aspekte der Zuwendung des Klienten zu seinem inneren Erleben kann auch noch einmal verdeutlichen, daß es sich bei diesem Merkmalsbereich und dem diesbezüglichen Verhalten des Klienten im therapeutischen Gespräch nicht darum handelt, daß der Klient möglichst oft Sätze formuliert, die mit »Ich wünsche . . ., »Ich hoffe . . .«, »Ich fürchte . . .« o. ä. beginnen, sondern daß der Klient sich möglichst konkret, differenziert und intensiv mit seinem inneren Erleben auseinandersetzt — wobei allerdings die Form, in der er das realisiert, von untergeordneter Bedeutung ist.
So kann der gleiche Sachverhalt, der einen Klienten beschäftigt, in unterschiedlicher Weise ausgedrückt werden: Ein Klient, der mitteilen will, daß er im Beisein vieler Menschen Angst erlebt, kann dies ›direkt‹ tun: »Ich ängstige mich vor so vielen Menschen«, oder ›indirekt‹, etwa durch eine Verhaltensschilderung: »Wenn es irgendwie geht, vermeide ich größere Menschenansammlungen«. »Ich ärgere mich schwarz, daß Du mich dauernd unterbrichst« kann auch formuliert werden als »Unterbrich mich nicht dauernd!«. »Morgens, mittags, abends, ewig läuft bei unseren Nachbarn der Fernseher mit voller Lautstärke« kann direkt formuliert werden »Diese Lärmbelästigung fällt mir auf die Nerven«.
Sicherlich wird bei vielen Klientenäußerungen die Furcht, die Hoffnung, das Interesse oder die bewertende Stellungnahme des Klienten zu persönlich-bedeutsamen Dingen direkt geäußert werden; es darf aber nicht übersehen werden, daß es die vorrangige Aufgabe des Psychotherapeuten ist, die persönlich-emotionalen Erlebensäußerungen, den inneren Bezugsrahmen des Klienten nachzuvollziehen und zu verbalisieren, *wie auch immer diese mitgeteilt werden mögen,* und nicht, auf bestimmte sprachlich-formale Äußerungen zu reagieren.
Auch die von Gendlin (1962) entwickelte Theorie des Experiencing (vgl. S. 53) hat die Auseinandersetzung des Klienten mit seinem inneren Erleben zum Mittelpunkt. Gendlin (1962, 1968, 1969, 1970a, b,

1973, 1974) beschreibt die Persönlichkeitsveränderung eines Menschen als Prozeß, der durch die intensive Beschäftigung mit dem eigenen Erleben in einer engen Beziehung zu einem anderen Menschen, dem Psychotherapeuten, vonstatten geht. In diesem Vorgang des Klientenerlebens steht nicht das abstrakte, intellektuelle Abhandeln von Sachverhalten, sondern die gefühlte Bedeutung im Mittelpunkt. Dabei ist die logische Struktur dieser Bedeutung weniger wichtig: Im Vordergrund steht der Prozeß des unmittelbaren Erlebens des Klienten, sein ›Experiencing‹.

Experiencing ist bereits in der ersten Operationalisierung der Prozeßkonzeption der klienten-zentrierten Therapie in Form von 7 Subskalen enthalten (Rogers 1959a, Walker et al. 1960, Gendlin 1961) und wurde in den darauffolgenden Jahren von Gendlin (1970, 1973) und von Klein et al. (1969) einer weiteren theoretischen Ausgestaltung unterzogen. Die Bezugnahme auf das unmittelbare Erleben des Klienten wird als Hauptbestandteil erfolgreicher Therapie gesehen.

Besondere Bedeutung ist im Rahmen der therapeutischen Praxis dabei der Experiencing-Skala (vgl. Klein et al. 1969) zuzumessen, da es sich hierbei um die derzeit einzige Operationalisierung des Experiencing-Konzepts handelt und mit ihr der zentrale Vorgang der unmittelbaren Bezugnahme des Klienten auf den Prozeß des inneren Erlebens erfaßbar gemacht wird.

Dahlhoff und Bommert (1975) erstellten eine deutsche Fassung der Experiencing-Skala, die bereits zu Forschungszwecken (vgl. auch Bommert 1974, sowie S. 146) als auch zur Verdeutlichung des Merkmals im Rahmen der Psychotherapeutenausbildung verwendet wurde. (Darstellung der Skala auf S. 91/92).

Die Operationalisierung von Experiencing in der Experiencing-Skala zeigt erhebliche inhaltliche Überlappungen mit dem Konzept der Zuwendung des Klienten zu seinem inneren Erleben, wie es in den Skalen von Truax (1961) und Tausch et al. (1969) erfaßt wird. Der – theoretisch postulierte – Unterschied liegt auf der qualitativen Ebene: Nach den Skalen von Truax und Tausch et al. läßt sich kaum zwischen dem (eher unbeteiligten) Sprechen *über* Gefühle und dem unmittelbaren Erleben differenzieren, während beim Konzept des Experiencing gerade das unmittelbare Erleben betont wird.

Berücksichtigt man jedoch, daß in neuerer Zeit auch der von Truax und Tausch et al. angezielte Bereich der Zuwendung des Klienten zu seinem inneren Erleben ausdifferenziert und dabei auch die Aspekte des unmittelbaren Erlebens deutlicher herausgearbeitet wurden (Carkhuff 1969, Schwartz 1975, vgl. S. 86), so dürfte die Überlappung oder noch ausgeprägter werden. Weitere Aussagen über Abgrenzungen oder Verschmelzung müssen empirisch begründet werden (s. dazu auch S. 82/83).

Einzelmerkmale des Klienten im Merkmalsbereich »Zuwendung des Klienten zu seinem Erleben« (nach Schwartz 1975)

Undifferenziertheit der Klienten-Äußerungen

I	II
Benennung	
Der Klient äußert sich differenziert über sein gefühlsmäßiges Erleben und seine gefühlsmäßigen Beziehungen zur Umwelt.	Der Klient äußert sich pauschal über sein gefühlsmäßiges Erleben und seine gefühlsmäßigen Beziehungen zur Umwelt.
Erläuterung	
Der Klient – verwendet spezifische Begriffe (z. B. »ängstlich« statt »unwohl«). – setzt verschiedene Aspekte gegeneinander ab (z. B. »einerseits . . . andererseits«). – geht bei seinen Schilderungen ins Detail, spezifiziert seine Empfindungen (z. B. »In letzter Zeit merke ich, daß ich bei vielen Dingen leicht resigniere.«).	Der Klient – verwendet unspezifische Begriffe (z. B. »unwohl« statt »ängstlich«). – nimmt verallgemeinernd, undifferenziert zu seinen Problemen und Schwierigkeiten Stellung, schildert oberflächlich (z. B. »Ich bin so depressiv.«).

Weiterer Hinweis:
Nur einzuschätzen bei gefühlsbezogenen Klientenäußerungen.

Intensität der Auseinandersetzung des Klienten mit sich selbst

I	II
Benennung	
Man spürt, daß der Klient sich kaum mit sich selbst auseinandersetzt.	Man spürt, daß der Klient sich intensiv mit sich selbst auseinandersetzt.
Erläuterung	
Der Klient – läßt sowohl eigene als auch Psychotherapeutenäußerungen undiskutiert stehen, äußert bei letzteren meist nur Zustimmung oder Ablehnung, ohne weiter auf sie einzugehen. – berichtet über sich, andere Personen oder äußere Sachverhalte in Form von Feststellungen, Festlegungen, vorgefertigten Konzepten. – setzt dem Psychotherapeuten etwas auseinander und erwartet von diesem konkrete Reaktionen, Hinweise, Ratschläge.	Der Klient – greift Psychotherapeutenäußerungen auf, bemüht sich um neue, treffendere Formulierungen in korrigierender, erweiternder oder einschränkender Weise, er wägt die Richtigkeit verschiedener möglicher Stellungnahmen gegeneinander ab. – spricht mehr mit sich selbst als mit dem Psychotherapeuten (verbalisierter »innerer Dialog«).

Fehlen von gefühlsbezogenen Selbstreferenzen

I	II
Benennung	
Der Klient spricht überwiegend über seine gefühlsmäßigen Erlebnisinhalte.	Der Klient spricht kaum über seine gefühlsmäßigen Erlebnisinhalte.
Erläuterung	
Inhalte der Klientenäußerungen sind überwiegend eigene Gefühle, gefühlsmäßige Stellungnahmen, Bewertungen von Ereignissen, Ziele, Wünsche sowie die Vorstellung, die der Klient von sich selbst und seiner Wirkung auf andere Menschen hat.*	Inhalte der Klientenäußerungen sind überwiegend äußere Sachverhalte, Ereignisse und Personen, die der Klient nicht in einen erkennbaren Zusammenhang zu seinem Erleben bringt.

* Diese Erläuterung wurde der Definition der »Selbstexploration« angelehnt, wie sie zur entsprechenden Skala (Revision von Tausch et al. 1969) gegeben wird (vgl. Tausch 1973, S. 243)

Gefühlsmäßige Nähe des Klienten zu seinen Äußerungen

I	II
Benennung	
Bei seinen Schilderungen wirkt der Klient gefühlsmäßig distanziert.	Bei seinen Schilderungen geht der Klient innerlich mit.
Erläuterung	
Der Klient – schildert Situationen, Probleme und u. U. auch seine Gefühle; diese Schilderungen scheinen jedoch vom gegenwärtigen Erleben des Klienten weit entfernt zu sein. Der Klient stellt Externales oder auch Emotionales wie aus der Vogelperspektive dar; seine Rückerinnerungen lösen offensichtlich kein emotionales Echo in ihm aus.	Der Klient – scheint die mit den geschilderten Situationen oder Problemen ursprünglich verbundenen Gefühle bei der Schilderung zumindest ansatzweise aufs neue zu erleben. – vollzieht die erlebten Situationen in vielen Einzelheiten noch einmal nach. – läßt erkennen, daß auch die gegenwärtige Psychotherapiesituation für ihn mit Emotionen verbunden ist.

Weiterer Hinweis:
Die vorgelegten Psychotherapie-Ausschnitte sollen im Hinblick auf diese Skala aus der *Art*, nicht aus dem *Inhalt* der Klientenäußerungen beurteilt werden.

Unspontaneität des Sprechens

I	II
Benennung	
Der Klient redet von sich aus viel.	Der Klient redet von sich aus wenig.

Erläuterung

Der Klient	Der Klient
– erzählt ohne Stimulierung durch den Psychotherapeuten. – läßt keine Pausen entstehen.	– spricht nicht ohne Stimulierung durch den Psychotherapeuten. – läßt oft Pausen entstehen.

Akzeptierung eigener Gefühle

I	II
Benennung	
Man spürt, daß der Klient seinen Gefühlen gegenüber eine abwehrende Haltung einnimmt.	Man spürt die Bereitschaft des Klienten, seine Gefühle für sich zu akzeptieren.
Erläuterung	
Der Klient – neigt dazu, Gefühle, die der Psychotherapeut hinter oder in seinen Äußerungen zu sehen meint und ihm formuliert, ohne Reflexion abzulehnen. – verharmlost vom Psychotherapeuten geäußerte Gefühle, schwächt sie ab. – läßt nur schwache Gefühle als zutreffend gelten. – geht über Andeutungen von Gefühlen schnell hinweg, wechselt das Thema ins Unverfängliche. – verallgemeinert seine Probleme und Empfindungen (»Das würde Ihnen doch auch so gehen«, »Das würde wohl jeder so machen«).	Der Klient – ist bereit, alle Gefühle, die der Psychotherapeut hinter oder in seinen Äußerungen zu sehen meinte und ihm formuliert, zu reflektieren, ihre Gültigkeit für ihn zu erwägen oder zu akzeptieren. – akzeptiert auch stärkere Gefühle als zutreffend. – bleibt nach Gefühlsäußerungen beim Thema, weicht nicht aus.

Experiencing-Skala (nach Dahlhoff und Bommert 1975)

Dimension: Das Ausmaß, in dem der Klient in seinen Äußerungen eine Bezugnahme auf sein aktuelles Erleben zeigt. Eine solche Bezugnahme ist gegeben, wenn der Klient sich auf seine eigenen Gefühle und Reaktionen — so wie er sie im Moment erfährt — bezieht, und/oder wenn er auf der Suche nach der persönlichen Bedeutung, die Ereignisse, Situationen, Gefühle und Ideen für ihn haben, ist.

Stufe 1: Der Klient schildert Ereignisse in allgemeiner, unpersönlicher Weise. Seine Äußerungen sind von unbeteiligter Art, so als ob sie von einem Fremden stammen. Eine persönliche Anteilnahme an seinen Mitteilungen ist nicht ersichtlich.

Stufe 2: Der Klient läßt in seinen Äußerungen eine persönliche Rolle erkennen, jedoch nimmt er auf sein Fühlen nur indirekt Bezug, indem er es z. B. zur näheren Verdeutlichung eines Sachverhalts heranzieht. Gefühle und persönliche Reaktionen werden eher als entfernte, externe Ereignisse behandelt und charakterisiert und es wird nur indirekt oder abstrakt darauf Bezug genommen. Ein intellektuelles Interesse bzw. ein allgemeines, oberflächliches Beteiligtsein ist vorhanden, jedoch ist die Bezugnahme des Klienten auf sein Fühlen allgemein-abstrakt oder distanziert-versachlicht und nicht auf ein tieferes Eindringen in die persönlichen Bedeutungen ausgerichtet.
Stufe 3: Der Klient bezieht sich zwar auf sein Fühlen und Erleben, jedoch werden diese überwiegend als Verhaltensweisen oder Situationen dargestellt oder als in enger Verknüpfung mit diesen Verhaltensweisen und Situationen stehend geschildert. Die Mitteilungen über Fühlen und Erleben erfolgen gleichsam von einem äußeren Bezugspunkt des Klienten. Eine Bezugnahme auf das Fühlen und Erleben erfolgt in sehr begrenztem Umfang, wird nur knapp zum Ausdruck gebracht und nicht tiefergehend bearbeitet.
Stufe 4: Der Klient bezieht sich in seinen Äußerungen auf seinen inneren Bezugsrahmen. Er versucht, diesen zur Grundlage seiner Mitteilungen zu machen. Er betrachtet Ereignisse, Situationen und sein Fühlen nicht mehr von außen, sondern er entwickelt eine innerlich gefühlte Bedeutung, auf die er in seinen Mitteilungen Bezug nimmt. Bei der Beschreibung seiner Gefühle der Vergangenheit und Gegenwart schöpft der Klient aus diesem momentanen Erleben und Beteiligtsein. Er bemüht sich, sein Fühlen nicht nur zu schildern, sondern auch zu erarbeiten, was diese Gefühle für ihn bedeuten. Oft besteht auch der Eindruck, daß mehr im Klienten vorgeht, als er im Moment erfassen kann, es sind noch nicht ausformulierbare Erlebnisinhalte vorhanden.
Stufe 5: Der Klient konzentriert sich auf seinen inneren Bezugsrahmen; dabei werden innere Erlebnisse weiterverarbeitet, erforscht und verdeutlicht. Jetzt kann sich der Klient auf bisher vage, nicht ausformulierbare aber bedeutsame Aspekte seines unmittelbaren Erlebens beziehen und kann diese allmählich differenzieren. Er gewinnt einen detaillierteren Bezug zu seinen aktuellen Erlebnisvorgängen.
Stufe 6: Der Klient erfährt durch die Arbeit an seinem unmittelbaren Erleben Gefühlsänderungen oder eine Verlagerung gefühlter Bedeutungen. Einzelne aktuelle Erlebnisinhalte ändern sich in ihrer Bedeutung für den Klienten oder werden ihm eigentlich erst klar; so kann er vorher unklare bzw. bruchstückhafte Erlebnisinhalte durch sein unmittelbares Erleben für sich deutlich machen. Der Klient ist in der Lage, diese Bedeutungsänderungen zu überdenken und zu verarbeiten und macht sie zur Grundlage für seine erlebnismäßig erarbeiteten Absichten und Vorstellungen.
Stufe 7: Der Klient verfügt über ein klares Bild von seinem unmittelbar ablaufenden Erleben und kann dieses in seinen Äußerungen vermitteln. Er ist in der Lage sich in seinem wechselnden Erleben zu bewegen, die Bedeutung des Erlebens für ihn selbst zu verstehen und Bedeutungsänderungen in seinen Bezugsrahmen zu integrieren. Sein unmittelbares aktuelles Erleben, der Wechsel von Bedeutungsschwerpunkten und auftretende Bedeutungsänderungen sind ihm eine vertrauenswürdige Basis für Änderungen in seinem Erleben und Verhalten.

2.4 Fragebögen zur gesprächspsychotherapeutischen Praxis

Die enge Interaktion zwischen Klient und Psychotherapeut in der gesprächspsychotherapeutischen Praxis läßt der Wahrnehmung der Qualität dieser Interaktion – insbesondere in den grundlegenden Merkmalsbereichen – durch Klient und Psychotherapeut besondere Bedeutung zukommen, da sie sich fördernd oder hindernd auf den Prozeß der Gesprächspsychotherapie auswirken kann.

Barrett-Lennard (1962) erstellte für die Beurteilung des Psychotherapeutenverhaltens aus der Sicht des Klienten einen Fragebogen, der die von Rogers (1957) postulierten Variablen Akzeptierung/Wertschätzung (positive regard), einfühlendes Verständnis (emphatic understanding) und Echtheit/Kongruenz (congruence) erfassen sollte. Feststellungen zum therapeutischen Geschehen wurden in über die drei Bereiche vermischter Folge positiv und negativ formuliert vorgelegt und waren auf einer 7-stufigen bipolaren numerischen Skala einzuschätzen.

Beispiele (hier getrennt nach positiv/negativ):

– Akzeptierung/Wertschätzung

Der Psychotherapeut achtet mich als Person.
Ich fühle, daß er mich in hohem Maße schätzt.
Er ist ehrlich an mir interessiert.

Ich fühle, daß er mich geringschätzt.
Er ist ungeduldig mit mir.
Manchmal empfindet er Verachtung für mich.

– Einfühlendes Verständnis

Der Psychotherapeut versucht zu verstehen, wie *ich* die Dinge sehe.
Gewöhnlich spürte oder erkannte er, was ich fühlte.
Er erkennt genau, was ich meine, auch wenn ich Schwierigkeiten habe, es zu formulieren.

Er betrachtet das, was ich sage, von seinem eigenen Standpunkt aus.
Er kann sich nur schwer in meine Gefühle hineinversetzen.
Vieles von dem, was ich denke oder fühle, bemerkt er nicht.

– Echtheit/Kongruenz

Ich fühle, daß er völlig echt und aufrecht zu mir ist.
Er vermeidet nichts, was in unserem Beziehungsverhältnis wichtig ist.

Er ist ganz offen er selber in unserem Beziehungsverhältnis.

Ich fühle, daß er eine Rolle vor mir spielt.

Manchmal habe ich das Gefühl, daß seine äußeren Reaktionen und Äußerungen mir gegenüber sich von dem unterscheiden, was er innerlich fühlt.

Ich glaube, daß er Gefühle hat, die unsere Beziehung erschweren, über die er aber nichts sagt.

Dieser Ansatz ist zuletzt von Schwartz und Eckert (1974) aufgegriffen und weiterentwickelt worden. Sie lassen in ihrem Klienten- bzw. Psychotherapeuten-Erfahrungs-Bogen (s. S. 95-97) die psychotherapeutische Situation und Interaktion aus der Sicht der beiden Partner beschreiben. Um Ähnlichkeiten bzw. Diskrepanzen in der Wahrnehmung von Klient und Psychotherapeut erfassen zu können, wurde bei der Erstellung der beiden Bögen auf eine inhaltliche Vergleichbarkeit der Fragen geachtet (Eckert 1974). Da die Autoren von der Annahme ausgehen, daß sich die Erfahrungen und Empfindungen von Klient und Psychotherapeut kontinuierlich ändern, empfehlen sie, die Fragebögen nach jedem Kontakt vorzugeben.

Die praktische Bedeutsamkeit der Einschätzung des therapeutischen Geschehens auf solchen oder ähnlichen Fragebögen liegt neben der Rückmeldung für den Psychotherapeuten und neben Forschungsgesichtspunkten in der Möglichkeit u. a. auf diesem Wege frühzeitig Klienten zu identifizieren, die aufgrund ungünstiger Erfahrungen mit der Psychotherapie nur geringe oder keine konstruktiven Änderungen durch die Therapie erwarten können; diese können dann einem anderen Psychotherapeuten oder einer anderen Form psychologischer Unterstützung zugewiesen werden. So konnte in der Untersuchung von Schwartz und Eckert (1974) bereits nach dem ersten Kontakt aufgrund mehrerer Aussagen im Klienten-Erfahrungs-Bogen eine Differenzierung zwischen (am Ende der Gesprächspsychotherapie) deutlich gebesserten und weniger gebesserten Klienten vorgenommen werden (s. auch S. 147).

Für den Bereich der Gesprächspsychotherapie in der Gruppe (s. S. 124) hat kürzlich Franke (1975) einen Fragebogen vorgelegt, der nach Beendigung der Therapie vorgesehen; dieser Fragebogen ist auf S. 97 ff dargestellt.

Klienten-Erfahrungsbogen zur Beschreibung der psychotherapeutischen Interaktion und Situation (nach Schwartz 1975)

Code .... Name:..

Insgesamt:...........tes psychotherapeutisches Gespräch am......................19.....

Psychotherapeut in diesem Gespräch: ....

Bitte beantworten Sie die folgenden Fragen zum heutigen psychotherapeutischen Gespräch – möglichst heute noch	3 ja, ganz genau	2 ja	1 eher ja	—1 eher im Gegenteil	—2 im Gegenteil	—3 ganz im Gegenteil
1. Pausen während unseres Gespräches haben mich belastet.	3	2	1	—1	—2	—3
2. Während des Gespräches – und auch jetzt noch – fühlte ich mich körperlich entspannt.	3	2	1	—1	—2	—3
3. Durch die Zurückhaltung des Psychotherapeuten fühlte ich mich verunsichert.	3	2	1	—1	—2	—3
4. Im heutigen Gespräch erschienen mir einige meiner Probleme in neuem Licht.	3	2	1	—1	—2	—3
5. Nach dem heutigen Gespräch bin ich innerlich irgendwie ruhiger geworden.	3	2	1	—1	—2	—3
6. Ich fühlte mich gehemmt, dem Therapeuten alles zu sagen, was mich beschäftigt.	3	2	1	—1	—2	—3
7. Es fiel mir heute schwer, meine Empfindungen und Gedanken in Worte zu fassen.	3	2	1	—1	—2	—3
8. Ich sehe nach dieser Stunde den kommenden Tagen zuversichtlicher entgegen.	3	2	1	—1	—2	—3
9. So wie das Gespräch heute lief, hat es mich nicht befriedigt.	3	2	1	—1	—2	—3
10. Nach dieser Stunde bin ich eigentlich optimistischer, was die Lösung meiner Probleme angeht.	3	2	1	—1	—2	—3
11. Unser Gespräch war so intensiv, daß ich mich jetzt erschöpft fühle.	3	2	1	—1	—2	—3

Bitte beantworten Sie die folgenden Fragen zum heutigen psychotherapeutischen Gespräch – möglichst heute noch	3 ja, ganz genau	2 ja	1 eher ja	—1 eher im Gegenteil	—2 im Gegenteil	—3 ganz im Gegenteil
12. Heute sind wir irgendwie weitergekommen.	3	2	1	—1	—2	—3
13. Nach diesem Gespräch fühle ich mich belasteter als in den Stunden vor dem Gespräch.	3	2	1	—1	—2	—3
14. Ich habe durch dieses Gespräch mehr Vertrauen zu mir selbst gewonnen.	3	2	1	—1	—2	—3

15. Im heutigen Gespräch sind wir auf neue Themen gekommen, die bisher noch keine Rolle spielten	ja	nein
16. Letzte Woche gab es außerhalb der Therapie Ereignisse, die mir halfen (falls »ja«, bitte kurz angeben)	ja	nein

Psychotherapeuten-Erfahrungsbogen zur Beschreibung der psychotherapeutischen Interaktion und Situation (nach Schwartz 1975)

Therapeut .... Klient..

Insgesamt............ter Kontakt am .... 19...........

Bitte beantowrten Sie die folgenden Fragen unmittelbar im Anschluß an das heutige Gespräch, und zwar nach folgendem Beantwortungsmodus:

	3 ja, ganz genau	2 ja	1 eher ja	—1 eher im Gegenteil	—2 im Gegenteil	—3 ganz im Gegenteil
1. Nach dieser Stunde fühle ich mich unbefriedigt.	3	2	1	—1	—2	—3
2. Das Gespräch heute drehte sich oft um dieselben Inhalte.	3	2	1	—1	—2	—3
3. Ich spürte, daß der Klient mir, bzw. dieser Form der Psychotherapie vertrauensvoll gegenüberstand.	3	2	1	—1	—2	—3
4. Die Haltung des Klienten mir gegenüber hat mich in meinem Verhalten verunsichert.	3	2	1	—1	—2	—3
5. Ich hatte das Gefühl, daß der Klient sich in seinen Einstellungen und Gefühlen sehr leicht beeinflussen ließ.	3	2	1	—1	—2	—3

	3 ja, ganz genau	2 ja	1 eher ja	—1 eher im Gegenteil	—2 im Gegenteil	—3 ganz im Gegenteil
6. Ich fühlte mich in der Beziehung zum Klienten sehr frei, wenig gezwungen und verhielt mich recht natürlich.	3	2	1	—1	—2	—3
7. Ich war heute so engagiert, daß ich mich wunderte, wie schnell die Zeit verging.	3	2	1	—1	—2	—3
8. Ich habe heute vom Klienten für meine Äußerungen oft Bestätigung erhalten.	3	2	1	—1	—2	—3
9. Nach diesem Gespräch bin ich bezüglich des Therapieausgangs eigentlich recht optimistisch.	3	2	1	—1	—2	—3
10. Ich hatte heute das Gefühl, daß der Klient noch mit etwas »hinter dem Berge zurückhielt«.	3	2	1	—1	—2	—3
11. Ich fühlte mich dem Klienten irgendwie unterlegen.	3	2	1	—1	—2	—3
12. Ich hatte den Eindruck, daß der Klient heute wenig vorangekommen ist.	3	2	1	—1	—2	—3
13. Es fiel mir heute schwer, die Äußerungen des Klienten angemessen zu reflektieren.	3	2	1	—1	—2	—3

Wenn in Richtung »ja« beantwortet: Warum?
(Schildern Sie bitte kurz die Gründe, die Ihrem Eindruck wesentlich waren):

Klienten-Nachbefragungsbogen für Gesprächspsychotherapie in der Gruppe (nach Franke 1975)

Code: ....

Datum: ....

Bitte beurteilen Sie jede der folgenden Aussagen daraufhin, inwieweit sie auf die Gruppentherapie, die Sie abgeschlossen haben, zutrifft. Betrachten Sie dabei bitte den gesamten Zeitraum der Therapie, nicht hingegen eine einzelne Therapiestunde. So ist es zum Beispiel möglich, daß die ersten Gesprä-

che der Gruppe sich von denjenigen gegen Ende der Therapie unterschieden haben, daß eine Therapiestunde für Sie besonders wichtig war oder daß Sie sich in einer Stunde eher gelangweilt haben.
Beurteilen Sie also nicht die einzelnen Stunden, sondern geben Sie – möglichst spontan – Ihren generellen Eindruck von der Therapie wieder.
Es stehen Ihnen fünf Antwortmöglichkeiten zur Verfügung, von denen Sie bitte die jeweils zutreffende ankreuzen.

	ja	eher ja	unentschieden	eher nein	nein
1. Die anderen Teilnehmer anerkannten mich und billigten meine Art.	—	—	0	—	—
2. Ich habe in der Gruppe eine führende Rolle gespielt.	—	—	0	—	—
3. Ich hätte gern noch einige weitere Therapiestunden gehabt. Falls »ja«: Warum haben diese weiteren Therapiestunden nicht stattgefunden?	—	—	0	—	—
4. Ohne den Therapeuten wären unsere Gruppengespräche gleich effektiv gewesen.	—	—	0	—	—
5. Die anderen Gruppenmitglieder hatten nicht so schwerwiegende Probleme wie ich.	—	—	0	—	—
6. Die anderen Gruppenmitglieder brachten kein Verständnis für meine Probleme auf.	—	—	0	—	—
7. Es wäre besser gewesen, wenn alle Gruppenmitglieder das gleiche Geschlecht gehabt hätten. Begründung:	—	—	0	—	—
8. Ich habe mehr darauf geachtet, daß meine Probleme gelöst wurden als darauf, daß ich den anderen bei der Lösung ihrer Schwierigkeiten helfen konnte.	—	—	0	—	—
9. Der Therapeut verstand mich.	—	—	0	—	—
10. Es hat mir geholfen zu sehen, daß andere Leute auch Schwierigkeiten haben.	—	—	0	—	—
11. Die anderen versuchten mir zu helfen.					
12. Ich hatte manchmal den Eindruck, daß meine Bedürfnisse zu sehr hinter den Bedürfnissen anderer Teilnehmer zurückstehen mußten.	—	—	0	—	—

	ja	eher ja	unent-schie-den	eher nein	nein
13. Ich fühlte mich in der Gruppe wohl.	—	—	0	—	—
14. Dadurch, daß ich sah, daß die anderen auch Schwierigkeiten hatten, bekam ich mehr Mut, meine Probleme anzugehen.	—	—	0	—	—
15. Der Therapeut versuchte, die Gespräche in eine bestimmte Richtung zu lenken.	—	—	0	—	—
16. Es ist mir schwergefallen, in der Gruppe über meine Probleme zu sprechen. Wenn »ja« oder »eher ja«: Woran lag das?	—	—	0	—	—
17. Die Probleme der anderen Gruppenmitglieder haben mich zusätzlich belastet.	—	—	0	—	—
18. Die anderen Gruppenmitglieder verstanden fast immer, was ich meinte.	—	—	0	—	—
19. Manchmal kam ich einfach nicht zu Wort.	—	—	0	—	—
20. Ich bin manchmal mit meinen Problemen zu stark in den Vordergrund getreten.	—	—	0	—	—
21. Manchmal hatte ich das Gefühl, mich gegenüber anderen Teilnehmern verteidigen zu müssen.	—	—	0	—	—
22. Der Therapeut wandte sich den Problemen der verschiedenen Gruppenmitglieder gleich intensiv zu.	—	—	0	—	—
23. Die anderen Gruppenmitglieder hatten zu mir Zuneigung.	—	—	0	—	—
24. Ich habe dazu beigetragen, daß die anderen ihre Probleme besser lösen konnten.	—	—	0	—	—
25. Ich habe den Eindruck, daß die anderen Teilnehmer mich langweilig und wenig interessant fanden.	—	—	0	—	—
26. Was die Gruppenmitglieder auch erzählten, die Gefühle des Therapeuten ihnen gegenüber veränderten sich nicht.	—	—	0	—	—
27. Wir haben alle gemeinsam versucht, unsere Schwierigkeiten zu lösen.	—	—	0	—	—

	ja	eher ja	unentschieden	eher nein	nein
28. Ich konnte in der Gruppe offen und ehrlich über mich sprechen.	—	—	0	—	—
29. Damit die Gruppe erhalten blieb, bin ich auch noch dann zu den Sitzungen gekommen, als es für mich nicht mehr nötig war.	—	—	0	—	—
30. Es gab ein (oder mehrere) Gruppenmitglied(er), das (die) den Gruppenprozeß störte(n). Bitte skizzieren Sie – falls »ja« oder »eher ja« –, wodurch diese(s) Mitglied(er) störte(n):	—	—	0	—	—
31. Was ich auch sagte, die Gruppenmitglieder veränderten nicht ihre Meinung mir gegenüber.	—	—	0	—	—
32. Es war nicht klar, was der Therapeut machte.	—	—	0	—	—
33. Der Therapeut wirkte ungezwungen und fühlte sich wohl in der Gruppe.	—	—	0	—	—
34. Einige Probleme, die recht wichtig für mich sind, habe ich in der Gruppe nicht zur Sprache gebracht. Falls »ja« oder »eher ja«: Warum nicht?	—	—	0	—	—
35. Meine Probleme hätten schneller gelöst werden können. Falls »ja« oder »eher ja«, begründen Sie bitte kurz Ihre Meinung:	—	—	0	—	—
36. Der Therapeut erfaßte genau, was die Dinge, die die Gruppenmitglieder erzählten, für sie bedeuteten.	—	—	0	—	—
37. Der Therapeut war allen Gruppenmitgliedern gegenüber gleich aufmerksam und zugewandt; er bemühte sich um alle Mitglieder in gleichem Maße.	—	—	0	—	—
38. Das, was der Therapeut sagte, war für mich wichtiger als das, was die anderen Gruppenmitglieder sagten.	—	—	0	—	—
39. Wenn ich sah, daß andere Gruppenmitglieder ähnliche Probleme hatten wie ich, hat mir das geholfen.	—	—	0	—	—

	ja	eher ja	unentschieden	eher nein	nein
40. Ich möchte den Kontakt zu den anderen Teilnehmern der Gruppe weiter aufrechterhalten.	—	—	0	—	—
41. Ich fühlte mich von den anderen Gruppenmitgliedern manchmal angegriffen.	—	—	0	—	—
42. Der Therapeut mochte mich besonders gern.	—	—	0	—	—
43. Meine Probleme sind nicht intensiv genug behandelt worden. Falls »ja« oder »eher ja«, begründen Sie dies bitte:	—	—	0	—	—
44. Es wäre mir leichter gefallen über meine Probleme zu sprechen, wenn nur der Therapeut anwesend gewesen wäre.	—	—	0	—	—
45. Manchmal hat der Therapeut mich gegenüber der Gruppe verteidigt.					
46. Mir wäre es lieb gewesen, wenn ich neben den Gruppensitzungen auch die Möglichkeit zur Einzeltherapie gehabt hätte.	—	—	0	—	—
47. Die Probleme einiger Teilnehmer (eines Teilnehmers) konnte ich nicht verstehen. Falls »ja« oder »eher ja«: Woran lag das? Hat Sie dieses Nicht-Verstehen in irgendeiner Weise beeinflußt?	—	—	0	—	—
48. Einige Gruppenmitglieder lehnten mich eher ab.	—	—	0	—	—
49. Die Anwesenheit des Therapeuten hat mich gestört.	—	—	0	—	—
50. Ich mochte die anderen Gruppenmitglieder gern.	—	—	0	—	—
51. Die anderen haben mir bei der Lösung meiner Probleme geholfen. Falls »ja« oder »eher ja«, geben Sie bitte an, wie und wodurch Ihnen die anderen geholfen haben:	—	—	0	—	—

Bitte beantworten Sie nun noch die folgende Frage:
Haben Sie sich mit den Gruppenmitgliedern noch außerhalb der Therapiestunden getroffen? Ja/Nein

2.5 Ausgewählte Therapiesituationen

Die in den vorangegangenen Abschnitten dargestellten Grundlagen und Prinzipien der Praxis der Gesprächspsychotherapie können in spezifischen Therapiesituationen in besonderem Maße verdeutlicht werden.
Im Nachfolgenden werden daher einzelne konkrete Situationen aus der gesprächspsychotherapeutischen Praxis jeweils an einem ungünstigen bzw. günstigen Beispiel (im Sinne der Grundprinzipien der Gesprächspsychotherapie) erläutert, um somit auch von der praktischen Seite her eine Verdeutlichung gesprächspsychotherapeutischer Vorgehensweisen zu ermöglichen.

Der Anfang eines Kontaktes

Das Sich-Einstellen auf den Klienten, das Nachvollziehen und die Verbalisierung des inneren Bezugsrahmens des Klienten wurden als wesentliche Merkmale des Psychotherapeutenverhaltens angesprochen (vgl. S. 61 ff). Als ein Kernstück des Therapieprozesses muß diese Art der Aktivität möglichst früh, d. h. bereits im ersten Kontakt mit dem Klienten verwirklicht werden. Dieses bedeutet einerseits, daß der Psychotherapeut den Klienten nicht erst das ›Gesamtproblem‹ in aller Ausführlichkeit darstellen läßt, sondern möglichst frühzeitig die Einzelaspekte des inneren Bezugsrahmens des Klienten auffaßt und verbalisiert. Andererseits sollte von seiten des Psychotherapeuten keine inhaltliche Lenkung auf bestimmte Themenbereiche hin ausgehen (etwa durch Fragen nach Fakten, die dem *Psychotherapeuten* aufgrund von Überlegungen *über* den Klienten wichtig erscheinen).

Beispiel für *ungünstiges* Psychotherapeutenverhalten:

Th: Ja, können Sie mir denn mal so Ihr Problem schildern?

Kl: Tja, Sie sagen so Ihr Problem ... Ich hab' eigentlich – das ist ja gerade die Schwierigkeit — ich weiß noch nicht so richtig, wie ich anfangen soll. Ich hab' also nicht *ein* Problem – und wenn es eins ist, dann ist es also ein sehr, sehr großes und ich weiß nicht so recht, wie ich da so anfangen soll ...

Th: Ja, ich würde Ihnen den Vorschlag machen, daß Sie einfach bei dem Problem anfangen, das für Sie am größten ist, daß Sie da einfach mal so die Situation schildern, in der Sie sich da befinden.

Kl: Ja, Sie meinen, ich soll da so einfach ...

Th: Das würde ich so für ganz gut halten.

Kl: Ja, dann kann ich am besten gleich so mit dem anfangen, was mich eigentlich dazu veranlaßt hat, zu Ihnen zu kommmen.

Th: Ja!

Kl: Das sind vor allem . . .

Th: Ich nehme an, daß Sie irgendwie 'nen Grund haben . . . (Kl: ja, eben!) . . . zu kommen!

Kl: . . . umsonst geht man ja nicht zum Psychologen! Es muß schon was da sein, und das ist eben bei mir zur Zeit besonders schlimm geworden. Ich hab' irgendwie schon immer gespürt, daß ich mich doch ziemlich einsam fühle hier, obwohl . . .

Th: Sie sagen: schon immer gespürt. Kann man da irgendwie so einen Zeitpunkt festlegen, wo das so angefangen hat?

Kl: Ja, also so richtig gemerkt hab' ich das eigentlich erst auf der Universität. Ich war vorher 4 Semester in Marburg und bin jetzt schon 3 Semester hier, und schon in Marburg hab' ich das so gespürt, daß ich . . .

Th: Was studieren Sie denn?

Kl: Ja, so Pädagogik, kann ich's wohl nennen. Ich bin mir noch nicht so ganz sicher . . . aber . . .

Th: Ja . . .

Kl: Ja so auf Pädagogik als Schwerpunkt.

Th: Aja, Sie sind jetzt an der PH hier?

Kl: Ja, hier an der Pädagogischen Abteilung der Universität.

Th: Ah, ja.

Kl: Und das hat alles schon in Marburg angefangen und – äh – ich bin mir auch über meinen Beruf noch nicht so ganz im klaren, aber das ist also gar nicht meine Sorge, da mach ich mir gar keine Bange, das läuft schon irgendwie . . . was weiß ich, was da eines Tages rauskommt. Eben: meine Schwierigkeit besteht hauptsächlich darin, daß ich eben alleine bin. Und das ist mir in der Schule nicht aufgefallen, obwohl ich da auch nur wenige sehr gute Bekannte oder Freunde hatte, das ist nun vor allen Dingen . . .

Th: Sie sagen allein. Heißt das, daß Sie irgendwie keine Freunde haben oder so?

Kl: Jaa, ganz recht, ich habe . . . ich sehe das bei anderen . . .

Th: Sie sind 3 Semester hier jetzt so . . .

Kl: Jetzt 3 Semester hier, jaja

Th: . . . haben Sie noch keine Bekannten gefunden?

Kl: Ja, das ist eben auch 'ne Enttäuschung. Ich hab' gedacht, das liegt an Marburg. Da kenn' ich eben niemand oder so . . .

Kommentar:
Dieser Psychotherapeut nimmt bereits in seinem ersten Satz eine inhaltliche Festlegung des Klienten vor, indem er diesen bittet, direkt von seinem Problem zu sprechen. Im weiteren Verlauf des Gespräches schlägt er weiterhin vor, mit dem Problem zu beginnen, das für den Patienten am größten sei und fragt nach Fakten, die ihm – dem Psy-

chotherapeuten – wichtig zu sein scheinen, die der Klient aber von sich aus nicht angesprochen hat. Auf diese Weise wird dem Klienten die Möglichkeit genommen, Klärungen und Präzisierungen aus seiner Sicht her weiterzuentwickeln. Zudem wird durch ein solches Psychotherapeutenverhalten die bei manchen Klienten anfangs recht ausgeprägte Erwartungshaltung unterstützt, daß der Psychotherapeut sich über das Abfragen von Informationen zunächst ein Bild über das ›Symptom‹ des Klienten verschaffen und daraus einen Ratschlag oder eine Verhaltensanweisung ableiten wolle. Der Klient lernt also nicht, daß er als Partner in gleicher Weise durch den psychotherapeutischen Prozeß gefordert ist wie der Psychotherapeut. Weiterhin kann das direkte Ansteuern des Problems durch den Psychotherapeuten auf seiten des Klienten Angst auslösen; der Klient müßte vielmehr die Möglichkeit haben – auch im weiteren Verlauf der Therapie – auch über für ihn völlig unproblematische oder weniger belastende Dinge zu sprechen.

Beispiel für *günstiges* Psychotherapeutenverhalten:

Th: Wenn Sie vielleicht hier Platz nehmen möchten? (15 Sec. Schweigen.)

Kl: Ich hab' mich so an Sie gewandt und bin hier zu Ihnen gekommen, aber ich weiß nicht so richtig, was ich sagen soll und wie ich – wie ich anfangen soll.

Th: Ja, Sie sind darin jetzt ganz unsicher?

Kl: Ja, ich glaube, das liegt daran, weil mir das so viel vorkommt – so'n großer Berg oder so 'ne riesige Masse, die ich jetzt irgendwie in den Griff bekommen ...

Th: Ja, daß da so sehr viel vor Ihnen steht und Sie gar nicht so recht wissen, wo soll's denn jetzt anfangen, wo sollste ansetzen?

Kl: Ja, ich hab' z.B. zur Zeit halt so'n diffuses Gefühl der Einsamkeit oder Zurückgestoßenheit – also, ich bin da etwas isoliert von meinen ... von den Leuten, mit denen ich eigentlich in der Woche dauernd umgehe und tagsüber ...

Th: Ja, daß Sie so ein wenig das Gefühl haben, ich steh' da so außerhalb von denen und ...

Kl: Ja, so ... ich bin da so gar nicht in der Gruppe mit, die lebt irgendwie ohne mich sozusagen ... und das Gefühl hab' ich also besonders stark, wenn ich eben z. B. am Wochenende hierbleibe, und dann verbringe ich 2, 3 Tage völlig alleine, da hab' ich niemanden, zu dem ich jetzt mal gehen könnte und mit dem ich mal was unternehmen könnte und so ...

Th: Ja, daß Sie sich wünschen, daß es da so jemanden gäbe, zu dem Sie wirklich hingehen könnten und an den Sie sich wenden könnten?

Kl: Nicht nur jemanden, sondern überhaupt, daß man mit den Leuten so zusammen ist, daß man eben wirklich so was hat wie 'nen Freund – oder das ist zuviel verlangt – einen guten Bekannten, mit dem man eben was unternehmen kann, daß man nicht immer alleine sitzt, wenn man nicht gerade meinetwegen studiert und von anderen Einrichtungen her gezwungen wird, praktisch zusammenzusein, Vorlesung oder Übung oder so ... und daß da auch in der freien Zeit jemand da ist ...

Kommentar:

Hier läßt der Psychotherapeut dem Klienten die Möglichkeit, zu dem Zeitpunkt und mit dem Inhalt zu beginnen, der dem Klienten entspricht. Obwohl der Psychotherapeut keine Fragen stellt, die aus *seinem* inneren Bezugsrahmen abgeleitet sind, ist er engagiert und aktiv und macht deutlich, daß er keine bestimmten inhaltlichen Erwartungen an den Klienten stellt, und daß er die Unsicherheit und das Schweigen des Klienten akzeptiert. Gleichzeitig erfährt der Klient seine eigene Verantwortlichkeit für den Beginn und die Weiterentwicklung des Gespräches.

Zu Beginn eines Gespräches ist es auch denkbar, daß der Klient auch über einen längeren Zeitraum hinweg schweigt. Auch in diesem Fall ist es die Aufgabe des Psychotherapeuten, sich in den Klienten hineinzuversetzen, sich zu fragen, was in dem Klienten vor sich geht und dies zu verbalisieren. Entnimmt z. B. der Psychotherapeut aus dem Verhalten des Klienten (Gestik/Mimik), daß sich dieser unwohl oder unsicher fühlt, so sollte er dies verbalisieren, auch ohne daß der Klient dies verbal bereits geäußert hätte.

Gesprächspausen

Wie auch in anderen Gesprächssituationen kommt es im Verlauf der Gesprächspsychotherapie zu Gesprächspausen. In den alltäglichen, außertherapeutischen Gesprächen bemühen sich die Gesprächspartner dann oftmals, diese Pausen möglichst schnell zu beenden, vermutlich weil diese als ›peinliches Schweigen‹ im Sinne von ›nicht mehr weiter wissen‹ oder ›sich nichts mehr zu sagen haben‹ wahrgenommen werden.

Im Rahmen der Gesprächspsychotherapie unterscheidet sich das Verhalten des Psychotherapeuten in solchen Pausensituationen nicht von seinem sonstigen Verhalten während des Gespräches. Auch in der Gesprächspause soll das Verhalten des Psychotherapeuten an dem Ziel orientiert sein, dem Klienten eine Klärung seiner inneren Erlebniswelt zu ermöglichen. Richtiges und falsches Psychotherapeutenverhalten im

Rahmen der Gesprächspsychotherapie unterscheidet sich in einer derartigen Pausensituation also generell darin, inwieweit es der Psychotherapeut dem Klienten ermöglicht, auch in und durch eine Gesprächspause der Präzisierung und Klärung seiner Probleme näher zu kommen. Geht man u. a. davon aus, daß eine solche Pause dem Klienten die Möglichkeit gibt, weiter über seine Probleme nachzudenken, so ist alles Psychotherapeutenverhalten als ungünstig anzusehen, das diese Überlegungen des Klienten während der Pause unterbricht oder ablenkt. Eine solche Unterbrechung oder Ablenkung kann z. B. dadurch erfolgen, daß der Psychotherapeut dem Klienten durch sein Verhalten zu verstehen gibt, daß dieser weitersprechen möge, daß der Psychotherapeut Ungeduld, Unruhe oder Unsicherheit zeigt oder daß der Psychotherapeut von sich aus zur Beendigung der Pause – evtl. aus den genannten Gründen – Gesprächsinhalte früherer Kontakte anspricht.

Beispiel für *ungünstiges* Psychotherapeutenverhalten:

Kl: ... daß das irgendwie von mir ausgeht, daß da von Schuld zu sprechen ist, ist nicht gut ... aber irgendwie geht das von mir aus, denn ich beobachte das in verschiedenen Umgebungen.

Th: Daß Sie so das Gefühl haben, das könnte eigentlich nur an Ihnen liegen?

Kl: Ja, ja, da hab' ich mir schon Gedanken drüber gemacht, daß ...
(30 sec.) ....
(Th. sieht auf die Uhr)
(25 sek.) ....
(Th. rutscht auf dem Stuhl hin und her)
(10 sec.) ......

Th: Ja, ich überlegte gerade, Sie haben so vor 2 oder 3 Kontakten schon mal erwähnt, daß Sie auch in Ihrem Leistungsbereich irgendwie unheimliche Schwierigkeiten haben und gar nicht so zu Rande kommen, wie Sie es gerne würden

Kl: ... (5 sec) Ach ja, jetzt erinnere ich mich, ja, das ist eben auch so'n Komplex bei mir. Manche sagen, ich hätte Minderwertigkeitskomplexe, weil ich immer z. B. zum Schluß dann irgendwie doch besser bin, als daß ich das letzten Endes gedacht hätte, so im groben gesagt ...

Kommentar:

Hier hat der Psychotherapeut nicht den inneren Bezugsrahmen des Klienten nachvollzogen: Während der Klient über das zuvor besprochene Thema weiter nachdenkt, bringt der Psychotherapeut von sich aus ein Thema aus früheren Kontakten ins Gespräch und unterbricht damit die Überlegungen des Klienten, nachdem er während der Pause deutlich Ungeduld, Unruhe und mangelnde Konzentration auf den Klienten gezeigt hatte.

Beispiel für *günstiges* Psychotherapeutenverhalten:

Kl: So, ich hab' – äh – so das Gefühl, bei meinen Schwierigkeiten, daß das immer wieder alles von mir ausgeht. Von Schuld zu sprechen ist vielleicht nicht ... nicht ganz richtig, da in diesem Zusammenhang. Ich hatte schon in verschiedenen Umgebungen beobachtet, diese Schwierigkeiten ...

Th: Ja, daß Sie so oft das Gefühl haben, Sie allein seien dafür verantwortlich?

Kl: Ja, darüber hab'ich mir schon oft Gedanken gemacht, es ist ... (55 Sec.) ....
Ja, ... ich – andererseits, denke ich mir eben manchmal, daß ich da gar nicht so alleine anstoß', denn es gehören ja irgendwie andere Menschen immer dazu ... daß, auch vor anderen Leuten, daß ich da irgendwie davon ausgehen kann, daß die auch ...

Th: Ja, daß Sie sich da auch irgendwie ein Entgegenkommen wünschen von den anderen Menschen?

Kl: Ja, daß – vielleicht gerade unter den Studenten, weil ich mich ja jetzt seit insgesamt 7 oder 8 Semestern eben gerade in dieser Gruppe immer bewege, daß vielleicht ... daß nicht ich da Schuld bin ...

Th: Ja, daß Sie so manchmal das Gefühl haben, wenn ich jetzt mit anderen Leuten zusammen wäre, dann wär's auch besser?

Kommentar:

Nach der Pause fährt der Klient an der Stelle des Gespräches fort, die Anlaß zu Überlegungen und zur Pause selbst gegeben hatte. Es wird deutlich, daß der Klient im Verlaufe der Pause zu weiteren Überlegungen und dadurch zu einer weiteren Klärung seines Problems gekommen ist. Der Psychotherapeut hat durch sein entspanntes Verhalten ohne Anzeichen von Ungeduld oder Unsicherheit dem Klienten diese zum weiteren Fortkommen im Gespräch konstruktive Pause mit ermöglicht.

Eine solche Pausensituation wird vom Klienten, besonders am Anfang einer Gesprächsserie, oftmals nur deswegen als unangenehm oder belastend erlebt, weil er vermutet, unbedingt etwas sagen zu müssen, weil der Psychotherapeut darauf warte. In einem solchen Fall sollte der Psychotherapeut den Klienten darauf hinweisen, daß dieser – der Klient – den Kontakt so gestalten könne, wie er es für sich für günstig hält. In der Praxis bedeutet das im Extremfall, daß z. B. auch ein ganzer Kontakt schweigend verbracht werden kann.

Bitte des Klienten um Ratschlag/Verhaltensanweisung

Stellt sich der Psychotherapeut ganz auf den inneren Bezugsrahmen seines Klienten ein, so ergibt sich daraus auch, daß der Psychotherapeut von sich aus keine Ratschläge oder Verhaltensanweisungen gibt. Dies wird dem Klienten meist bereits beim Anmeldegespräch oder durch ein Merkblatt, das u. a. über das Vorgehen in der Gesprächspsychotherapie Auskunft gibt, mitgeteilt. In vielen Fällen ist jedoch die Erwartung des Klienten in dieser Richtung oder seine Ratlosigkeit so groß, daß er die Bitte um einen Ratschlag im Verlaufe der Therapie wiederholt.

Beispiel für *ungünstiges* Psychotherapeutenverhalten:

Kl: ... mir viel mehr von mir wünsche, daß ich leichter mit anderen Leuten umgehen kann, und viel unbeschwerter, viel unbeeinträchtigter, daß ich nicht immer gleich so mich irgendwie zurückziehe.

Th: Es wäre so'n Ziel, das Sie hätten, wenn Sie mit anderen umgehen, daß Sie da irgendwie ... ja, sich mehr so verhalten können, wie Sie es für sich selbst für günstig halten.

Kl: Ja, ja, das wäre – wie Sie schon sagen – meine Zielvorstellung, und ich hoffe, daß doch Sie mir vielleicht irgendwie 'nen Tip geben können, wie man das übt oder wie man allmählich dazu kommt, ... ich kann mir nicht vorstellen, daß ich das von heute auf morgen schaffe, aber irgendsolche Hinweise könnten Sie mir vielleicht doch geben.

Th: Ja, nein, ich kann da nicht für Sie die Entscheidung vorwegnehmen, ... aber ich würde es versuchen, so in möglichst kleinen Schritten zu machen, und ...

Kl: Ja, Sie meinen, daß ich also allmählich mich da irgendwie annähere (Th: ja), und wie würden Sie das denn konkret ... ja, wie kann man das denn ...

Th: Ja, ich kann Ihre Situation jetzt nicht so genau durchschauen, aber man könnte so ... ja, wenn man Kontakt erreichen will, ihn natürlich am ehesten erreichen, wenn man irgendwas unternimmt, d. h. wenn man da in kleinen Schritten vorangeht, etwa, indem man 'ne Abendschule besucht ... oder etwa ...

Kl: Daß ich da also da in 'nen Abendkurs gehe und auf diese Art und Weise dann eben da ...

Th: Ob nun gerade Abendschule oder so, das müssen Sie letztlich selbst entscheiden, aber ich könnte mir vorstellen, daß das irgendwie ein Ansatzpunkt ist, um überhaupt erst mal Kontakt mit anderen Personen bekommen zu können.

Kl: Das wäre auch ganz gut, was Sie meinten, mit den kleinen Schritten, da könnte ich also im Abendkurs erst mal versuchen ... ich meine, ich hätte dann 'nen äußeren Vorwand dahinzugehen zu den Leuten und sie allmählich sozusagen kennenzulernen.

Th: Ja, so meinte ich das etwa.

Kl: Ja, das ist ganz ganz ..., das könnte ich mir mal überlegen, ob ich das mache.

Kommentar:
In diesem Beispiel verbalisiert der Psychotherapeut nicht den inneren Bezugsrahmen des Klienten (seine Unsicherheit, wie er sein Ziel erreichen könne und im Zusammenhang damit die Erwartungen an den Psychotherapeuten), sondern gibt von sich aus Ratschläge und Hinweise, wie er meint, daß der Klient seine Schwierigkeiten überwinden könne. Dabei wird zudem durch die Formulierungen des Psychotherapeuten (›Ich kann nicht für Sie die Entscheidung vorwegnehmen‹, ›Das müssen Sie letztlich selbst entscheiden‹) der fälschliche Eindruck erweckt, daß der Psychotherapeut dem Klienten einen völlig freien Spielraum für seine nächsten Schritte ließe.

Unabhängig davon, ob es grundsätzlich überhaupt möglich und vertretbar ist, *für* andere Personen Entscheidungen zu treffen und Lösungswege vorzuzeichnen, wird durch ein derartiges Gesamtverhalten des Psychotherapeuten ein Lernprozeß auf seiten des Klienten unterstützt, der Unselbständigkeit und Abhängigkeit – zumindest in problembeladenen Situationen – einschließt.

Beispiel für *günstiges* Psychotherapeutenverhalten:

Kl: ... wie ich gerne sein möchte. Gerade was diese Schwierigkeiten angeht. Ich möchte da eben wirklich freier mit anderen Leuten umgehen können, mehr unbeschwerter, nicht so beeinträchtigt ...

Th: Ja, daß das so das wäre, was Sie sich wünschen im Umgang mit den anderen.

Kl: Ja, das ist so meine Zielvorstellung, die ich im Laufe der Zeit gern erreichen möchte. Und so hab' ich im stillen also immer gehofft, daß ich von Ihnen da die Hinweise bekommen könnte, daß Sie mir so'n paar Tips geben, wie man das macht, wie man das trainiert zum Beispiel.

Th: Ja, daß Sie so irgendwie jetzt im Augenblick zwar Ihr Ziel kennen, aber nur den Weg noch nicht dahin wissen?

Kl: Ja, die Methode, sozusagen, möchte ich ganz gerne von Ihnen ... einige Hinweise haben, wie Sie das z. B. anfangen würden, was Sie mir da raten könnten, damit ich das erreichen kann im Laufe der Zeit.

Th: Sie sind da so ganz unsicher, wie Sie das alleine erreichen könnten und können sich eigentlich auch gar nicht vorstellen, daß Ihnen das gelingen könnte?

Kl: Naja, zur Zeit bin ich da wirklich ziemlich unsicher, denn ich hab' schon öfters das versucht von mir aus und hab' mir dann überlegt, du muß eben mit anderen Leuten mehr zusammenkommen, du mußt eben auch mal dahin gehen, was unternehmen; und da bin ich in 'nen Sportverein eingetreten, oder ich hab' Einladungen angenommen. Aber das hat alles irgendwie fehlgeschlagen.

Th: Wenn Sie so zurückdenken, dann sind Sie doch enttäuscht, daß . . .

Kl: Ja! Ich hab' das dann immer versucht, und das ist dann immer irgendwie gescheitert und oft haben mich solche Dinge dann irgendwie zurückgestoßen, daß ich dann wieder da der Einzige war, der keine Freunde mitkriegen konnte, so oder . . . andere haben ihre Frauen mitgebracht . . . da hat sich dann bei mir irgendwie . . .

Th: Es ist Ihnen wichtig und bedeutsam, jemanden zu haben, mit dem Sie . . .

Kl: Ja, ja, ich war dann eben . . . dacht' ich mir, jetzt bist du zwar mit anderen zusammen, aber bist eben doch wieder alleine, denn die bringen jemanden mit, die können dann ganz anders auftreten als ich, der ich eben alleine bin, eben.

Th: Ja, Sie fühlen sich da so ganz auf sich angewiesen?

Kl: Ja, ganz richtig. Ich denke immer, man braucht so jemanden, von dem man weiß, der kennt dich, oder der kann dich auch gut leiden und so . . . Und so jemanden hatte ich eben nicht dabei. Den hatten die andern immer dabei. Die konnten dann auch freier mit den anderen umgehen, die hatten einander nicht so nötig wie ich.

Th: Es gibt Ihnen sehr viel Sicherheit, wenn Sie wissen, da ist jemand, an den Sie sich letztlich wenden können, in so einer großen Gruppe?

Kl: Ja, . . . ich glaube ganz stark. Deswegen vielleicht . . . daß das bestimmt ein wesentlicher Faktor war, daß ich eben allein dahin gegangen bin in solche Gemeinschaften.

Kommentar:
In diesem Beispiel spricht der Psychotherapeut die vom Klienten mitgeteilte Unsicherheit direkt an und gibt ihm damit die Möglichkeit, die Erwartung von konkreten Verhaltensweisen durch den Psychotherapeuten bezüglich ihrer Ursachen und Zusammenhänge weiter zu klären. Hätte der Psychotherapeut nach der ersten Artikulation des Wunsches nach einem Verhaltenshinweis einen solchen gegeben, so wäre

der hier im weiteren Verlauf des Gespräches sich entwickelnde Klärungsprozeß abgebrochen worden.
Nicht in jedem Fall wird der Klient auch nach einer weiteren Klärungsphase auf einen Ratschlag oder Verhaltenshinweis verzichten wollen, so daß der Psychotherapeut dann noch einmal seine Position in der therapeutischen Interaktion verdeutlichen muß. Wichtig ist jedoch, daß vor dieser Klarstellung durch den Psychotherapeuten dem Klienten die Gelegenheit gegeben wird, sich über die Bedeutung, Ursachen und Zusammenhänge seines Wunsches an den Psychotherapeuten klar zu werden. Ist dies eindeutig der Fall, so sollte der Psychotherapeut klar Stellung beziehen. Das nachfolgende Beispiel soll dieses Vorgehen verdeutlichen.

Kl: ... und ich bin mir auch ziemlich im klaren, wie ich gerne sein möchte. Das geht da so etwa in die Richtung: ich möchte also viel freier sein, vor allen Dingen gerade anderen Menschen gegenüber, ich möchte ungestört mit denen reden können, ohne daß ich mich da irgendwie beeinträchtigt fühle, oder gekränkt oder so in die Richtung.

Th: Ja, es ist so ganz stark Ihr Wunsch, diese Befangenheit anderen Menschen gegenüber abschütteln zu können?

Kl: Hm, ja, das ... daß ich also in etwa Zielvorstellungen von dem habe, wie ... wie ich sein möchte. Und deswegen ... ich ... aber nicht weiß, wie ich dahin komme, und da wollt' ich Sie also fragen, ob Sie mir da irgendwelche Hinweise geben könnten, wie man so was übt, damit man so wird.

Th: Hm, und irgendwie ist Ihnen so klar, was mal am Ende stehen soll, aber Sie suchen jetzt noch so nach Möglichkeiten, wie Sie auf dem Weg fortschreiten können.

Kl: Hm, die Methode irgendwie ist mir nicht klar ... ganz recht ... und deswegen frag' ich Sie eben auch, ob Sie mir da ... und das ist auch meine stille Erwartung, daß ich vielleicht aus dem Gespräch gewinnen kann ..., daß ich ganz konkret Hinweise bekomme, wie ich das üben kann, wie ich das allmählich ausbilden kann, dieses Verhalten.

Th: Es ist Ihnen ganz wichtig, für sich eine Methode zu haben, an der Sie sich orientieren können?

Kl: Hm, ... ich hab' auch in der Richtung schon einige Versuche unternommen, und die sind eben alle immer irgendwie fehlgeschlagen, und deswegen denk' ich jetzt, es ist am besten, ich frag' Sie mal danach, ob Sie mir da irgendwie konkrete Hinweise sagen können.

Th: Daß Sie jetzt so ein wenig den Eindruck haben, ich allein find's nicht, ich hab' schon so viel versucht und ...

Kl: Jaja, und eben deswegen – ganz konkret – ich will also ... es würde unwahrscheinlich meinen Erwartungen entsprechen, wenn Sie mir jetzt sagen würden, tun Sie dieses und jenes, machen Sie das so und dann könnte ich also irgendwie erreichen, dann könnt' ich dieses Verhalten eines Tages verwirklichen. Können Sie mir da nicht mal so 'nen Ratschlag geben?

Th: Es tut mir leid, da muß ich Ihnen sagen, daß dies für mich nicht möglich ist. Ich kann es nicht vertreten, Ihnen Ihren Weg vorzuzeichnen, ich denke vielmehr, daß Sie der einzige sind, der eine für Sie angemessene Lösung finden kann. Was wir in diesem Gespräch zusammen tun können, ist, daß wir gemeinsam an dem Problem – so wie es sich für Sie stellt – arbeiten und auf diese Weise zu einer Klärung für Sie kommen. Ich glaube, daß es Ihnen nach einer gewissen Zeit dann auch möglich sein wird, einen eigenen Weg zu finden.

Kommentar:
Im Anschluß an diese Sequenz ist vom Psychotherapeuten zu erwarten, daß dieser sich sofort wieder auf den inneren Bezugsrahmen des Klienten einstellt und diesen verbalisiert – etwa bezüglich der verbal oder nicht-verbal mitgeteilten Gefühle des Klienten (z. B. Enttäuschung, Unsicherheit, Ärger) in dieser neuen Situation.

Abzugrenzen von den oben genannten Situationen sind die Vorgehensweisen des Psychotherapeuten in den Fällen, wo die Probleme stark durch mangelnde oder falsche *Information* des Klienten geprägt werden.
In einem solchen Fall ist es sinnvoll und notwendig, daß der Psychotherapeut die richtige Information gibt oder auf geeignete Personen oder Institutionen hinweist. Das nachfolgende Beispiel verdeutlicht das Vorgehen:

Kl: Wissen Sie, ich bin nun ja schon drei Jahre in diesem Beruf und manchmal möchte ich da gerne raus ...

Th: ... daß Sie in Ihrem Beruf gar nicht so recht zufrieden sind?!

Kl: Ja, ich überlege schon, was ich anders machen soll. Ich glaube, die Sozialarbeit, das wäre das Richtige, das Geschäftsleben, das ist so aufreibend und so wenig befriedigend, ich möchte doch noch ganz gerne auf solch eine Fachschule für Sozialarbeiter gehen.

Th: ... daß Sie da gerne raus möchten und Sie an der Sozialarbeit viel Freude hätten!!?

Kl: Ja, so ist es genau, zu dieser Arbeit fühle ich mich schon irgendwie hingezogen, das würde mir sicher Spaß machen, aber das ist noch so ein Problem für mich, ich habe nämlich, das müssen Sie wissen, nur die mittlere Reife, und damit kann man da ja nicht ankommen ...

Th: Ich weiß nicht, ob Ihnen das weiterhelfen wird, aber ich weiß sicher, daß man mit der mittleren Reife da anfangen kann. Sonst ist es aber ein leichtes, mal bei der Berufsberatung anzufragen.

Kl: Ja?! ... Ja, wenn das so ist, da kann ich jetzt ja ganz anders darüber denken ...

Th: ... daß es jetzt für Sie so in einem ganz anderen Licht erscheint?

Kl: Ja, dann ... ich werde dem Schulleiter schreiben, ich möchte doch jetzt so schnell wie möglich anfangen ...

Th: ... daß Ihnen das jetzt unter den Nägeln brennt und Sie am liebsten sofort anfangen möchten!?!

Kl: Genau, ich bin so froh, daß ich mich dazu durchgerungen habe, es ging mir schon so lange durch den Kopf. Jetzt weiß ich endlich, was ich machen werde ...

2.6 Demonstration eines Gesprächspsychotherapie-Einzelkontakts

Klientin G. K., 24 Jahre, Studentin, 4. Kontakt

Kl: War doch richtig, daß zweimal ausgefallen war? (Th: Ja) .... Ja, ich weiß gar nicht, was ich heute erzählen soll ...

Th: Ja, daß es schwierig ist für Sie, anzufangen jetzt?

Kl: Ja, ich hatte das letzte Mal über ... eh, so erzählt, daß ich mich so'n bißchen zurückziehen wollte und .. und mich auf eigene Füße stellen wollte, um zu arbeiten .... um die Beziehungen, die immer neue Aktualität und Gefühle mit sich bringen, so'n bißchen zurückzustellen .... und das hab' ich so in dieser Konsequenz, wie ich mir das vorgenommen hatte, natürlich nicht gemacht.

Th: Daß es irgendwie doch schwerer gewesen ist, als Sie es erwartet hatten?

Kl: Ja ... ich hab' zwar so ganz gut arbeiten können, 'ne Zeitlang, so .. so 10 Tage hintereinander ohne, eh, nennenswerte Unterbrechung oder Abfall und ...

Th: Aber es ist doch zu wenig für das, was Sie sich vorgenommen hatten, so empfinden Sie es jetzt?

Kl: Mh, ja ich ... vorgenommen hatte ich mir etwas, eh, intensiveres richtig 'reinstürzen in die Arbeit ... aber ich war so zeitweilig schon so halb zufrieden, mit dem was ich vollbrachte, schon allein, daß ich so abends bis 7 bis zum Schließen der Bibliothek dablieb oder so (Th: ja) und daß ich so ... mit 'nem ganz zufriedenen Gefühl .... Gott, es ist natürlich noch nichts Überwältigendes, aber ich war doch ganz frohen Mutes so.

Th: Ist es irgendwie so das Gefühl, es geht doch, wenn ich mich da hinsetze (Kl: ja, ja!), daß Ihnen das so'n bißchen Auftrieb gibt?

Kl: Mh, ich ... ja, ja .. ich hatte so das Gefühl, eh, ich werde doch so allmählich doch meinen eigenen Ansprüchen gerecht, ich zieh' so doch allmählich nach. So auf der einen Seite hatte ich so'n bißchen mit meinen vielleicht etwas überdrehten Ansprüchen nachgelassen, ja .. so gesagt, das ist ja jetzt auch erst der Anfang, kannst ja auch noch nicht sofort verlangen, daß du am Tag so und so viel schaffst ...

Th: Daß Sie so an sich die Sache von 2 Seiten angegangen sind, das eine Mal haben Sie es so versucht und so das Gefühl gehabt: o. k. das geht so ganz gut, und auf der anderen Seite auch, eh, die Ansprüche, die Sie irgendwie als zu weitgehend empfunden haben, daß Sie die irgendwie 'runtergeschraubt haben

Kl: Runtergeschraubt, ja! .... Indem ich mir nämlich gesagt habe, es ist also jetzt zunächst ... zunächst muß ich mich mit weniger zufrieden geben, die .. die hohen Ansprüche liegen ferner und .... und das hat dann bewirkt, daß ich an sich so ganz zufrieden war.

Th: Sie spüren, daß Sie diese Arbeitssituation jetzt doch irgendwie in den Griff bekommen haben und sehen, daß es auf dem Weg doch ganz gut vorangeht?

Kl: Ja, ja! Ja .... Ich hab' nun allerdings so in den letzten Tagen .... ist es wieder etwas abgefallen, dadurch daß ich so die Beziehungen zu meinem früheren Freund, die ja immer noch da ist, also wieder etwas mehr intensiviert habe

Th: Das empfinden Sie etwas als störend auf dem Weg, den Sie jetzt gehen wollen?

Kl: Ja, eh, ... das nimmt mich etwas in Anspruch ... das hemmt so meine Konzentration und, eh, läßt mich immer wieder darum kreisen und so ..

Th: Es ist nicht nur so die zeitliche Inanspruchnahme, sondern auch Ihre Gedanken und Gefühle kreisen dann so um ...

Kl: Ja, es .. es bringt mich insgesamt in 'ne Verfassung oder Stimmung, die also der Arbeit nicht so unbedingt zuträglich sind

Th: Ist es so, wenn Sie es von der vernunftmäßigen Seite her sehen, Sie es im Grunde gar nicht billigen können?

Kl: Ja, ja ... ich bin mir immer unsicher .... auf der einen Seite habe ich sehr starke Bedürfnisse, mal wieder hinzugehen und so was alles ...

Th: Daß Sie so auf der einen Seite so das Gefühl haben, das ist was Positives für mich, aber daß Sie doch so'n bißchen zweifeln, ob Sie's machen sollen, weil Sie bei der Arbeit dann nicht so vorankommen

Kl: Ja, weil ..... es ist möglich, daß, wenn die Beziehung in irgendeiner Weise ... also eingeschlossen die Möglichkeit, daß man sich wirklich wieder zusammentut, also in irgendeiner Weise geklärt ist, hätt' das nicht mehr den, na diesen Charakter, daß es mich abhält von der Arbeit, das ist nur so lange wie alles ungeklärt ist

Th: Diese Ungewißheit ist es eigentlich, die Sie so wegzieht von der Arbeit, daß Sie das Gefühl haben, wenn 'ne Entscheidung gefallen ist, egal in welcher Richtung, dann .. dann würde ich irgendwie ruhiger werden?

Kl: Ja! ... Ja, stimmt .... es ist irgendwie so, ... also der Mann, mit dem ich so im letzten Monat so die meiste Zeit zusammen war, der ist jetzt weggefahren und so ... und dadurch kam das, obwohl ich die Beziehung zu meinem früheren Freund nie ganz abgebrochen hatte, wurde sie natürlich jetzt durch die Abwesenheit intensiviert etwas ... denn es ist einfach so, er wußte auch, daß ich so allein bin abends, ich ging auch mal ihn zu besuchen, dadurch ergab sich dann da wieder der stärkere Kontakt, nun erwarte ich also übermorgen den anderen wieder zurück ....

Th: Sie können sich da so in keiner Weise entscheiden und haben das Gefühl, in beiden Fällen ist etwas Positives da, daß aber dieser Zwiespalt, der in dieser Beziehung in Ihnen steckt, daß der irgendwie hinderlich ist?

Kl: Mh, ja, ja genau! .... Ich geh' nicht davon aus, daß überhaupt 'ne enge Beziehung für mich hinderlich ist zu arbeiten, das glaube ich nicht, aber eben diese konkrete Situation, die jetzt schon so lange anhält und ... und mal zur einen Seite etwas mehr an Schwerpunkt gewinnt, aber sich eigentlich schon seit dem Frühjahr nicht wesentlich ändert, nicht wesentlich geklärt hat. Ich mein es war, na, tatsächlich so, daß ich mich getrennt hatte und mit 'nem anderen zusammen war, aber so meine innere Einstellung ..... da hat sich nicht so viel geändert, die ist soviel geklärter dadurch nicht geworden.

Th: Daß dieser lange Zeitraum Ihnen im Grunde nicht geholfen hat, bis heute sich über Ihre Gefühle klarer zu werden. Daß das irgendwie so eine Sache ist, die .. ja, in andere Gebiete mit hineingeht und Sie auch heute belastet?

Kl: Mh, ... Deshalb hatte ich ja . . an sich, weil ich das Gefühl hatte, ich kann da jetzt . . . oder auch in absehbarer Zeit nicht so oder so entscheiden . . . . eh . . . mir gedacht, ich versuch' eben, mich von beiden Seiten etwas zurückzuziehen . . .

Th: Sie haben das so gleichsam als letzten Ausweg empfunden?

Kl: Mh, ja, das hatte ich dann an sich wohl auch so gemacht . . . ich . . . . ich . . . daß ich dann also von dem Mann, mit dem ich im Augenblick zusammen bin, eh, zunächst mich also völlig erst mal so losgesagt habe und gesagt hab', ich muß mich völlig jetzt erst mal allein zurechtfinden . . . . . . hab' das dann aber etwas revidiert, hab' gesagt ich komm' mal vorbei, vielleicht zweimal, vielleicht dreimal in der Woche . . . . aber wir lassen das noch offen . . . es ist nicht dieser ständige Kontakt, dieses gemeinsame Abendessen usw.

Th: Es ist irgendwie so'n Versuch jetzt, gleichsam auf vernunftmäßigem Wege diese Dinge irgendwie in den Griff zu bekommen, daß Sie das Gefühl haben, anders kann man's nicht lösen?

Kl: Ja, ja, ... aber . . . . .

Th: Ja, verstehe ich das richtig, daß Ihnen aber auch das jetzt in Ihrer momentanen Situation nicht weitergeholfen hat?

Kl: Das hatte mir zunächst schon insofern weitergeholfen, als ich arbeiten konnte und was mich sehr zufrieden machte (Th: Ja), das hat mir insgesamt Auftrieb gegeben . . . .

Th: Dieses Arbeitenkönnen war 'ne Sache, die Ihnen so gleichsam den Rücken gestärkt hat

Kl: Ja, ja, ungemein, also das war richtig gut (Th: ja) das ließ diesen . . . Zwiespalt doch etwas in den Hintergrund rücken und das ist eben . . .

Th: Sie haben es da geschafft im Grunde so diesen negativen Zustand des Zwiespalts zu überwinden und . .

Kl: . . indem ich mir einfach 'nen neuen Mittelpunkt geschafft habe

Th: Ja, daß Sie das andere so'n bißchen irgendwie in den Hintergrund gerückt haben und dadurch nicht mehr so stark belastet wurden dadurch?

Kl: Ja! Ja. . . . . Das . . das reicht natürlich dann immer nur so lange wie dann wieder konkreterer engerer Kontakt aufgenommen wird, es . . . ich meine ich hatte auch in der Zeit als ich gearbeitet hab' abends ab und zu Kontakt mit meinem früheren Freund aber, eh, das intensivierte sich dann zum Schluß etwa so Ende letzter Woche und . . . . daß wir uns also plötzlich fast täglich sahen . . . und es ist auch etwas unglücklich, daß er zudem noch in meiner Nähe wohnt, daß von daher . . . . . wenn ich Kontakt haben möchte . . . .

Th: Es hat die positive Seite für Sie, daß Sie Kontakt sehr leicht haben können, aber Sie haben doch das Gefühl irgendwie, daß es sofort wenn der Kontakt enger wird ..... dieser Zwiespalt wieder im Mittelpunkt steht und Sie irgendwie ... ja, abhält von dem, was Sie an sich gerne möchten

Kl: Mh, ja ... mh .... ich werd' dann durch den engeren Kontakt wieder unsicher ob das, was ich in den letzten Monaten alles verändert habe in den Beziehungen, ob ... ob das wirklich richtig ist, ob das überhaupt meinen Wünschen entsprach, oder ....

Th: Daß Sie dann so'n bißchen daran zweifeln, ob's überhaupt der richtige Weg ist, den Sie jetzt eingeschlagen haben und gleichsam so eine Art, ja, Rückfall empfinden und sich fragen, ob's nicht besser wäre, das ... so zu machen, wie's vorher gewesen ist?

Kl: Ja wie's vorher gewesen ist, das ist wohl nicht mehr so möglich ...... also auch die Beziehungen zu meinem früheren Freund wäre wohl nicht mehr so wiederherzustellen ... aber grundsätzlich das Zusammensein mit ihm vielleicht in neuer Form oder so geht mir natürlich durch den Kopf

Th: Verstehe ich das richtig, daß Sie in solchen Situationen das Gefühl haben, diesen Trennungsstrich irgendwie zu scharf gezogen zu haben?

Kl: Ja, ich hab' ihn im Grunde gar nicht so scharf gezogen .... ich hab' .... es war zwar insofern ein scharfer Trennungsstrich, den auch er dann natürlich gezogen hat, weil ich mit 'nem anderen zusammen war ... und das, das war einfach die Tatsache, die die Trennung ergab. ..... Und ich war nie ganz klar, was ich nun eigentlich wollte, deshalb .... ich hab' diese Trennung gar nicht ausgesprochen ... es war von mir aus nur so, daß ich plötzlich mit 'nem anderen zusammen war und daß mein Freund sagte, ja, also so können wir nicht mehr weiter zusammenbleiben, nicht, so ...

Th: Daß Sie selbst es aber gar nicht so ....

Kl: Ich hatte es selbst gar nicht entschieden

Th: Ja, daß Sie es auch von sich aus nicht als Schlußstrich empfunden haben

Kl: Ja, genau. Ich hab' selber nicht so richtig .... ich hab' an sich immer mit dem Gedanken gespielt, daß .. möglich ist es zumindest, daß wir uns irgendwann wieder zusammentun, oder ... das ist auch heute noch immer da, daß ich mir sage: Unter veränderten Umständen, möglicherweise dann, wenn wir beide Examen haben oder so ... ist ein neues Aufgreifen unserer Beziehung wieder möglich oder so ..... also dieses, diese Vorstellung, dieser Augenblick ist, eh, ist an sich unverändert, mal stärker, mal weniger stark .... aber in letzter Zeit wieder ziemlich konkret

Th: Daß Sie da doch sehr viele positive Dinge sehen, aber daß Ihnen das auch nicht hilft jetzt, die Entscheidung zu treffen, die notwendig wäre, damit Sie sich irgendwie freier fühlen

Kl: Mh, ja .... also es ist .... man könnte ja sagen, ich müßte dann vielleicht .... ich könnte vielleicht dann jetzt schon die Entscheidung treffen und sagen, also ich komm' zu dir zurück sozusagen, also, eh, ich möchte doch lieber wieder mit dir die engere Beziehung anfangen und trenn' mich also insoweit von dem anderen .... aber das ist auch irgendwie so schlecht möglich .....

Th: Wenn Sie so die eine Möglichkeit ins Auge fassen, dann sehen Sie doch, eh, immer Schwierigkeiten, die Sie hindern, diese Entscheidung zugunsten der einen oder der anderen Seite durchzuführen

Kl: Ja, genau. Im Grunde ist ... hat jede Seite irgendwie 'nen Haken oder .....

Th: Sie wünschen sich, diese Entscheidung würde irgendwie leichter fallen, die Situation müßte so sein, daß Sie eher aus dieser Zwickmühle herauskommen könnten

Kl: Ja sicher, und dann überlege ich mir also, wie wäre das, wenn einer von den beiden aus X weg wäre, ... das könnte man also so als Möglichkeit .... und wenn ich mir dann vorstelle, daß mein früherer Freund weg ist, ... das ist mir unerträglich ...... also die Vorstellung, ich kann ihn nicht wenigstens von Zeit zu Zeit aufsuchen, er ist nicht irgendwie greifbar ....

Th: Diese Beziehung erleben Sie doch irgendwie noch so stark, daß Sie, wenn Sie sich das so konkret in der Situation vorstellen ja, ... fast erschlagen sind, wenn Sie sich vorstellen, daß es nicht möglich wäre, überhaupt 'ne Beziehung zu ihm zu haben

Kl: Ja, ja, also das ist mir doch sehr schwierig zu denken, daß ... ich überleg dann auch häufig, wie könnte es sein .... welche Seite würde Dir mehr Schmerzen bereiten .... und dann träum' ich auch, daß er gestorben wär' oder sowas und dann ist er doch wieder nicht gestorben, oder ....

Th: Es beschäftigt Sie doch so stark, daß Sie dies doch in den Mittelpunkt stellen und das Gefühl haben, wenn Sie's so durchspielen, daß die Beziehung zu Ihrem früheren Freund doch die ist, die ... Sie nicht missen möchten?

Kl: Mh, mh ... ja. Und ich weiß eben nicht jetzt, woran das liegt ... wenn das vielleicht daran liegt, weil ich ein bestimmtes Abhängigkeitsverhältnis ... ich in 'nem bestimmten Abhängigkeitsverhältnis zu ihm stand, was mir auch Geborgenheit,

Schutz usw.... so'n kindliches Wohlbefinden vermittelt hat oder so .... dann dürfte ich das vielleicht nicht so in die Waagschale werfen .... dann würd' ich meinen, daß ist ein notwendiger Lösungsprozeß, so ... schmerzlich der auch ist .... aber wenn das nicht so ist?

Th: Sie fragen sich jetzt, ob es weniger dieser Mann ist, als mehr die Situation, die Sie mit ihm zusammen erlebt haben, die Sie an ihn bindet und daß Sie das Gefühl haben, wenn's nicht der Mann eigentlich ist, daß Sie dann doch .... ja, den Wunsch hätten, da diese Trennung zu vollziehen

Kl: Ja! Wenn ich also jetzt nur ... daran so vor Augen habe, daß ich mich möglicherweise, eh, in einem Abhängigkeitsverhältnis befunden habe, dann .... nur im Hinblick darauf, fände ich 'nen Trennungsstrich richtig

Th: Aber Sie zweifeln so dran, ob's nur das gewesen ist?

Kl: Ja!! Ja! ...... Ja

Th: Und es wäre schrecklich für Sie, wenn Sie's dann abbrechen würden und hinterher feststellen würden, es war doch mehr als nur diese Abhängigkeit

Kl: Mh, ... ja, vor allem, weil das eben trotz jetzt monatelanger Trennung und trotz Zusammensein mit jemand anderem usw. trotz häufigem Durchdiskutieren ... sich im Grunde nicht geändert hat

Th: Ja, daß Sie's im Grunde von allen Seiten beleuchtet haben und doch immer wieder so gleichsam den roten Faden gespürt haben, der Sie verbindet

Kl: Mh, es ist im Grunde so, also dieser ganze Prozeß hat eingesetzt damit, daß ich so 'nen Aufstand gegen ihn gemacht hab'. Im Grunde also eben aus dieser Bevormundung oder Abhängigkeit, die von ihm an sich gar nicht gewollt war ... die Rolle hab' ich ihm immer etwas zugeschoben .. daß ich da raus kam aus dieser Abhängigkeit, eh, und ich hab das dann eben so weit getrieben, daß ich .... oder ich hatte es vielleicht auch nötig, um diesen Aufstand gegen ihn durchzuführen, mich mit 'nem anderen zu verbünden

Th: Sie haben es .... wenn man's so sehen kann, mehr als Mittel zum Selbständigwerden empfunden?

Kl: Zunächst auf jeden Fall, ich hab' zunächst einfach so quasi ihn 2 Monate lang betrogen, eh, mit dem Bewußtsein, daß ... daß ich mich selbstverständlich nicht auf lange Zeit von ihm trennen wollte

Th: Ah ja, daß das im Grunde für Sie mehr so eine Sache war, von der Sie selbst irgendwie persönlich profitieren wollten und weniger die Beziehungen zu diesem Mann beeinträchtigen wollten?

Kl: Mh, genau, eher eben verbessern ... indem ich selber befreiter und eben selbständiger und mündiger würde ..... und das hat sich dann eben so ergeben, die Beziehung zu dem anderen Mann war dann eben auch schon in einer Weise so dichter geworden, daß ich da nicht mehr so ganz 'rauskam .... daß ich also auch meinem Freund, als er dann davon erfuhr, keine Garantie geben konnte, das ist jetzt also in absehbarer Zeit zu Ende .... ich konnte keine Garantie abgeben, auf der anderen Seite konnte ich auch nicht entscheiden, es ist jetzt zwischen uns zu Ende .... so daß ich ja auch praktisch ohne 'ne Entscheidung dagestanden habe ... und ich wollte dann erst so flüchten aus X, war schon 14 Tage in Y, hatte mich da so umgesehen, kam dann aber doch wieder zurück, ja .....

Th: Dieser Zustand, dieses Dazwischenhängen beschäftigt Sie doch immer noch so stark ....

Kl: Ja, im Grunde ist dieses Dazwischenhängen ..... hat das nicht wesentlich aufgehört, obwohl ich nach außen hin zu einem anderen Mann gegangen bin und auch mein Freund Beziehungen zu 'ner anderen Frau aufgenommen hat, wenn auch lockererer Art, aber immerhin, also, eh ...

Th: Die äußere Situation ist also so, daß man sagen könnte, o. k. da ist ein Trennungsstrich, aber daß doch über diese Grenzen gleichsam hinweg bei ....., ja, bei Ihnen beiden irgendwie so das Bedürfnis nach ihrer Beziehung doch weiterlebt?

Kl: Mh, Mh, genau ... es ist also auf beiden Seiten so was wie Eifersucht festzustellen und auf beiden Seiten, eh, wenn auch mitunter so etwas ironisch aber auf der anderen Seite auch wieder mit ziemlichem Ernst so die Aussicht, eh, irgendwann tun wir uns doch noch zusammen oder so, dieses eh .... Zusammengehörigkeitsgefühl oder wie man das nennen will .... ich weiß es auch nicht so genau

Th: Sie sind sich im Moment aber nicht sicher, ob Sie das jetzt im Augenblick anstreben

Kl: Ja genau, ich weiß nicht, ob das jetzt im Augenblick schon richtig wäre, denn es hat natürlich auch bevor ich da diese Beziehung zu dem andren Mann aufgenommen habe in den letzten Monaten Auseinandersetzungen gegeben und so, die vorher in unserem Verhältnis fast unbekannt waren ... die gab's überhaupt nicht. .... und diese Reibereien und vor allen Dingen Kritik, die ich an ihm hatte, nahm zu, das war vorher auch gar nicht denkbar, daß ich ihn kritisierte oder so ...... das war auch von mir aus ... ich hab ihn immer etwas so ... hochgejubelt und eher unterstrichen als kritisiert .... und das alles setzte plötzlich ein und ich war unfähig mit dem Erkennen seiner Schwächen oder so, eh, mich abzufinden und das zu akzeptieren, daß ... daß auch er Grenzen oder Schwächen hatte

Th: Daß Sie erst so das Gefühl hatten, da ist jemand so .... sagen wir's mal übertrieben, vollkommen, und daß dann diese gegenteilige Erfahrung ja, ... von Ihnen nicht angenommen werden konnte und Sie sich im Moment fragen, ob's nicht günstiger wäre, da noch einen Zeitraum verstreichen zu lassen?

Kl: Mh, ja, und zwar, bis ich ..... und vielleicht auch er, eben in anderer Hinsicht, aber auch ähnlich, eh, so sehr auf eigenen Füßen stehe, daß ... daß ich eben einfach mit Ruhe Schwächen meines Partners akzeptieren kann, daß mich das nicht so aus den Angeln hebt

Th: Im Moment haben Sie das Gefühl, das ist noch 'ne Sache, die mich so aus dem seelischen Gleichgewicht bringt

Kl: Ja, also ich glaub', ich hab' da schon welche Fortschritte so gemacht, ich bin durchaus fähig, jetzt ihn auch oder überhaupt jemanden zu akzeptieren, der eben Schwächen hat ..... ich meine allgemein akzeptiert man das sowieso .. aber eben mit jemand, mit dem man so eng zusammen ist, ist es besonders schwer, Lücken oder Schwächen oder Grenzen, die man entdeckt, zu akzeptieren

Th: Und daß Sie das Gefühl haben, wenn Sie da noch in gewisser Weise sagen wir ..... reifer werden, daß es dann auch für Sie in dieser Beziehung zu diesem Mann 'ne Sache ist, die für Sie hilfreich sein würde

Kl: Mh ... genau .... aber das setzt natürlich voraus, daß wir jetzt noch 'ne zeitlang eben getrennt sind, möglicherweise, um irgendwie einen prägnanten Zeitpunkt zu setzen, bis zum Examen oder so, dann ändert sich das ohnehin ...

Th: Ist es so das Gefühl, man müßte diese innere Sicherheit auf getrennten Wegen erreichen, um dann wieder zusammenzukommen?

Kl: Ja, ja, so'n Gefühl hab' ich .... obwohl, ich meine ..... sicher, das fänd' ich nicht schlecht, wenn ... wenn man das so in etwa so voraussehen oder planen oder veranschlagen könnte .... auf der anderen Seite ist es natürlich wieder so ein Risiko .... wenn wir beide mit 'nem anderen Partner zusammen sind, wenn auch in lockerer Form und in gewissem geheimen Einverständnis oder sowas, es ...... es ist doch ein Risiko

Th: So vernunftmäßig würden Sie's für günstig halten, so beispielsweise bis zum Examen so getrennt sich zu vervollkommnen, aber ... Sie fürchten doch, es könnte dann dieses Zusammengehen nachher wieder fehlen?

Kl: Ja, es ist dann vielleicht zuviel Zeit verstrichen und sich eben zuviel ändert, daß, daß die Anknüpfungspunkte zu weit auseinanderliegen oder eben nicht mehr ....

Th: Sie fürchten so um die gemeinsame Basis?

Kl: Mh, Mh, ... obwohl die natürlich sowieso jetzt schon 'ne andere werden müßte als sie war. So die gemeinsame Basis war eben, eh, doch ein etwas ungleiches Gefälle so, zumindest von mir aus ..... ich glaub auch teilweise von ihm, war das so etwas romantisch, mit so etwas absoluten Ansprüchen an das Verhältnis und so .... das wäre jetzt auch schon nicht mehr drin in der Form wie das gewesen ist

Th: Es wäre auf jeden Fall eine andere Plattform, so empfinden Sie es jetzt, wenn Sie wieder zusammenkommen würden

Kl: Ja, es wäre halt sehr viel, sehr viel mehr kritische Ansatzpunkte und Möglichkeiten einfach .... ich würd' mich nicht mehr so unkritisch und ... emotional da reingeben, wie ich das getan hab' damals, und ...

Th: Sie fühlen, Sie wären jetzt auf jeden Fall schon einen Schritt weiter (Kl: ja) als es damals der Fall gewesen ist

Kl: Ja, ganz sicher ... also von daher würde das nicht einfach einem Aufwärmen oder 'nem Rückfall oder so gleichkommen, das könnte es niemals

Th: Daß Sie es aber jetzt so sehen, es ist zwar 'ne andere Plattform, aber so 'ne gemeinsame Basis ist doch da und wenn Sie's dann so für die Zukunft betrachten, daß Sie da so fürchten, daß man da nicht mehr zusammenkommt, weil ... die beiden Plattformen zu weit auseinander sind, in der Breite?

Kl: Ja, ja. .... (50 sec) .... Äh, ich ..... ich mein' auf der anderen Seite ist die Beziehung zu dem Mann, mit dem ich also im Augenblick zusammen bin .... ist da ganz .... ganz anders geartet ... und ist auch so'n bißchen einseitig sehr, ... wenn ich so vergleiche, hat das also ... mir sehr viel genützt, also .. ich mein', äh, das ist 'n etwas blödes Wort, aber es war irgendwie, war es für mich ....

Th: Irgendwie hilfreich?

Kl: Ja, ja, ja genau, sehr hilfreich und ... insgesamt hat es mir überhaupt ein neues Wertgefühl gegeben ... und dann auch teilweise Möglichkeiten der Anleitung in dem Fachgebiet, in dem er ein ziemliches As ist und so, die ich auch da habe, nicht, so'n bißchen dran emporhangeln sozusagen, eh, das war so eben zwei Sachen, einmal eben, daß ich zum ersten Mal ..... daß ich überhaupt so auch als Frau mich voll akzeptiert fühlte, was bis dahin gar nicht der Fall war, daß ich .... und eben zum anderen, die Möglichkeit der ... der Anleitung.

Th: Daß dieses Zusammenkommen dieser beiden Dinge eine völlig neue Sache für Sie ist, die Ihnen doch so 'ne Art Rückendeckung gibt?

Kl: Mh. Ja, das hat mich gerade auch in meinem Selbstwertgefühl als Frau, was ich früher überhaupt nicht hatte, bestärkt...... Ich hab' früher immer so gedacht, also.... da bin ich 'ne Niete, eh, und im Grunde will ich das auch gar nicht sein und das behagt mir ja doch auch alles gar nicht .... und ich hab' da zum ersten Mal gespürt, daß ich auch da 'nen gewissen Wert habe einfach, daß ich so begehrt werde oder so was...

Th: Daß Ihnen das doch weitergeholfen hat im weitesten Sinne und Sie so das Gefühl haben, wenn diese Beziehung nicht gekommen wäre, dann wären Sie jetzt nicht so weit, wie Sie jetzt im Augenblick sind

Kl: Ja, das ganz sicher! (Th: ja) Insofern ... ich meine trotz aller Verwirrung, die das gebracht hat, möcht' ich ... das also für meine Entwicklung nicht vermissen..... denn das war notwendig ... ich wäre jetzt nicht so ... weit, wenn das nicht gewesen wäre

Th: o. k., Sie sagen sich auf der einen Seite ist es 'ne Sache, die relativ viel Unruhe gebracht hat (Kl: ja) aber die doch, eh, die man doch vielleicht als ... konstruktive Unruhe bezeichnen könnte?

Kl: Ja, Ja, ganz sicher, denn .... Ich meine mit 'nem gewissen Selbstwertgefühl wächst auch die Ruhe, die man hat und die man braucht, um dann zu arbeiten oder so. Wenn ich dauernd das Gefühl hab', ich .... tauge insgesamt nicht so viel und ich werd' auch nicht so geliebt wie ich möchte oder irgend sowas .. oder ich werd' nicht so begehrt oder im Bett sind andere vielleicht besser als ich oder sowas, dann .....

Th: ... daß so das allgemeine, die allgemeine Unsicherheit auf einem Gebiet sich doch auf ... auf andere irgendwie (Kl: ja) wirkt...

Kl: ... ja. Ja genau, daß das nicht so den ruhigen Hintergrund bieten kann, für, für 'ne Arbeit die man macht

Th: Ja, Sie haben das Gefühl, jetzt gleichsam mehr in sich selbst zu ruhen

Kl: Mh, ich ... brauch nicht mehr so auf der Hut zu sein und so ... ich glaube, daß auch beispielsweise Eifersucht, eh, nicht mehr so 'ne Rolle spielt, einfach weil .... weil ich meinen eigenen Wert etwas mehr kennengelernt habe (Th: ja) und so .... und während ich gerade sonst so bis vor 'nem halben Jahr, eh, mir da so gar nichts zugetraut habe, und ständig auf der Hut sein mußte .... (Th: daß Sie da irgendwie ....) daß ich da ins Hintertreffen gerate, daß ich da nichts Entsprechendes biete und leiste und so weiter .... und ..

Th: Daß Sie da doch jetzt sehr viel sicherer und ruhiger geworden sind (Kl: ja, ja) und daß Ihnen diese Beziehung im Grunde eine Hilfestellung gegeben hat, die Sie nur aus solcher Beziehung, ja . . . . .

Kl: . . . beziehen konnten (Th: ja). Ich meine, das liegt nicht mal glaube ich an meinem früheren Freund, daß nur da die Ursache zu suchen ist . . . . das weiß ich nicht . . . . aber . . . . vielleicht war es einfach notwendig, daß das eben von jemandem, von einem Dritten mir klargemacht werden mußte oder gesagt . . . . oder daß ich das da erfahren mußte oder so . . . . also, ich glaube, daß es mehr die Konstellation ist als das Vermögen oder Unvermögen des einen oder anderen

Th: Diese Hilfestellung, die Sie erfahren haben, so erleben Sie's, mußte auf jeden Fall von außen irgendwie kommen

Kl: Ja. Ja . . . . . mh . . . . Ja zumindest . . . . wenn es ganz anders gewesen wäre, möglicherweise nicht. Es war so, daß . . . . so im Frühjahr vor einem Jahr er kurz . . . . eine Beziehung zu meiner besten Freundin hatte . . . . . zwar nur kurz, aber immerhin, eh, ... weil ich mich gerade ihr gegenüber . . . . . erotisch mich völlig unterlegen fühlte und . . . . und mir nun so völlig ausgeschlossen vorkam, so . . . völlig aus dem Rampenlicht gedrängt . . . zumindest auf dem Gebiet

Th: Sie haben das Gefühl, daß Sie diese Hilfe von außen gar nicht benötigt hätten, wenn nicht (Kl: ja) wenn nicht dies Ereignis gewesen wäre?

Kl: Ja, denn, denn durch dieses Ereignis war natürlich mein ohnehin etwas angekratztes Selbstgefühl noch . . . . noch . . . . weniger geworden (Th: ja, Ja), das war so'n Schlag der mich dann völlig aus den Angeln gehoben hat . . . zumindest für 'ne gewisse Zeit

Th: Das hat Sie in Ihrem Gefühl von . . . . Wert anderen gegenüber doch so schockiert . . . . Sie hätten gar keine Hilfe von außen gebraucht, wenn Sie diese Situation nicht so stark empfunden hätten

Kl: Ja, ja . . . . ich glaube ja . . . . also zumindest kann ich sicher sein, daß die ganze Entwicklung unseres Verhältnisses und so anders gelaufen wäre

2.7 Gesprächspsychotherapie in der Gruppe

»For more than thirty-five years, individual counseling and psychatherapy were the main focus of my professional life. But nearly thirty-five years ago I also experienced the potency of the changes in attitudes and behavior which could be achieved in a group. This has been an interest of mine ever since. However, only in the past seven or eight years has it become one of the two primary foci of my work – the other beeing the crucial need for greater freedom in our educational institutions.« (Rogers 1970, Foreword)

Dieses Zitat kann in Kurzform die Entwicklung und den Stellenwert der Gruppentherapie im klienten-zentrierten Konzept skizzieren: Erst 30 Jahre nach seinen ersten großen Veröffentlichungen hat sich Rogers ausführlich zu Gruppenprozessen geäußert, diese nehmen aber seitdem für ihn einen zentralen Platz ein (vgl. Rogers 1969, 1970). Wenn auch von anderen Autoren relativ frühzeitig Arbeiten zur klienten-zentrierten Therapie in Gruppen vorgelegt wurden (z. B. Peres 1947, Hobbs 1951), so blieben diese doch ohne großen Widerhall für die Praxis, und erst Mitte der 60er Jahre rückte diese Form der klienten-zentrierten Therapie – insbesondere durch empirische Untersuchungen von Truax und Mitarbeitern (vgl. Forschung, S. 150), stärker in den Blickpunkt. Im deutschsprachigen Raum ist eine systematische Auseinandersetzung mit der Gruppentherapie klienten-zentrierter Orientierung erst Anfang der 70er Jahre festzustellen.

Eine spezielle Theorie der Gesprächspsychotherapie in Gruppen gibt es derzeit nicht, vielmehr liegen auch hier die theoretischen Postulate und Sichtweisen zugrunde, die die Ausgangspunkte für die Einzeltherapie bilden.

Dabei wird sowohl in den USA als auch im deutschsprachigen Raum diese Therapieform als Gesprächspsychotherapie *in der Gruppe* verstanden – im Gegensatz etwa zu einer gesprächspsychotherapeutischen Gruppenpsychotherapie, in der die Interaktion zwischen den einzelnen Gruppenmitgliedern stärker im Vordergrund steht und auch Gruppenprozesse stärker berücksichtigt werden (zu dieser Unterscheidung vgl. auch Foulkes und Anthony 1967). Bei der Gesprächspsychotherapie in der Gruppe liegt der Schwerpunkt zunächst nicht in dem Gruppenprozeß und in der Interaktion der einzelnen Mitglieder, sondern in der Interaktion zwischen dem einzelnen Gruppenmitglied und dem Psychotherapeuten.

Vermutlich aus dieser Sichtweise heraus ist auch zu erklären, daß Rogers keine klare Definition der Gruppe gibt, sondern diese eher als eine Mehrzahl von Einzelindividuen wahrnimmt.

In diesem Zusammenhang wird auch die Zielsetzung der Therapie in der Gruppe als der der Einzeltherapie vergleichbar gesehen:

»I usually have no specific goal for a particular group and want to develop its own directions. ... In no basic philosophical way, so far as I can see, does this approach differ from that which I have adopted for years in individual therapy.« (Rogers 1970, S. 45)

Das bedeutet, daß die Gruppe hier gleichgesetzt wird mit einer Mehrzahl von Individuen, die jedes für sich seine persönlichen spezifischen Ziele in der gesprächspsychotherapeutischen Gruppe ansteuert, und daß die therapeutischen Prozesse durch vergleichbare Merkmalsbereiche wie in der Einzeltherapie gekennzeichnet sind.

»Die Hauptaktivität des Psychotherapeuten in Gruppengesprächen besteht im Verstehen der von den Klienten geäußerten persönlich emotionalen Erlebnisinhalte und eigenen entsprechenden Äußerungen gegenüber den jeweiligen Teilnehmern, verbunden mit einem hohen Ausmaß an Wertschätzung – Wärme – Sympathie und Echtheit. Bei den Klienten führt dies zur Selbstexploration, einer entscheidenden Prozeßvariablen.« (Tausch 1973, S. 51)

Daneben nennt Rogers (1970) noch das Äußern eigener Gefühle und Probleme sowie die Konfrontation und Rückmeldung als hilfreiche Verhaltensweisen des Psychotherapeuten.

Das konkrete Verhalten des Gesprächspsychotherapeuten in der Gruppe läßt sich weiterhin wie folgt skizzieren (nach Rogers 1970):

– Der Psychotherapeut sitzt mit mehreren Klienten zusammen
– Der Psychotherapeut versucht, sich soweit in das gerade sprechende Individuum hineinzuversetzen, daß er die Bedeutung der Mitteilung möglichst genau erfassen und verbalisieren kann
– Der Psychotherapeut versucht, bei eventuell unterschiedlichen Erlebensweisen des gleichen Sachverhalts oder der gleichen Person durch verschiedene Gruppenmitglieder, diese unterschiedlichen Erlebensweisen zu erfassen und anzusprechen
– Der Psychotherapeut äußert sich nicht über den Gruppenprozeß oder über den Prozeß eines Individuums, um zu vermeiden, daß er als bewertend oder diagnostizierend erlebt wird
– Der Psychotherapeut plant von sich aus keine spezifischen Aktivitäten (Kommunikationsübungen o. ä.) für die Gruppe.

Rogers (1967) geht davon aus, daß die Gruppe bis zur Erstellung eines konstruktiven Gruppenklimas (im Sinne der Unterstützung angstfreier Selbstreflexion und differenzierter Handlungsalternativen) mehrere Entwicklungsstadien durchläuft:

– In der Anfangsphase steht oftmals Ängstlichkeit, Spannung, Schweigen und das vorsichtige Abtasten der Gruppenmitglieder untereinander im Vordergrund und die Äußerungen der Individuen sind selten deutlich aufeinander bezogen
– In der darauffolgenden Phase werden gefühlsmäßige Erlebnisinhalte mitgeteilt, wobei die Betonung zunächst auf der Vergangenheit liegt, zunehmend stärker jedoch auch unmittelbare Interessen, Gefühle und gefühlsmäßige Bewertungen geäußert werden
– In der nächsten Phase ist ein therapeutisches Klima erreicht, das es den Gruppenmitgliedern möglich macht, Fassadenverhalten aufzugeben, positive und negative Stellungnahmen und Konfrontationen anderer konstruktiv und ohne Angst zu verarbeiten und neue, durch ein hohes Ausmaß an Offenheit, Spontaneität, Vertrauen und ein-

fühlendem Verstehen gekennzeichnete zwischenmenschliche Beziehungen aufzunehmen.

Diese Phasen werden von Rogers (1967) in 15 Einzelstufen beschrieben.

Etliche für die Praxis wichtige Punkte wie z. B. Gruppenzusammensetzung und Auswahl der Gruppenmitglieder, Anzahl der Personen, Häufigkeit und Dauer der Kontakte u. a. m. werden derzeit noch recht unterschiedlich gehandhabt, da empirische Untersuchungen zu diesen Punkten weitgehend fehlen (vgl. dazu Forschung, S. 150).

Einige für das Gruppenklima und den Gruppenprozeß als bedeutsam vermutete Bereiche (z. B. Sich-Wohlfühlen in der Gruppe, Ausmaß der vom Psychotherapeuten oder von anderen Gruppenmitgliedern erfahrenen Hilfe, eventuelle Bevorzugung einer Einzeltherapie u. a. m.) hat Franke (1975) in einem Fragebogen zur Gruppentherapie, der den Klienten nach Beendigung der Therapie vorgelegt wird, zusammengestellt (s. S. 97 ff).

3. Forschung

Der nachfolgende Abschnitt soll eine Einordnung und Bewertung bisherigen gesprächspsychotherapeutischen Handelns auf empirischer Basis und die Erarbeitung von Perspektiven zukünftiger Tätigkeit ermöglichen. Nach der Erörterung allgemeiner Probleme und Möglichkeiten der Forschung im Bereich der Klinischen Psychologie und der Gesprächspsychotherapie werden dazu spezielle Untersuchungsbefunde zum Psychotherapeuten, zum Klienten und zu äußeren Merkmalen der therapeutischen Situation dargestellt, deren Berücksichtigung eine Relativierung bisheriger Postulate und Vorgehensweisen nahelegt. Ausgehend von diesen Erkenntnissen werden verschiedene methodische und inhaltliche Probleme bei der Weiterentwicklung der Therapieforschung und -praxis erörtert und Möglichkeiten zu deren Lösung aufgezeigt.

3.1 Grundlegende Forschungsgesichtspunkte

In den vergangenen Jahren sind erhebliche Anstrengungen unternommen worden, die Fragen nach der Wirksamkeit von Psychotherapie zu beantworten. Wenn auch die Prinzipien der Forschung im Bereich der Psychotherapie grundsätzliche Ähnlichkeit mit experimentellen Untersuchungen in anderen Bereichen der Psychologie aufweisen, so ist es doch notwendig, sich die realen Schwierigkeiten zu vergegenwärtigen, die im Bereich der Klinischen Psychologie auftreten: Die experimentelle Variation einzelner Variablen ist nur bedingt möglich, die Auswahl von Klienten und die Interaktion mit ihnen unterliegt erheblichen Variationseinschränkungen im Vergleich zu Untersuchungen aus rein experimental-psychologischen Bereichen.
Psychotherapie in der heute etablierten Form stellt vorrangig individuelles Geschehen dar, in dem sich eine Vielzahl von Variablen aus den Bereichen Klient, Psychotherapeut, Methode und Situation wechselseitig beeinflussen. Diese Komplexität des Forschungsgegenstandes erfordert neben der Beachtung der ethischen Problematik auch Berücksichtigung bei der Erstellung der Untersuchungs-Designs und der statistischen Auswertungsprozeduren in der Psychotherapieforschung, von der aber bisher kaum mehr als Ansätze verwirklicht sind.
Fragen nach der Art von angemessenen Meßinstrumenten und nach akzeptablen Kriterien psychotherapeutischen Handelns sind vielfach aufgeworfen (Bastine 1970, Bergin 1971, Hartig 1975, Helm 1972, Kiesler 1971, Minsel und Langer 1973) aber in der praktischen Forschungsarbeit noch nicht befriedigend beantwortet oder berücksichtigt

worden; die einschlägige Literatur gibt darüber Auskunft. Auf diesem Hintergrund sind Forschungsarbeiten aus dem Bereich der Klinischen Psychologie/Psychotherapie zu sehen und zu bewerten.

Im Bereich der Forschung zur klienten-zentrierten Gesprächspsychotherapie treten darüber hinaus eine Reihe weiterer Probleme auf, die eine zusätzliche Erschwerung bezüglich verläßlicher Aussagen über Bedingungen und Wirkungen dieser Form der Psychotherapie darstellen.

Ein wesentliches Kennzeichen der Gesprächspsychotherapie seit ihrem Ursprung als nicht-direktive Therapie (Rogers 1942) war und ist die enge Verbindung zwischen dem praktisch-therapeutischen Vorgehen und den dazu durchgeführten empirischen Forschungsuntersuchungen.

Geht man dabei von der – letztlich willkürlichen und unzutreffenden – Unterscheidung zwischen Prozeß- und Erfolgsforschung aus (vgl. Bastine 1970), so wurde in der klienten-zentrierten Gesprächspsychotherapie zunächst die Prozeßforschung – im Sinne der Suche nach angemessenen Therapeutenvariablen und deren Auswirkungen auf den Klienten – betont. Die Phase der nachfolgenden Erfolgsforschung – gekennzeichnet durch die Untersuchungen der Rogers-Gruppe (z. B. Rogers und Dymond 1954) – wurde dann wieder durch die stärkere Betonung des Therapieprozesses – z. B. Entwicklung der Prozeß-Skala von Rogers (1959) abgelöst.

Kiesler (1966) betont jedoch, daß eine Trennung zwischen Prozeß- und Erfolgsforschung nicht begründbar ist und die Untersuchung der Interdependenzen zwischen einer spezifischen Behandlungsart, spezifischem Psychotherapeutenverhalten und dem Therapieerfolg behindert.

Die empirischen Untersuchungen zur Gesprächspsychotherapie orientierten sich dabei vornehmlich an dem praktischen Vorgehen des Gesprächspsychotherapeuten in der Interaktion mit seinem Klienten, weniger an den grundlegenden theoretischen Annahmen der Rogers-Theorie, wie z. B. der ›Selbstaktualisierungstendenz‹, dem ›Organismischen Bewertungsprozeß‹ oder ähnlichen Konstrukten (vgl. S. 22 ff).

Noch auffälliger als bei der Verhaltenstherapie — bei der z. B. allein im Bereich der Desensibilisierung unterschiedliche theoretische Modelle zur Erklärung herangezogen werden müssen (Bergold 1969, Goldfried 1971, Morgan 1973, Wilkins 1971) — ist bei der Gesprächspsychotherapie das Auseinanderklaffen von praktischem Vorgehen und den darauf bezogenen Forschungsarbeiten einerseits und der dahinterstehenden Theorie andererseits.

Dies ist sicherlich zu einem Teil in der Tatsache begründet, daß Rogers selbst bereits frühzeitig seine Thesen über die notwendigen Bedingungen für eine erfolgreiche Gesprächspsychotherapie in Form von konkreten Verhaltensvariablen formulierte (Rogers 1942, Rogers 1951), und somit zahlreiche Forscher sich um den Nachweis der Bedeutsamkeit dieser explizierten Bedingungen bemühten, ohne daß deren

Repräsentanz für den theoretischen Ansatz ausführlicher diskutiert oder sichergestellt worden wäre.

Andererseits dürfte es – unabhängig davon, für wie sinnvoll, zutreffend und realistisch diese Konzepte überhaupt gehalten werden (vgl. dazu S. 46 ff) – zudem grundsätzlich erhebliche Schwierigkeiten bereiten, diese grundlegenden Konzepte durch Operationalisierung der empirischen Überprüfung zugänglich zu machen.

Dies führt einerseits bei Außerachtlassen der zwischen Theorie und tatsächlichem praktischen Vorgehen bestehenden Diskrepanzen zu einer Fehleinschätzung der Grundlagen, Wirksamkeit, Zielrichtung und Bedeutung der Gesprächspsychotherapie überhaupt (s. z. B. Gottwald 1975) und wird andererseits gerade im Bereich der Gesprächspsychotherapie-Forschung immer dann besonders schwerwiegend, wenn es gilt, weitere Zielsetzungen für Forschungsvorhaben zu definieren.

Die von verschiedenen Seiten her unternommenen Versuche, andere theoretische Modelle zur Erklärung und Beschreibung gesprächspsychotherapeutischer Vorgehensweisen zu erstellen (z. B. Bommert 1973, Bommert 1975a, Martin 1975, Perrez 1975, Pfeiffer 1975a, Tscheulin 1975, Wexler 1974, vgl. S. 49 ff) haben bisher noch keine entscheidende Wirkung auf Forschung und Praxis gehabt.

Unabhängig von den Schwierigkeiten der theoretischen Fundierung haben sich jedoch die von Rogers postulierten Psychotherapeutenvariablen ›Einfühlendes Verstehen/Empathie‹, ›Bedingungslose Akzeptierung und Wertschätzung des Klienten durch den Psychotherapeuten‹ sowie ›Echtheit des Psychotherapeuten‹ in verschiedensten Untersuchungen *grundsätzlich* als bedeutsame Variablen psychotherapeutischer Gespräche nachweisen lassen (vgl. zusammenfassende Darstellungen bei Bergin und Garfield 1971, Meltzoff und Kornreich 1970, Minsel 1974, Tausch 1975), nachdem für diese Variablen Einschätzungsskalen als Meßeinheiten zur Beobachtung, Beurteilung und zum Training therapeutischen Basisverhaltens konstruiert worden waren (Tausch et al. 1969, Truax 1961, Truax 1962a, b, vgl. S. 68-83).

Formuliert Rogers diese therapeutischen Grundvariablen jedoch noch als ›notwendig und hinreichend‹ (1957), so wurde diese Aussage und die damit verbundene Uniformitätsannahme durch nachfolgende Forschungsuntersuchungen entscheidend korrigiert:

- ›Notwendig‹ im Sinne von Rogers sind die Grundvariablen deswegen nicht, da psychotherapeutische Veränderungen auch dann auftraten, wenn negative Beziehungen der drei Variablen untereinander bestanden (Truax und Carkhuff 1967).
- ›Hinreichend‹ sind sie deswegen nicht, weil neuere Untersuchungen die Bedeutsamkeit weiterer Merkmale des Psychotherapeutenverhaltens, wie z. B. Konkretheit, innere Anteilnahme, aktives Bemühen, Konfrontation u. ä. aufzeigen (s. S. 133).
- Zudem muß das Verhalten des Psychotherapeuten in Abhängigkeit vom

Klientenverhalten variiert werden (Holder et. al. 1967), es variiert sogar im Verhalten von Rogers selbst (Truax 1966).

Die drei Psychotherapeutenvariablen können damit heute höchstens als ›fördernde‹ Bedingungen des psychotherapeutischen Prozesses charakterisiert werden.

Die daraus notwendig resultierende variablere Handhabung der Grundkonzepte, die stärkere Berücksichtigung zusätzlicher Merkmale des Psychotherapeutenverhaltens und die damit verbundene Betonung differentieller Gesichtspunkte sind in ihrer Wirkungsweise bisher jedoch nicht so weit untersucht worden, daß es heute bereits möglich wäre, genauere Hinweise zu geben, bei welchen Klienten mit welchen Symptomen und/oder Persönlichkeitsmerkmalen welche Zusatzvariablen in welchem Ausmaß realisiert werden sollten, wobei auch weiterhin die Wechselwirkung dieser Variablen mit Persönlichkeitsvariablen des Psychotherapeuten berücksichtigt werden müßte und sich das Psychotherapeutenverhalten zudem im Verlaufe der Psychotherapie ändern kann (Bergin und Garfield 1971).

Auf einen weiteren kritischen Punkt, der die Interpretation der durch die Gesprächspsychotherapie hervorgerufenen Effekte betrifft, weisen Amelang und Lasogga (1975) hin. Die Autoren stellen zur Diskussion, ob nicht die Effekte der meisten (im deutschsprachigen Raum) vorliegenden Einzeluntersuchungen auch durch andere psychologische Phänomene als durch die in den jeweiligen Untersuchungen dargestellten erklärbar seien, z. B. durch Suggestibilität, verbale Konditionierung, die Vermeidung kognitiver Dissonanzen u. ä.

»Nach dem Studium einschlägiger (deutscher) Untersuchungen bleibt jedenfalls unklar, ob nicht die erwähnten Gesichtspunkte gar planmäßig eingesetzte Faktoren sind, von denen Teilmengen oder ihre Gesamtheit gleichgesetzt werden mit ›Gesprächspsychotherapie‹ ... bzw. mit dem, was daran wirksam ist.« (Amelang und Lasogga 1975, S. 284)

»Aufschlußreich wäre es, in Abhängigkeit von Art und Ausmaß der Funktionsstörung, Inhalt der Behandlung usw. festzustellen, in welchen relativen Anteilen Suggestion, Vermeidung kognitiver Dissonanzen usw. an den Behandlungseffekten beteiligt sind und ob nach Abzug dieser Größen darüber hinaus noch Effektvarianz zu erklären bleibt.« (a. o. a. O.)

Wenn die Autoren die genannten Gesichtspunkte in erster Linie als Fragen und nicht als Kritik verstanden wissen wollen und es sicherlich auch falsch ist, derartige Überlegungen nur in Bezug auf die Gesprächspsychotherapie und nicht auch auf andere Therapieformen anzustellen, festzuhalten bleibt dennoch:

Der Umfang der in der Folge dargestellten Untersuchungsergebnisse zum Klienten, Psychotherapeuten und zur psychotherapeutischen Situation sowie die Spezifität einzelner Untersuchungsfragen und -ergebnisse darf nicht den Blick für die zahllosen ›weißen Flecken‹ auf der Landkarte der Forschung zur Gesprächspsychotherapie trüben.

3.2 Der Psychotherapeut

Verhaltensmerkmale des Psychotherapeuten

Aufgrund der postulierten Bedeutsamkeit und der relativ konkreten Definition des Merkmals ›accurate empathic understanding‹ / ›Verbalisierung emotionaler Erlebnisinhalte des Klienten durch den Psychotherapeuten‹ (vgl. Merkmalsbereich ›Einfühlendes Verstehen des Psychotherapeuten‹ S. 68) ist bis heute eine Vielzahl von Untersuchungen über Art und Ausmaß der Auswirkung dieses Psychotherapeutenmerkmals vorgenommen worden, die im wesentlichen eine Bestätigung der grundsätzlichen Bedeutsamkeit dieser Variablen im Sinne einer fördernden Bedingung für den Psychotherapieprozeß (vgl. S. 131) darstellen (vgl. zusammenfassende Darstellungen bei Bergin und Garfield 1971, Meltzoff und Kornreich 1970, Minsel 1974, Tausch 1975, Truax und Carkhuff 1967).

Beim Vergleich amerikanischer und deutscher Untersuchungen muß dabei berücksichtigt werden, daß Rogers' Begriff und Verständnis der ›accurate empathy‹ durch die deutsche VEE-Skala (Tausch et. al. 1969, vgl. S. 70) sicherlich nur unzureichend erfaßt und die ›technische‹ Seite des Psychotherapeutenverhaltens zu stark betont wird. Eine zutreffendere Erfassungsmöglichkeit für dieses Psychotherapeutenverhalten wird durch eine Ausdifferenzierung in Einzelmerkmale erreicht, wie sie z. B. Schwartz und Eckert (1974) in Anlehnung an Carkhuff (1969) in deutschen Untersuchungen verwandten (vgl. S. 74).

Auch für die anderen von Rogers (1972, 1973, 1957) postulierten Grundvariablen des Psychotherapeutenverhaltens ›Unbedingte Wertschätzung und Akzeptierung des Klienten‹ (positive regard) und ›Echtheit des Psychotherapeuten‹ (genuineness) wurden Einschätzungsskalen konstruiert (s. Tausch 1975, Truax 1962a, b, vgl. S. 79), die als Grundlage zu Untersuchungen psychotherapeutischer Prozesse und Effekte dienten und mit deren Hilfe gezeigt werden konnte, daß *alle drei* Grundvariablen mit hilfreichen Gesprächen einhergehen können (u. a. Bergin und Garfield 1971, Bommert et al. 1972, Meltzoff und Kornreich 1970, Minsel et al. 1972, Tausch 1975, Truax und Carkhuff 1967). Es liegen jedoch keine einheitlichen Aussagen darüber vor, in welcher Relation die drei Merkmale untereinander in Beziehung stehen müssen, um eine optimale Erfolgsprediktion zu ermöglichen (vgl. Truax und Carkhuff 1967). Es kann auch aus den Ergebnissen nicht die Schlußfolgerung gezogen werden, daß diese Grundvariablen einzeln oder im Zusammenspiel die psychotherapeutischen Änderungen *unmittelbar* bedingen. Jedoch kann aus den bisherigen Untersuchungen mit einiger Wahrscheinlichkeit gefolgert werden, daß durch diese Psychotherapeutenvariablen das Auftreten von konstruktiven Klienten-Änderungen zumindest unterstützt wird.

Zudem scheinen auch Stimmqualität und sprachliches Ausdrucksverhalten wie Sprechtempo, Stimmhöhe, Konkretheit und Anschaulichkeit der Äußerungen des Psychotherapeuten mit den Grundvariablen und den Effekten der Psychotherapie im Zusammenhang zu stehen (Minsel et al. 1972, Rice und Wagstaff 1967).
Neben den sehr umfangreichen Untersuchungsbemühungen zu den gesprächspsychotherapeutischen Grundvariablen haben sich in verschiedenen Untersuchungen weitere Merkmale des Psychotherapeutenverhaltens in ihrer Bedeutung für die Psychotherapie herauskristallisiert, so z. B. ›Konfrontation‹ (Berenson et al. 1968a, Berenson et al. 1968b, Carkhuff 1969), ›Aktives Bemühen‹ (Minsel et al. 1973, s. auch S. 73) und ›Konkretheit‹ (Lennard und Bernstein 1960, Truax und Carkhuff 1964). Diese Variablen entsprechen zu einem Teil den Grundlagen des klienten-zentrierten Konzepts (›Aktives Bemühen‹), zum anderen sind sie zumindest mit dem orthodoxen Konzept nicht vereinbar (›Konfrontation‹).

Unter Konfrontation wird dabei verstanden, daß der Psychotherapeut z. B. dem Klienten divergierende Wahrnehmungen anderer Personen (einschließlich der eigenen) vermittelt oder ihn auf Diskrepanzen zwischen seinen verbalen und non-verbalen Äußerungen anspricht. Ungeklärt ist derzeit noch, an welchen Stellen der Interaktion zwischen Klient und Psychotherapeut solche Konfrontationen indiziert sind.

Insgesamt bedarf es weiterer Forschungsarbeit, um verläßlichere Aussagen über diese und andere zusätzliche Variablen treffen zu können.
Weiterhin können therapeutische Techniken oder Verhaltensweisen, unabhängig davon, welche spezielle Theorie zugrunde liegt, nicht als im luftleeren Raum wirkend betrachtet werden, sondern es müssen — bezogen auf den Psychotherapeuten – die Interdependenzen mit dessen Persönlichkeitsmerkmalen und seiner realen Situation in ihrer Auswirkung auf die therapeutische Interaktion und das Psychotherapieergebnis berücksichtigt werden. Im Rahmen der bestehenden Wechselwirkungen zwischen Klient, Psychotherapeut und Situation wirkt auch der Klient auf das Erleben und Verhalten des Therapeuten ein; dieser Aspekt ist bisher kaum in systematischer Form untersucht worden (Bergin und Strupp 1972).
Hinsichtlich der Psychotherapeutenmerkmale gibt es jedoch bereits etliche Hinweise, die in der Folge dargestellt werden.

Werthaltungen und Normen des Psychotherapeuten

Die meisten Untersuchungen, die sich mit den Werthaltungen und Normen des Psychotherapeuten und deren Auswirkungen auf die Psychotherapie auseinandersetzen, versuchen die Frage zu klären, inwieweit im Verlaufe der Psychotherapie eine Annäherung der Werthaltungen von Klient und Psychotherapeut erfolgt.
Die Ergebnisse sind nicht ganz einheitlich: So wurde einerseits festge-

stellt, daß Psychotherapie generell von einer Veränderung der Werthaltungen und Normen in Richtung auf den Bezugsrahmen des Psychotherapeuten begleitet wird (Landfield und Nawas 1964, Nawas und Landfield 1963, Ourth und Landfield 1965, Welkowitz et. al. 1967) bzw. daß bei nicht erfolgreichen Therapien eine sich vergrößernde Diskrepanz in den Werthaltungen festzustellen ist (Farmer 1969), andererseits zeigt Rosenthal (1955), daß sich erfolgreiche Patienten zwar auf die Werthaltungen ihrer Therapeuten zubewegen, daß sich aber das Ausmaß der Ähnlichkeit (im Q-Sort) als nicht sehr bedeutsam darstellt (Bordin 1974), und Farson (1961) stellte fest, daß gesprächspsychotherapeutisch behandelte Patienten ihren eigenen Therapeuten nicht mehr ähnelten als anderen Psychotherapeuten.
Zudem scheinen hier auch differentielle Effekte wirksam zu werden: So gibt es Hinweise darauf, daß ein negativer Zusammenhang besteht zwischen der Kompetenz des Psychotherapeuten und der Wahrscheinlichkeit, daß der Klient zunehmende Ähnlichkeit mit dem Therapeuten zeigt (Farson 1961).

Training und Erfahrung des Psychotherapeuten

Eine generalisierte Aussage über Bedeutsamkeit von Erfahrung und Training des Therapeuten ist schwierig:
Erstens sind die Ziele der Ausbildung und damit die Ausbildungsinhalte recht unterschiedlich. Abhängig ist das Ziel im wesentlichen davon, ob die Wirksamkeit therapeutischen Vorgehens eher in einzelnen konkreten Interventionen gesehen wird (Beier 1964, Ivey et al. 1968) oder eher in Form von Einstellungen und Haltungen und einem guten Beziehungsverhältnis zum Klienten (Truax und Carkhuff 1967).
Ferner kann die Art der Durchführung des Trainings (etwa mit zusätzlicher apparativer Unterstützung) unterschiedliche Auswirkungen haben, je nachdem ob konkrete Interventionen oder Einstellungen/Haltungen im Vordergrund stehen (Stauss 1975). Daneben sind Variablen Gegenstand von Forschungsuntersuchungen, die zwischen diesen beiden Kategorien anzusiedeln sind, wie etwa Direktivität (directiveness) (Bohn 1965, 1967, Parson und Parker 1968).
Zweitens differieren die Kriterien nach denen der Ausbildungserfolg eingeschätzt wird in erheblichem Maße (z. B. Änderungen von Persönlichkeits- und Verhaltensvariablen des Psychotherapeuten, Ausmaß und Art konstruktiver Änderungen von Klienten dieser Psychotherapeuten etc.).
Drittens ist der Begriff der Erfahrung mehrdimensional zu verstehen und umfaßt neben dem Umfang von Ausbildung und praktisch-therapeutischer Tätigkeit auch persönliche Veränderungen des Therapeuten durch die Interaktion mit seiner Umwelt, die relativ schwer isoliert zu erfassen und zu operationalisieren ist.

Auf dem Hintergrund der verschiedenerseits nachgewiesenen *allgemeinen* Wirksamkeit von psychotherapeutischen Ausbildungsprogrammen bezüglich therapeutischen Basisverhaltens (Carkhuff und Truax 1965, Martin et al. 1966, Truax et al. 1964, Tscheulin 1972) lassen sich bisher nur Einzelhinweise festhalten, die für den Bereich der Gesprächspsychotherapie von Bedeutung sind:

- Trainingserfolge sind in der quantitativen und qualitativen Dimension abhängig von der psychotherapeutischen Qualität der Trainer in den gesprächspsychotherapeutischen Grundvariablen (Hansen und Barker 1964, Pagell et al. 1967, Pierce et al. 1967, Pierce und Schauble 1970).
- Persönlichkeitsmerkmale von Psychotherapeuten stehen im Zusammenhang mit deren Verwirklichung der drei gesprächspsychotherapeutischen Grundvariablen (Fish 1970, Foulds 1969).
- Als Begleiterscheinungen psychotherapeutischen Trainings treten konstruktive Persönlichkeitsveränderungen auf (Martin und Carkhuff 1968).
- Erfahrene Psychotherapeuten zeigen mehr Wärme und Akzeptierung als weniger erfahrene (Beery 1970).
- Erfahrung und Training von Therapeuten führen zu weniger direktivem Sprachverhalten (Bohn 1965, 1967, Parson und Parker 1968).

Zusammenfassend läßt sich feststellen, daß die bisher zu diesem Forschungsbereich vorgelegten Untersuchungen keine fundierte Aussage über die Bedeutung von Training und Erfahrung über den begrenzten Rahmen der Grundvariablen hinaus zulassen. Ferner ist ungeklärt, auf welche Weise die psychotherapeutische Kompetenz durch Training und Erfahrung erhöht wird.

Persönliche Befindlichkeit des Psychotherapeuten

Gerade im Bereich der Gesprächspsychotherapie, die sehr stark den Beziehungsaspekt zwischen Klient und Psychotherapeut in den Vordergrund stellt und die die bedingungslose Zuwendung zum Klienten als ein wesentliches Psychotherapeutenmerkmal definiert (vgl. S. 78), ist es wichtig, Einflüsse, die aus momentanen Befindlichkeiten oder längerfristigen Problemen des Therapeuten resultieren, und die sich auf die therapeutische Interaktion nachteilig auswirken können, zum Gegenstand empirischer Untersuchungen zu machen.
Diese Einflüsse können grob in zwei Bereiche unterteilt werden:

- Einflüsse, die aus der unmittelbaren Interaktion mit dem Klienten resultieren und
- Einflüsse, die aus der Einbettung des Psychotherapeuten in seine reale, außertherapeutische Umwelt resultieren.

Zum ersten Bereich können Untersuchungen gezählt werden, die Zusammenhänge und Abhängigkeiten des Psychotherapeutenverhaltens von den Aktionen und Reaktionen ihrer Klienten – wie z. B. Freundlichkeit, Abhängigkeit, Aggressivität – nachweisen (Bandura et al. 1960, Heller et al. 1963, Winder et al. 1962). Ferner Untersuchungen, die die Einstellung und Haltung des Psychotherapeuten als abhängig von seinen Vermutungen bezüglich des diagnostischen Ist-Zustandes des Klienten und des Therapieerfolgs bei diesem speziellen Klienten nachweisen (Strupp und Wallach 1965). Zudem gibt es Hinweise darauf, daß ein enger Zusammenhang besteht zwischen dem Ausmaß der Akzeptierung durch andere und der Akzeptierung der eigenen Person (Fey 1966).

Im zweiten Bereich stehen Untersuchungen zu Auswirkungen der Befindlichkeit des Psychotherapeuten und der Selbstöffnung im Vordergrund. Die Befindlichkeit wurde dabei nicht nur während des Psychotherapiekontakts erfaßt (Howard et al. 1969, 1970, Orlinsky und Howard 1967), sondern es wurden auch die Beziehungen zwischen der Befindlichkeit des Psychotherapeuten *außerhalb* des Therapiekontakts und seiner therapeutischen Funktionsfähigkeit gegenüber dem Klienten untersucht. Dabei zeigten sich Zusammenhänge zwischen z. B. positiver, gehobener Stimmung, Gelassenheit und Geselligkeit sowie positiver Allgemeinbefindlichkeit auf seiten des Therapeuten und einer allgemeinen therapeutischen Funktionsfähigkeit im Sinne des einfühlenden Verstehens, Wärme und Echtheit (Gurman 1972). Weiterhin gibt es Hinweise darauf, daß ›high-functioning‹ Therapeuten in einer disphorischen, gedämpften Stimmung bessere therapeutische Bedingungen bieten, während für ›low-functioning‹ Therapeuten das Gegenteil zuzutreffen scheint (Gurman 1973).

Hinsichtlich der Selbstöffnung (self-disclosure) des Psychotherapeuten während des Kontakts liegen unterschiedliche Ergebnisse vor: In quasi-therapeutischen Situationen geht eine größere Selbstöffnung des Interviewers mit größerer Selbstöffnung des Klienten einher (Jourard und Jaffee 1970).

In Gruppensituationen fanden sich differentielle Effekte: In sog. T-Gruppen nahmen die Gruppenmitglieder mit Psychotherapeuten, die wenig Selbstöffnung zeigten, Beziehungen mit ihm oder seinem Co-Therapeuten auf, während sie sich bei einem hohen Ausmaß an Selbstöffnung eher anderen Gruppenmitgliedern zuwandten (Culbert 1966); diese Effekte traten bei Gruppentherapie mit graduierten Studenten jedoch nicht auf (Weigel und Warnath 1968). In den Augen des Klienten wird die Selbstöffnung des Therapeuten eher als negativer Indikator für psychische Gesundheit gesehen. Die Psychotherapeuten dagegen akzeptieren sich öffnende Klienten, bringen aber die Öffnung nicht notwendigerweise in Beziehung zur psychischen Gesundheit ihrer Klienten (Weigel et al. 1972).

Ähnlichkeit/Unähnlichkeit zwischen Klient und Psychotherapeut

Bereits 1967 stellte Bergin nach Durchsicht der Literatur zu diesem Punkt fest, daß es zu dieser Frage sehr viele Vermutungen und sehr

wenig Kenntnisse gebe. Dieses Bild hat sich in der Zwischenzeit nicht wesentlich geändert und wird eher durch Widersprüchlichkeit als durch Einheitlichkeit der Ergebnisse gekennzeichnet.
Dabei ist diese Widersprüchlichkeit nicht nur auf die Tatsache zurückzuführen, daß sowohl die untersuchten Persönlichkeitsmerkmale als auch die Erfolgskriterien, an denen die Auswirkung von Ähnlichkeit/Unähnlichkeit gemessen wurde, sich sehr stark unterscheiden. Auch bei vergleichbaren Untersuchungen gelang nur selten eine Replikation der Ergebnisse. Besonders deutlich tritt diese Widersprüchlichkeit bei den Untersuchungen zutage, die eine Beziehung zwischen Ähnlichkeit/Unähnlichkeit und dem Therapieerfolg aufzudecken versuchten: Weder konnte die Ähnlichkeit oder Unähnlichkeit zwischen Klient und Therapeut in linearer Form als einhergehend mit dem Erfolg der Psychotherapie, noch eine kurvilineare Beziehung als Prediktor für den Therapieerfolg bestätigt werden (Carson und Heine 1962, Carson und Lewellyn 1966, Lichtenstein 1966, Mendelsohn 1968, Meltzoff und Kornreich 1970).
Komplexe Beziehungen zeigten sich zwischen Ähnlichkeit/Unähnlichkeit und der Therapie*dauer* (Mendelsohn 1968): Ein hoher Ähnlichkeitsgrad zwischen Klient und Psychotherapeut führt gleichoft zu langer wie zu kurzer Therapiedauer, hohe Unähnlichkeit jedoch durchweg zu kurzen Therapiephasen.
Auch bezüglich der Hypothese, daß *Sympathie/Antipathie* Auswirkungen auf den Therapieerfolg habe, lassen sich keine einheitlichen Aussagen machen, was zum Teil daran liegen mag, daß die Operationalisierung von Sympathie/Antipathie sehr unterschiedlich vorgenommen wird (Mayeroff 1961, Mills und Abeles 1965, McNair et al. 1963, Stoler 1963).
Das *Geschlecht* von Psychotherapeut und Klient in seinem Zusammenhang mit dem Prozeß und Erfolg der Therapie ist bisher nicht systematisch untersucht worden, sondern wurde vielmehr in den meisten Untersuchungen eher als Nebenaspekt post hoc berücksichtigt. Die von Meltzoff und Kornreich (1970) zu dieser Fragestellung zusammengestellten Untersuchungsbefunde müssen daher mit entsprechender Zurückhaltung bewertet werden. Zudem geben die bisher vorliegenden Ergebnisse ohnehin keine einheitlichen und verläßlichen Hinweise darauf, ob bestimmte Geschlechter-Kombinationen Therapeut/Klient für den Prozeß und/oder Erfolg der Therapie als günstig angenommen werden dürfen.

3.3 Der Klient

Die Wirksamkeit von Psychotherapie ist nicht nur abhängig von der Behandlungsmethode und Variablen des Psychotherapeutenverhaltens, sondern auch von den verschiedensten Merkmalen des Klienten, die er in die Psychotherapie mit hineinbringt, in dieser entwickelt oder verändert und den jeweiligen Interdependenzen.

Der Bezeichnung dieser Psychotherapieform als ›klienten-zentriert‹ entsprechend, liegen zahlreiche Untersuchungen zu verschiedenen Fragen, die den Klienten betreffen, vor. Deren Ziel ist es vorrangig, jene Merkmale, Verhaltensweisen und subjektiven Erfahrungen zu isolieren, von denen eine Förderung oder Behinderung psychotherapeutischer Wirksamkeit ausgehen könnte, um somit auch Fragen hinsichtlich des Wirkungsbereiches dieser Psychotherapieform beantworten zu können.

Indikationsfragen

Die generelle Frage nach der Wirksamkeit einer Behandlungsform muß sinnvollerweise ausdifferenziert werden in Richtung auf die Frage, welche Art der Behandlung durch welchen Therapeuten in der Interaktion mit welchen Klienten in bezug auf welche Kriterien wirksam ist.

Bei der Beantwortung dieser Frage tauchen jedoch verschiedene Probleme auf:

- Erstens wäre eine genaue und zwischen verschiedenen Forschungsarbeiten vergleichbare Feststellung des Symptombildes des Klienten notwendig. Selbst wenn diese Vergleichbarkeit in einzelnen Variablen gegeben ist, bleibt eine Vielzahl von Merkmalen unkontrolliert, deren Bedeutsamkeit für den Ist-Zustand des Klienten und seine Ansprechbarkeit für eine bestimmte Behandlungsform nicht erfaßt werden kann.
- Zweitens wäre es notwendig, symptomgleiche Klientengruppen unterschiedlichen Behandlungen zuzuführen. Untersuchungen über verschiedene ›Schulen‹ hinweg sind bisher jedoch meist von vornherein ›konkurrierend‹ angelegt (Grawe 1976), d. h. mit dem Ziel, die grundsätzliche Überlegenheit einer bestimmten Behandlungsform gegenüber anderen Behandlungsformen nachzuweisen, nicht aber um differentielle Effekte herauszuarbeiten. Diese konkurrierende Ausrichtung hat sich auch in den Untersuchungsmethoden niedergeschlagen, so daß ein Vergleich verschiedener Behandlungsformen selbst bei vergleichbarer oder ähnlicher Symptomatik nicht sehr aussagekräftig sein kann.
- Drittens bestehen derzeit erhebliche Differenzen bezüglich der verwendeten Erfolgskriterien. Diese umfassen testdiagnostische Daten aus Persönlichkeits- und Leistungstests, subjektiv erlebte globale und spezifische Änderungen des Klienten, objektive Daten wie Drogenkonsum und Erscheinen am Arbeitsplatz, sowie physiologische Daten. Damit verbunden sind methodische und statistische Probleme der Messung therapiebedingter Veränderungen (Bastine 1970, Bereiter 1963, Cattell 1966, Frohburg 1972, Helm 1972, Kasielke und Frohburg 1972, Kiesler 1971, Minsel und Langer 1973, Shostrom 1968, Shostrom und Knapp 1966, Steller und Meurer 1974).

Eingedenk dieser Schwierigkeiten und der damit gebotenen Zurückhaltung lassen sich derzeit für die Gesprächspsychotherapie die in Tabelle 2 grob skizzierten Indikationsbereiche festhalten.

Tabelle 2: Empirisch ermittelte Indikationsbereiche der Gesprächspsychotherapie, aufgeschlüsselt nach Symptom- und Personengruppen, mit beispielhaft aufgeführten Untersuchungen bzw. Überblicksdarstellungen.

Symptomgruppen
- sog. psychoneurotische Persönlichkeitsbeeinträchtigungen (z. B. Ängstlichkeit, Unsicherheit, Entscheidungsschwierigkeiten)
  vgl. z. B. Bergin & Garfield 1971/Bommert et al. 1972/Meltzoff & Kornreich 1970/Minsel et al. 1972/Rogers 1965/Tausch 1975/Truax & Carkhuff 1967
- psychiatrische Persönlichkeitsbeeinträchtigungen (Phobien, Depressionen)
  vgl. z. B. Grawe 1976/Junkers 1974
- Einstellungen und Verhalten im sozialen Bereich (dissoziales Verhalten, soziale Einstellung)
  vgl. z. B. Andrews 1966/Bommert et al. 1975b/Minsel 1973/Roth 1974

Personengruppen
- Kinder
  vgl. z. B. Axline 1972/Bommert et al. 1975b/Schmidtchen 1973/Tausch et al. 1973
- Jugendliche
  vgl. z. B. Minsel 1973
- Erwachsene
  vgl. z. B. Bergin & Garfield 1971/Bommert et al. 1972/Meltzoff & Kornreich 1970/Minsel et al. 1972/Tausch 1975
- ältere Erwachsene
  vgl. z. B. Junkers 1974/Tausch & Rönnecke 1974

Daneben gibt es zahlreiche Hinweise und Untersuchungen über Anwendungsbereiche, in denen sich gesprächspsychotherapie-ähnlicher Vorgehensweisen bedient wird bzw. in denen Einzelvariablen der Gesprächspsychotherapie erfolgreich in die praktische Arbeit einbezogen wurden. Hier wird die Abkehr von der Uniformität des Verhaltens des Modifikators noch deutlicher erforderlich als bereits in der stark vorgezeichneten Psychotherapie-Situation. Die Art und der Umfang der Hinzuziehung nicht unmittelbar dem klienten-zentrierten Konzept entstammender Variablen ist bisher jedoch noch nicht systematisch untersucht worden, so daß derzeit noch keine empirisch abgesicherten Interventionsstrategien für bestimmte Anwendungsbereiche formuliert werden können. Dennoch: Gesprächspsychotherapeutische Elemente wurden hilfreich eingesetzt in der Telefonseelsorge, -beratung und -therapie (Doll et al. 1974, Parikh et al. 1973, Teegen et al. 1972), in der Ehe- und Partnertherapie (Mandel et al. 1971, 1975, Plog 1975, Rogers 1975, Schwäbisch und Siems 1974), in der Grup-

pentherapie und Encounter-Gruppen (Bach 1966, Franke 1975, Matthies und Fittschen 1974, Rogers 1974, Speierer 1975, Truax und Carkhuff 1967) sowie in der Interaktion im Elternhaus (Radin 1971).
Gesprächspsychotherapeutische Verhaltensweisen erwiesen sich als hilfreich im Kontakt mit Gefängnisinsassen (Doll et al. 1974, Schneider 1974), Familien (Tausch et al. 1974, Zuk 1971), Sonderschülern (Bommert et al. 1975b) und dissozialen Jugendlichen (Minsel 1973, Roth 1974, Truax et al. 1966).
Weitere Personengruppen konnten sich einzelne Gesprächspsychotherapieelemente für die Ausbildung und Betreuung anderer Personen nutzbar machen, z. B. Theologen (Kroeger 1973, Schwermer 1974), Kindergärtnerinnen (Tausch et al. 1974) und Erzieher (Minsel und Minsel 1973, Radin 1971, Sauter 1974, Schmitz 1974, Tausch und Tausch 1971).

Spezifische Einzelmerkmale des Klienten können sich in spezifischer Form auf den Psychotherapieprozeß und -erfolg auswirken und die Frage der Indikation nachhaltig beeinflussen. Daher ist eine Vielzahl von Untersuchungen zu Einzelfragen des Erlebens, Verhaltens und des sozialen Umfeldes des Klienten erstellt worden, die nachfolgend überblickartig aufgeführt werden. Zu berücksichtigen ist dabei wiederum, daß viele dieser Untersuchungen nicht speziell auf diese Einzelfragen hin konzipiert waren und die Ergebnisse daher in diesen Fällen nur bedingt aussagekräftig sein können.

Eingangsmerkmale des Klienten

Sinnvoll und hilfreich wäre es, den Klienten bereits vor Beginn der Therapie daraufhin durchleuchten zu können, ob er über bestimmte Merkmale verfügt, die die Wirksamkeit der Psychotherapie in dem speziellen Fall fraglich oder unwahrscheinlich erscheinen lassen, um ihm im Zweifelsfall eine prognostisch günstigere Behandlung zu empfehlen. Dies setzt voraus, daß es Hinweise darauf gibt, welcher Art solche Merkmale sind und in welcher Form sie sich auswirken.

Motivation

Breiten Raum nehmen Untersuchungen zu dem Fragenkomplex ein, welche Auswirkungen verschiedene motivationale Aspekte (z. B. Hoffnung auf Erfolg der Behandlung, Bedürfnis nach Änderung etc.) für den Prozeß und den Erfolg der Psychotherapie haben.
Eine definitive Antwort auf diese Frage würde speziell auf diese Fragestellung ausgerichtete Versuchspläne erfordern; in den vorliegenden Untersuchungen ist dies jedoch bisher kaum realisiert worden, so daß Zusammenhänge zwischen z. B. dem Ausmaß der Anfangsstörung oder der Hoffnung auf Besserung und den Effekten der Therapie nur

schwer zu interpretieren sind. Ferner muß die Möglichkeit kurvilinearer Beziehungen zwischen diesen Einzelmerkmalen und dem Prozeß oder Erfolg der Therapie berücksichtigt werden (Bordin 1974, Lesse 1964, Luborsky 1962).
Daher ist es nicht verwunderlich, daß sowohl hinsichtlich des Bedürfnisses nach Änderung (Cartwright und Lerner 1963, Raskin 1961, Wallach und Strupp 1960) als auch hinsichtlich der Hoffnung (Frank 1968) nur widersprüchliche bzw. nicht besonders verläßliche Ergebnisse vorliegen.
Auf die Komplexität dieser Zusammenhänge deutet auch eine Untersuchung von Ryan (1973) hin, der die Zusammenhänge zwischen Hoffnung und Erfolg, dem Grad der Ausgangsstörung und der Art der Zusammenarbeit von Klient und Psychotherapeut in der therapeutischen Interaktion untersuchte: Bei starker Hoffnung auf Besserung zeigten sich keine bedeutsamen Zusammenhänge zwischen dem Ausmaß der Störung und der therapeutischen Interaktion, war dagegen die Erfolgshoffnung gering, so zeigten sich negative Korrelationen zwischen dem Störungsausmaß und der therapeutischen Interaktion.

Erwartungen

Erwartungen von Klienten werden fast einheitlich als bedeutsame Variablen für Prozeß und Ergebnis der Psychotherapie erachtet. Dennoch fehlen bisher gründliche Untersuchungen in diesem Bereich. Das dürfte zum Teil mit darauf zurückzuführen sein, daß das Konzept der Erwartungen unterschiedlich definiert und mit Begriffen wie Vertrauen, Hoffnung, Wünsche, Glauben u. ä. kontaminiert wird (Bommert et al. 1975a, Cartwright und Cartwright 1958, Meltzoff und Kornreich 1970).
Ferner können die Erwartungen auf den Erfolg der Behandlung sowie auf die Art der Behandlung gerichtet sein (Goldstein 1962, Heine und Trosman 1960), wobei der Erfolg meist am Verbleib in der Therapie über einen bestimmten Zeitraum gemessen wird. Mehrfach konnte nachgewiesen werden, daß positive Zusammenhänge bestehen zwischen der Kongruenz der Erwartungen von Klient und Therapeut und dem Verbleiben der Klienten in der Therapie (Heine und Trosman 1960, Overall und Aronson 1963).
›Abbrecher‹ erwarten eher medizinische und diagnostische Information und gehen eher passiv in die therapeutische Interaktion, während ›Nicht-Abbrecher‹ eher Hinweise auf Verhaltensänderungen erwarten und eine aktivere Interaktion betonen (Heine und Trosman 1960).
Bedeutsam dürften in diesem Zusammenhang Befunde sein, daß sog. Unterschichtklienten eher erwarten, daß der Therapeut eine aktive Rolle übernimmt und daß die Behandlung einer medizinischen Be-

handlung ähneln wird (Garfield und Wolpin 1963, Overall und Aronson 1963).

Wichtig für den Verbleib in der Psychotherapie und für konstruktive Änderungen der Klienten scheint es auch zu sein, daß die Erwartungen des Klienten bezüglich der Art der Behandlung erfüllt werden (Bommert et al. 1975a, Goin et al. 1965, Levitt 1966, Suckert-Wegert 1976). Insgesamt sind die Generalisierungsmöglichkeiten dieser Ergebnisse wegen der Unterschiedlichkeit der Klientenpopulationen, Behandlungsmethoden und Kriterien begrenzt. Wünschenswert sind weitere Untersuchungen, in denen insbesondere auch die Modifikationsmöglichkeit der Klientenerwartungen durch den Psychotherapeuten oder durch Vorinstruktionen sowie eine eventuell bestehende kurvilineare Beziehung zwischen Erwartungen und Erfolg systematisch geprüft würden (Goldstein 1962, Meltzoff und Kornreich 1970).

In einer neueren Untersuchung von Suckert-Wegert (1976) konnte die generelle Wirksamkeit verschiedener Arten von Vorinstruktionen (schriftlich/mündlich/unterschiedliche Instruktionsinhalte) zur Modifikation von Klienten-Erwartungen nachgewiesen werden. Dabei zeigte sich auch, daß derartige Vorinstruktionen eher die rationale Komponente der Erwartungen zu modifizieren in der Lage sind als die emotionale Komponente; d. h. grundlegende Wünsche des Klienten bezüglich der Behandlungsform sind durch Vorinstruktionen (zumindest dieser Art) nicht wesentlich zu verändern.

Ausmaß der Störung

Auch hier zeigen sich widersprüchliche Befunde, was u. a. auf die Schwierigkeiten bezüglich der Definition des Störungsausmaßes zurückzuführen sein dürfte: Gemessen wird das Störungsausmaß an der Dauer der Störung, an der Intensität des Symptoms, an der Beeinträchtigung des täglichen Lebens u. a. m. Ferner weisen Meltzoff und Kornreich (1970) darauf hin, daß der Untersuchungsgegenstand nur bei Berücksichtigung seiner Komplexität angemessen zu erfassen sein wird:

›Most important, though, is that the question as it is usually formulated is too simple, and lends itself to oversimplified answers. The general possibilities are: (1) The initially better and more poorly adjusted patients both improve, but the rate and/or amount of gain is greater in the initially more maladjusted who do or do not reach the level of the initially better adjusted. (2) Both improve, but the rate and/or amount of gain is greater for those who are initially better adjusted. (3) Only the less maladjusted improve; the more maladjusted remain the same or get worse. (4) Only the more maladjusted remain the same or get worse. (5) The progress of the groups is parallel and not a function of initial level, with those who are better adjusted at the start still better adjusted at the end.‹ (S. 218).

In diesem Zusammenhang sind auch erhebliche methodisch-statistische Probleme der Veränderungsmessung zu bewältigen, insbesondere die Handhabung der statistischen Abhängigkeit der pre/post Differenzen vom Anfangsstatus (Bastine 1970, Bereiter 1963, Cattell 1966, Minsel und Langer 1973).

So verwundert es nicht, daß in bisherigen Untersuchungen einerseits festgestellt wurde, daß Klienten mit den stärksten Störungen am meisten von der Therapie profitieren (Lessler und Strupp 1967, Meltzoff und Blumenthal 1966), daß andererseits Ergebnisse darauf hinweisen, daß bei stärker gestörten Klienten weniger Effekte erzielt werden können (Grummon und John 1954, McNair et al. 1964) und daß bei einem dritten Untersuchungsmuster überhaupt keine Zusammenhänge festgestellt wurden (z. B. Frank et al. 1957). Zu überprüfen bleibt weiterhin die aus diesen Widersprüchen abgeleitete Hypothese von Truax und Carkhuff (1967), daß Klienten, die sich selbst als stark gestört erleben aber geringe offene Störungen im Verhaltensbereich zeigen, am meisten von der Therapie profitieren.

Hinsichtlich der *Dauer* der Störung scheinen kürzere Störungsperioden vor Beginn der Behandlung bessere Prognosen zu rechtfertigen (Frank et al. 1957, Lohrenz et al. 1966, Strupp und Bergin 1969).

Nicht-psychologische Merkmale

Der präzisen Aussage über die Bedeutung *demographischer Variablen* für den Prozeß und Erfolg der Therapie sind bisher enge Grenzen gesetzt gewesen, zumal eine systematische Variation und Kontrolle von Alter, Geschlecht, sozio-ökonomischem Status etc. kaum möglich war, und diese meist post hoc untersucht wurden. Die Ergebnisse zeigen daher auch keinen einheitlichen Trend (Bergin und Garfield 1971, Bordin 1974, Meltzoff und Kornreich 1970).

In der heutigen Praxis der Gesprächspsychotherapie kommen am ehesten jüngere Erwachsene aus mittleren und höheren sozialen Schichten mit dem Wunsch nach persönlichen Änderungen mit der Gesprächspsychotherapie in Berührung, obwohl zunehmend eine Ausweitung des Anwendungsbereiches festzustellen ist (vgl. S. 139).

Zahlreiche Untersuchungen liegen zur Bedeutsamkeit der *sozio-ökonomischen Schicht* für die Behandlung vor. Dabei wird einerseits das Augenmerk auf die Schwierigkeiten gerichtet, die Unterschichtklienten bei der Annahme zur Behandlung überhaupt haben, zum anderen auf die Probleme, die sich für diese spezifische Population bezüglich Prozeß und Erfolg der Behandlung ergeben.

Der Prozentsatz der Klienten, die Psychotherapie erhalten, nimmt mit sinkendem sozio-ökonomischen Status ab, was sowohl auf die geringere Annahmebereitschaft der Psychotherapeuten für diese Klienten als auch auf deren geringe Akzeptierung von psychotherapeutischen Angeboten zurückzuführen ist (Gallagher et al. 1957, Myers und Schaffer 1954, Rosenthal und Frank 1958). Dieser Klientenpopulation wird zudem von vornherein eher medizinisch-technische Hilfe angeboten (Hollingshead und Redlich 1958, Schaffer und Myers 1954), was auch eher ihren Erwartungen entspricht (Garfield und Wolpin 1963, Overall und Aronson 1963).

Im Verlaufe der Therapie werden Klienten der mittleren und oberen Schichten eher in Einzeltherapie (Hollingshead und Redlich 1954), eher in privaten als in öffentlichen Institutionen (Redlich et al. 1953) und eher von Personen mit einem höheren Status innerhalb der therapeutischen Institution behandelt (Pierce und Schauble 1970).

Schwierigkeiten bei der Behandlung können im Zusammenhang mit Diskrepanzen im sozio-ökonomischen Status zwischen Klient und Therapeut entstehen (Hollingshead und Redlich 1958, Strupp und Williams 1960), wobei Klienten unterer Schichten von – allerdings sehr selten anzutreffenden – Psychotherapeuten mit niedrigerem sozio-ökonomischen Status oftmals effektiver behandelt werden (Carkhuff und Truax 1965, Lohrenz et al. 1966, Poser 1966).

Auch haben Klienten der Unterschicht im Gegensatz zu solchen aus höheren Schichten eher den Eindruck, daß ihnen durch Mitpatienten und durch das therapeutische Hilfspersonal mehr geholfen wurde als durch den Psychotherapeuten (Keith-Spiegel und Spiegel 1967).

Die höheren Abbruchraten von Klienten mit niedrigerem Einkommen könnten zu einem gewissen Teil auf die größere Tendenz der Psychotherapeuten zur zeitlichen Begrenzung bei diesen Klienten zurückzuführen sein (Lorion 1973). Hinsichtlich des Zusammenhangs mit dem Erfolg der Therapie bei Klienten, die nicht abbrechen, liegen keine einheitlichen Ergebnisse vor (Bordin 1974, Meltzoff und Kornreich 1970). Vermutlich hängt dies wiederum mit der mangelnden Berücksichtigung der Komplexität der Fragestellungen in den bisherigen Untersuchungen zusammen. So gibt Lerner (1972) Hinweise darauf, daß der Erfolg der Therapie bei Unterschichtklienten u. a. wesentlich durch die Einstellung und Haltung des Psychotherapeuten, durch seine Vermutung, ob eine bestimmte Technik bei dieser speziellen Population anwendbar und sinnvoll ist, abhängt.

Der Klient im Prozeß der Psychotherapie

Anforderungen an den Klienten

Die Gesprächspsychotherapie stellt im Psychotherapieprozeß erhebliche Anforderungen an ihre Klienten: Notwendig sind die Fähigkeit zur Introspektion und Selbstexploration, die Umsetzung von Gefühlszuständen in entsprechende verbale Kommunikation, Umlernprozesse, die Fähigkeit zur kognitiven und emotionalen Umstrukturierung und die Handhabung neuer Konzepte.

Die Selbstexploration ist die Klientenvariable, der derzeit im Prozeß der Gesprächspsychotherapie ein besonderes Gewicht beigemessen wird und für die sowohl eine amerikanische als auch eine deutsche

Form einer Einschätzungsskala konstruiert wurde (Tausch et al. 1969, Truax 1961, vgl. S. 85), und die in zahlreichen Untersuchungen als ein für den Prozeß und das Ergebnis der Therapie bedeutsames Merkmal festgestellt werden konnte (Bommert et al. 1972, Minsel et al. 1972, Sander 1971, Schwartz und Eckert 1974, Tausch 1975, Truax und Carkhuff 1967). Dieses Merkmal wird insbesondere auch in der differenzierteren Erfassung nach Carkhuff (1969) und Schwartz (1975) – in Zusammenarbeit mit den Merkmalsbereichen des Psychotherapeuten – als Motor des gesprächspsychotherapeutischen Prozesses in dem Sinne verstanden, daß dadurch wesentliche, für den Klienten konstruktive Umstrukturierungsprozesse als Grundlage der Gewinnung neuer Erfahrungen und Handlungsmöglichkeiten in Gang gesetzt werden.

Ein derart komplexer Prozeß von Introspektion, verbaler Kommunikation, sowie kognitiver und emotionaler Umstrukturierung legt die Vermutung nahe, daß eine erhebliche intellektuelle Ausstattung seitens des Klienten eine notwendige – nicht aber hinreichende – Bedingung für eine erfolgreiche Therapie sei.

Etliche Untersuchungen beschäftigen sich daher auch mit der Frage nach dem Zusammenhang zwischen dem IQ und dem Therapieerfolg, ohne daß eine einheitliche Aussage resultiert wäre (Fiske et al. 1964, Meltzoff und Kornreich 1970, Morgan 1973).

In den meisten Arbeiten wurde der IQ dabei post hoc untersucht, ohne spezifisch auf diese Fragestellung gerichtet zu sein. Wünschenswert wären Untersuchungen mit dem IQ als unabhängiger Variablen und dem Therapieerfolg als abhängiger Variablen.

Weiterhin besteht die Möglichkeit des Erlernens der für die Therapie notwendigen Verhaltensvariablen durch den Klienten während des Psychotherapieprozesses. So gibt es z. B. Hinweise darauf, daß selbstexploratives Verhalten in relativ kurzer Zeit im Rahmen der Therapie erlernt werden kann (Bommert et al. 1975b).

Die im Sinne des Therapieerfolgs notwendig erscheinende Anforderung an den Klienten, sich selbstexplorativ im Sinne der von Truax (1961) und Tausch et al. (1969) konstruierten Einschätzungsskala zu verhalten, ist zudem in den letzten Jahren einer differenzierteren Betrachtungsweise gewichen. So wurde zum einen festgestellt, daß auch Klienten ohne ausgeprägt selbstexploratives Verhalten im Sinne der oben genannten Skalen erhebliche konstruktive Änderungen durch Gesprächspsychotherapie aufweisen (Bommert 1971), zum anderen scheinen positive Selbsteinschätzungen von Klienten nicht so sehr davon abzuhängen, ob der Klient viel oder wenig über seine Gefühle spricht, sondern eher von der Intensität der Auseinandersetzung mit seinem inneren Erleben (Eckert 1974, Schwartz 1975). Diese Zentrierung auf den inneren Erlebnisprozeß findet sich auch in dem Experiencing-Konzept von Gendlin (1961, 1970, 1974, s. S. 53), zu dem bisher jedoch keine einheitlichen Untersuchungsergebnisse vorliegen (Bommert 1974, Dahlhoff und Bommert 1975, Dahlhoff und Bommert 1976, Klein et al. 1969, Pfeiffer 1975 b).

So waren zwar zwischen der amerikanischen Fassung der Experiencing-Skala von Klein et al. (1969) und der deutschen Fassung von Dahlhoff und Bommert (1975, vgl. S. 91) hinsichtlich der Mittelwerte, Reliabilitäten und der Zusammenhänge mit einzelnen anderen Prozeßmerkmalen übereinstimmende Ergebnisse festzustellen (vgl. Bommert 1974), jedoch konnten wichtige Ergebnisse der Erfolgsprediktion nicht eindeutig repliziert werden: Der Befund von Kiesler et al. (1967) z. B., daß erfolgreiche Klienten ihre Therapie auf einem höheren Experiencing-Niveau beginnen, fortsetzen und beenden, konnte nicht bestätigt werden (vgl. Bommert 1974). Ferner konnte durch die Hinzunahme von Experiencing (gemessen mit der deutschen Fassung der Skala von Dahlhoff und Bommert 1975) keine Verbesserung der Vorhersage psychotherapeutisch bedingter Veränderungen gegenüber der Vorhersage durch das Merkmal Selbstexploration allein erreicht werden. Vergleichbare amerikanische Untersuchungen liegen nicht vor.

Unerklärt ist weiterhin, inwieweit die amerikanische und die deutsche Fassung der Experiencing-Skala den gesamten vom Experiencing-Konzept angezielten Bereich abzudecken in der Lage sind und in welchem Ausmaß die Merkmalsbereiche der Selbstexploration und des Experiencing identische Varianz aufzuklären sich bemühen.

Zunehmend stärker beachtet im Rahmen der psychotherapeutischen Kommunikationsprozesse wird auch die Art und Auswirkung der Kommunikation des Klienten mit sich selbst, die sog. Selbstkommunikation bzw. intrapersonelle Kommunikation.

Tausch und Tausch (1974) definieren Selbstkommunikation als ›die Gedankeninhalte, die eine Person nicht-laut oder laut zu sich selbst äußert bzw. denkt und die wesentlich die eigene Person betreffen oder andere Personen-Ereignisse, die zur eigenen Person in bedeutsamer Beziehung stehen.‹

Es gibt zahlreiche Hinweise darauf, daß Selbstkommunikation verhaltenssteuernde Funktion hat (Luria 1967, Luria und Judowitsch 1973, Meichenbaum 1973, Wygotzky 1972), so daß über eine Modifikation der Selbstkommunikation in der Psychotherapie auch eine Änderung im Verhalten und Erleben der Klienten zu erwarten ist.

Tausch und Mitarbeiter (Böllner et al. 1975, Quitmann et al. 1974, Tausch und Tausch 1974) konnten in mehreren Untersuchungen feststellen, daß zwischen negativer Selbstkommunikation bei Jugendlichen, älteren und jüngeren Erwachsenen und verschiedenen Persönlichkeitsmerkmalen des Klienten – z. B. Psychoneurotizismus, Depressivität, Gehemmtheit, Selbstaggression etc. – erhebliche (positive) Zusammenhänge bestehen. Dabei scheinen diese Zusammenhänge von Fakten wie Intelligenz, Lebensalter, Geschlecht und sozio-ökonomischem Status relativ unabhängig zu sein (Böllner et al. 1975).

Wird nun die Selbstkommunikation innerhalb und außerhalb der Psy-

chotherapie geändert, so ist auch ein verändertes Erleben und Verhalten des Klienten in den genannten Bereichen zu erwarten.
Diese Zusammenhänge machen wiederum eine Abwendung vom orthodoxen gesprächspsychotherapeutischen Verhalten seitens des Therapeuten sinnvoll: So sollten hier negative Selbstkommunikationsäußerungen des Klienten grundsätzlich nicht beachtet werden, während positive Selbstkommunikationsäußerungen durch intensive Zuwendung und Verbalisierung verstärkt werden sollten. Ähnliche Vorgehensweisen werden in diesem Bereich in der Verhaltenstherapie bereits praktiziert, wobei zusätzliche Hinweise auf mögliche Verhaltensweisen des Therapeuten gegeben werden, die die anfänglich eventuell selten auftretenden positiven Selbstkommunikationsäußerungen des Klienten hervorrufen können (Kaiser und Berwald 1975).

Subjektive Prozeßerfahrungen

Die ausdrückliche Zentrierung auf den Klienten bei dieser Form der Psychotherapie und die Interdependenzen zwischen seiner Wahrnehmung der therapeutischen Situation und Interaktion einerseits und dem Erfolg der Therapie andererseits, legen die Untersuchungen seiner subjektiven Erfahrungen während des Therapieprozesses nahe. 2 Fragestellungen stehen dabei im Vordergrund: (1) Welche Klientenerfahrungen sind bedeutsam für konstruktive Änderungen durch die Psychotherapie? (2) Treten Änderungen dieser Erfahrungen während des Psychotherapieprozesses ein und können sie als Prediktoren für den Therapieerfolg Verwendung finden?
Die bisher dazu vorgelegten Untersuchungen wiesen u. a. auf, daß die Erfahrungen von Klient und Psychotherapeut bezüglich des Prozeßgeschehens oft unterschiedlich sind (Orlinsky und Howard 1967) und daß positive Zusammenhänge zwischen einer positiven Psychotherapeutenwahrnehmung durch den Klienten (im Sinne von Verständnis, Akzeptierung und Echtheit) und dem Therapieerfolg bestehen (Barrett-Lennard 1962, Lorr 1965). Diese Zusammenhänge waren aber durchweg nicht besonders ausgeprägt.
Neuere Untersuchungen (Eckert 1974, Schwartz 1975, Schwartz und Eckert 1974) ermöglichen jedoch bedeutsame neue Erkenntnisse bezüglich der differentiellen Auswirkungen der Klientenerfahrungen. So zeigte sich z. B. bei Eckert (1974), daß sich die Erfahrungen und Empfindungen von Klienten im Verlaufe einer Gesprächspsychotherapie systematisch ändern, daß ›gebesserte‹ Klienten deutlich günstigere Erfahrungen im Psychotherapieprozeß machen als ›nicht-gebesserte‹ Klienten. Außerdem war bereits nach der ersten Psychotherapiestunde aufgrund der in einem Klientenerfahrungsbogen (s. S. 95) niedergelegten Erfahrungen des Klienten in gewissen Grenzen eine Vorhersage des Therapieerfolgs möglich. Zudem zeigten sich *qualitative* Unterschiede in den Prozeßerfahrungen zwischen ›gebesserten‹ und ›nicht-gebesser-

ten‹ Klienten: Bei gebesserten Klienten verändern sich körperliche und kognitive Erfahrungen zeitlich parallel, für nicht-gebesserte Klienten konnte dieses Zusammengehen nicht festgestellt werden.
Ferner gab es in der gleichen Untersuchung Hinweise, die eine differentielle Interventionsstrategie seitens des Therapeuten nahelegen: Kognitive Erfahrungen änderten sich stärker zu Beginn der Psychotherapie, während emotionale Erfahrungen sich erst im weiteren Verlauf des Prozesses zu ändern begannen. Sollte sich dieses Ergebnis replizieren lassen, so könnte als Handlungskonsequenz für den Therapeuten daraus eine unterschiedliche Betonung einzelner Prozeßerfahrungen zu verschiedenen Zeitpunkten der Behandlung abgeleitet werden.

3.4 Äußere Merkmale der therapeutischen Situation

Die *Dauer der Therapie* wird beeinflußt von den verschiedensten Faktoren wie z. B. dem Funktionsniveau des Psychotherapeuten, Art und Ausmaß der Störung des Klienten, außertherapeutischer Zusatzhilfe etc. und den Interdependenzen zwischen diesen und ähnlichen Einzelfaktoren. Dennoch wird in mehreren Untersuchungen übereinstimmend eine durchschnittliche Beendigung der Psychotherapie innerhalb von 20 Kontakten aufgezeigt (Bergin und Garfield 1971, Meltzoff und Kornreich 1970, Shlien et al. 1962, Tausch 1975), eine vorherige Ankündigung zeitlicher Begrenzung scheint zudem eher positive Effekte zu haben (Shlien et al. 1962, Shlien 1966).
Hinsichtlich der *Häufigkeit der Kontakte* liegen derzeit keine einheitlichen Ergebnisse vor. Die in der Gesprächspsychotherapie übliche Vorgehensweise (1 Kontakt pro Woche) stellt einen Kompromiß zwischen dem oftmaligen Wunsch des Klienten nach häufigeren Kontakten und der Gefahr zu großer Abhängigkeit des Klienten vom Therapeuten dar, ist bisher in ihrer Angemessenheit jedoch noch nicht hinreichend empirisch belegt. Sinnvoll könnte ferner auch das von Gordon und Gordon (1966) vorgeschlagene Verfahren sein, bei dem der Klient für einen relativ kurzen Zeitraum häufigere Kontakte mit dem Therapeuten hat, danach die zeitlichen Zwischenräume aber zunehmend gesteigert werden.
Die *Vorbereitung des Klienten* auf die Psychotherapie scheint sich in verschiedener Hinsicht positiv auszuwirken: So konnte gezeigt werden, daß Klienten, mit denen vor Therapiebeginn ein Einführungsgespräch über das Psychotherapeutenverhalten, das von ihm erwartete Verhalten, realistische Änderungsmöglichkeiten durch Psychotherapie u. ä. geführt worden war, stärkere Änderungen zeigten als Klienten ohne Einführungsgespräch (Hoehn-Saric et al. 1964).
Vorinformationen über die Gesprächspsychotherapie scheinen dabei eher dazu geeignet, defizitäres Wissen zu ergänzen, als grundlegende

Wünsche der Klienten bezüglich der Behandlung zu verändern (Suckert-Wegert 1976).

Auch ein Psychotherapie-Vortraining durch Film- und/oder Tonband-Demonstrationen vom ›guten‹ Klientenverhalten (im Sinne der Zuwendung zum eigenen inneren Bezugsrahmen und entsprechender verbaler Kommunikation) führte zu bedeutsam höherer Selbstexploration bereits in den Anfangskontakten als bei Klienten ohne Vortraining (Tausch 1975) sowie zu stärkeren Verbesserungen am Ende der Therapie (Truax und Carkhuff 1965, Truax et al. 1966). Ähnliches Training unmittelbar vor psychotherapeutischen Kontakten führte ebenfalls zu höherer Selbstexploration und stärkeren psychischen Änderungen (Warren und Rice 1972).

Die in der Gesprächspsychotherapie betonte Kontrolle des Psychotherapeutenverhaltens erfolgt in den Therapiekontakten in der Regel über *Tonbandaufnahmen*, die es ermöglichen, dem Psychotherapeuten Rückmeldungen über eigenes angemessenes/unangemessenes Verhalten zu geben und die zudem eine wesentliche Grundlage für die Erforschung psychotherapeutischer Prozesse darstellen (vgl. S. 61). Eine nennenswerte Beeinträchtigung der Klienten durch Tonbandaufnahmen konnte in den bisherigen Untersuchungen nicht festgestellt werden (Roberts und Renzaglia 1965, Tausch 1975). So berichtet Tausch (1975), daß sich bei einer größeren Stichprobe von Klienten am Anfang der Psychotherapie 14 % aller Kienten, am Ende lediglich 3 % durch die Tonaufnahmen beeinträchtigt fühlten. Wesentlich dürfte hier auch der Therapeut mit seinen motivationalen Aspekten eine Rolle spielen, ferner die Art und Glaubwürdigkeit, mit der dem Klienten die Notwendigkeit dieser Aufnahmen nahegebracht wird (s. S. 61).

Ton- und Video-Aufnahmen können zudem auch in den Psychotherapieprozeß einbezogen werden, indem sie im Sinne der Rückmeldung und Anregung für den Klienten als Grundlage psychotherapeutischer Interaktion in nachfolgenden Sitzungen dienen (Bailey und Sowder 1970, Rogers 1968). Die darin enthaltenen konstruktiven Möglichkeiten werden in der Verhaltenstherapie bereits in stärkerem Maße genutzt. Manche Gesprächspsychotherapeuten fürchten durch die Konfrontation des Klienten mit seinen eigenen Ton-/Videoaufnahmen eine Verminderung von Spontaneität bzw. eine zunehmende kognitive Distanziertheit bei ihm zu bewirken (z. B. Tausch 1975). Jedoch könnten kognitive Umstrukturierungen beim Klienten durch diese Aufnahmen bzw. Rückmeldungen gefördert werden, es ist dies lediglich ein anderes Medium als die verbale Kommunikation des Psychotherapeuten, um dem Klienten neue Sichtweisen und Erfahrungen zu ermöglichen. Bedenkt man zudem, daß sich kognitive und emotionale Erfahrungen offensichtlich zu unterschiedlichen Zeitpunkten im

Therapieprozeß zu ändern beginnen (Eckert 1974), so könnte dies beim Einsatz dieser Hilfsmittel berücksichtigt werden.

Unter den Bedingungen der *alternierenden Psychotherapie* werden in der Literatur unterschiedliche Vorgehensweisen zusammengefaßt. Truax und Carkhuff (1967) meinen die alternierende Anwesenheit eines Psychotherapeuten überhaupt (vorwiegend in der Gruppentherapie); über die Auswirkungen gibt es derzeit keine einheitlichen Befunde (Slavson 1963, Truax et al. 1966, Wolf und Schwartz 1962). Andererseits ist das Alternieren zwischen zwei Psychotherapeuten gemeint, die sich mit jedem Kontakt abwechseln (Sander 1971, 1975, Tausch 1975). Zum einen werden dadurch größere Generalisierungseffekte psychotherapeutischer Einflußnahme erwartet, zum anderen sind dadurch günstige Ausbildungsmöglichkeiten für Junior-Psychotherapeuten gegeben. Bei dieser Form des Alternierens scheint es sinnvoll zu sein, nach der alternierenden Anfangsphase die Abwahlmöglichkeit einer der beiden Psychotherapeuten vorzusehen. So berichtet Tausch (1975), daß $^2/_3$ der Klienten von der nach dem 4. Kontakt vorgesehenen Abwahlmöglichkeit Gebrauch machten und die Psychotherapie nur mit einem Psychotherapeuten – meist dem erfahreneren – fortsetzten und vermutet, daß ein Teil der Klienten die Psychotherapie abgebrochen hätte, wenn eine Zuteilung zu dem abgewählten Therapeuten erfolgt wäre.

Im Bereich der *Gruppen- und Partnertherapie* orientieren sich viele Praktiker und Forscher am Konzept der klienten-zentrierten Vorgehensweise (z. B. Franke 1975, Hobbs 1951, Mandel et al. 1971, Mandel et al. 1975, Matthies und Fittschen 1974, Plog 1975, Sander und Pavel 1975, Speierer 1975) und nehmen dabei mehr oder weniger stark Bezug auf Rogers (insbesondere 1970 und 1972), ohne daß jedoch bei den empirischen Untersuchungen schwerpunktmäßige Fragestellungen auszumachen wären. Viele Publikationen zur Gruppentherapie bestehen vorwiegend aus Vermutungen oder erschöpfen sich in der Darstellung ›privater‹ Handhabungen, experimentell-empirische Daten sind bisher nur von wenigen Autoren vorgelegt worden, und auch diese unterliegen oftmals wesentlichen Einschränkungen.

So ist z. B. bei den in den USA hauptsächlich von der Gruppe um Truax durchgeführten Untersuchungen festzustellen, daß dabei weniger die spezifischen Bedingungen und Auswirkungen von Gruppen-Gesprächspsychotherapie untersucht wurden, sondern eher die Bedeutung der von Rogers (1957) postulierten Grundvariablen für verschiedene Populationen; dies muß bei der Bewertung der Ergebnisse berücksichtigt werden. Diese Ergebnisse lassen sich wie folgt zusammenfassen: Die intensive Realisierung der drei Grundvariablen durch den Psychotherapeuten in der Gruppentherapie geht einher mit positiven Veränderungen – im Sinne der Gesprächspsychotherapie – beim Klienten (Truax und Wargo 1966a, Truax und Wargo, 1966b, Truax,

Wittmer und Wargo 1971), die bei einer nicht behandelten Kontrollgruppe nicht zu verzeichnen sind (Truax, Wargo und Silber 1966), wobei die Bedeutsamkeit der drei Grundvariablen dann verstärkt zum Tragen kommt, wenn diese vom Psychotherapeuten nicht nur gegenüber dem einzelnen Gruppenmitglied, sondern gegenüber der Gesamtgruppe realisiert werden (Truax 1966b, Truax 1966c). Gleichzeitig wird durch die Realisierung der drei Grundvariablen die Zuwendung des Klienten zu sich selbst unterstützt (Truax 1961b). Ferner scheint ein Therapie-Vortraining – wie in der Einzeltherapie – auch für die Gruppentherapie günstig zu sein (Truax und Carkhuff 1965, Truax et al. 1966, Truax et al. 1968).
Im deutschen Sprachraum werden Untersuchungen zur klienten-zentrierten Gruppentherapie erst seit wenigen Jahren durchgeführt. Auch sie ermöglichen bisher keine verläßlichen Aussagen über Bedingungen und Wirkungen klienten-zentrierter Therapie in Gruppen. Dies liegt zum Teil auch daran, daß oftmals Prozeßmerkmale und Ziele nicht präzise genug definiert werden, daß die Anzahl der untersuchten Klienten gering ist und/oder daß kein Vergleich zu Veränderungen von Kontrollgruppen ohne Behandlung gezogen wird (z. B. Pavel und Sander 1974, Sander und Pavel 1973). In einer neueren Arbeit von Franke (1975) finden insbesondere die letztgenannten Punkte stärkere Berücksichtigung:

93 Klienten, die zum pre-Test-Zeitpunkt in verschiedenen Variablen weitgehend vergleichbar waren, wurden zufallsmäßig klienten-zentrierter Einzeltherapie, klienten-zentrierter Gruppentherapie oder einer Kontrollgruppe ohne Behandlung zugewiesen. Vor und nach der 8–10wöchigen Therapie-(bzw. Warte-)Phase wurden alle Klienten mit verschiedenen psychodiagnostischen Verfahren getestet, ein halbes Jahr nach Beendigung der Therapie erfolgte eine Nacherhebung. Die Ergebnisse der umfangreichen Untersuchung werden von Franke (1975) wie folgt zusammengefaßt:
»Die Effektivität einer therapeutischen Methode bemißt sich zum einen daran, was sie leistet gegenüber einer Nicht-Behandlung, zum zweiten im Vergleich mit einer bereits praktizierten und bewährten Methode.
Unter Berücksichtigung dieser beiden Aspekte muß man aufgrund der vorliegenden Untersuchungsergebnisse zu dem Schluß kommen, daß die gesprächspsychotherapeutische Gruppentherapie nach dem von Rogers (1970) beschriebenen Konzept nicht als effektive Therapiemethode bezeichnet werden kann. Gegenüber einer nicht behandelten Gruppe von Klienten führte sie nur zu geringen positiven Veränderungen, der Einzeltherapie erwies sie sich als deutlich unterlegen.« (Franke 1975, S. 288)

Zur Erhärtung dieser Schlußfolgerung ist neben der Durchführung von Kontrolluntersuchungen auch eine Variation des Therapie-Zeitraums (der hier nur 8 bis 10 Wochen betrug) erforderlich.
Im Gegensatz dazu ist Tausch (1976) der Auffassung, daß
»Personenzentrierte Encountergruppen nach dem Konzept von Carl Rogers ... eine sehr geeignete und effektive Möglichkeit für die Förderung der seelischen Funktionsfähigkeit und der konstruktiven Persönlichkeitsentwick-

lung von Personen (Rogers 1970), von Klienten mit psychoneurotischen Beeinträchtigungen (Kremer und R. Tausch 1976), von Gefängnisinsassen (A. Tausch 1975) und von alten Menschen (Bergeest und A. Tausch 1976) sind.« (Tausch 1976, S. 4)

Festzustellen bleibt weiterhin, daß, auch um präzise Aussagen über Indikation, über Gruppenzusammensetzung hinsichtlich soziologischer und demographischer Variablen sowie angestrebter Ziele, über optimale Interventionsstrategien gegenüber dem Einzelnen oder der Gruppe und über äußere Bedingungen treffen zu können, weitere kontrollierte Vergleichsuntersuchungen notwendig sind.

3.5 Perspektiven in Forschung und Praxis

Die umfangreichen Bemühungen um eine empirische Absicherung des therapeutischen Vorgehens können als ein charakteristisches Merkmal der Gesprächspsychotherapie verstanden werden. Sie dienen einerseits der Beantwortung der Frage nach dem Wirkungsbereich dieser Form der Psychotherapie und sind zugleich Orientierungspunkt für das konkrete Verhalten des Psychotherapeuten in der gesprächspsychotherapeutischen Interaktion.

Die Forschungsaktivitäten der vergangenen Jahre haben dabei auch deutlich werden lassen, daß im Bereich von Praxis und Forschung noch eine Reihe von Problemen zu lösen sind, die bisher zu wenig Berücksichtigung gefunden haben. Die Weiterentwicklung der Gesprächspsychotherapie als einen Teilbereich effektiver psychosozialer Versorgung der Bevölkerung muß in Abhängigkeit von der Modifikation bisheriger Postulate und Sichtweisen gesehen werden, da das *orthodoxe* Konzept der Gesprächspsychotherapie in der Praxis, bezogen auf den Gesamtbereich psychosozialer Probleme, relativ engen Grenzen unterworfen ist.

Ein wesentlicher Nachteil bisheriger Forschung und Praxis ist die *mangelnde Berücksichtigung individueller Differenzen* (Kiesler 1969, 1971), auf die in letzter Zeit verstärkt aufmerksam gemacht wurde (Bastine 1970, Bayer 1974, Bergold 1974), obwohl keine der heute vorherrschenden Psychotherapieformen ausdrücklich Aussagen über individuelle Differenzen vornimmt (Kiesler 1971).

Die Frage, ob eine bestimmte Form der Psychotherapie wirksam ist, muß differenziert werden in die Frage, welche Art von Behandlung bei welcher Person mit welchen spezifischen Problemen unter welchen Bedingungen mit welchen Zielen am wirksamsten ist (Paul 1967), und somit berücksichtigen, daß drei unterschiedliche und variable Bereiche im therapeutischen Prozeß von Bedeutung sind:

- verschiedene Arten von Psychotherapeuten und Psychotherapietechniken

– verschiedene Arten von Klienten und Symptomen
– verschiedene Arten von Behandlungseffekten (vgl. Kiesler 1969).

Daß diese differentiellen Gesichtspunkte bisher so wenig Berücksichtigung fanden, mag u. a. darin begründet liegen, daß eine Vielzahl von Forschungsuntersuchungen von vornherein ›konkurrierend‹ angelegt worden war, mit dem Ziel, die generelle Überlegenheit einer Psychotherapieform gegenüber anderen zu beweisen (Grawe 1976). In letzter Zeit setzt sich allerdings zunehmend die Erkenntnis durch, daß Vergleiche verschiedener Behandlungsformen oder -techniken, sei es zwischen verschiedenen psychotherapeutischen ›Schulen‹, sei es innerhalb einer ›Schule‹, sinnvollerweise zum Zwecke der Identifikation differentieller Effekte und damit differentieller Indikation durchgeführt werden sollten und nicht zur Glorifizierung einer einzelnen Form der Behandlung.

Diese Erkenntnis schlägt sich, wenn auch noch in geringem Umfang, bereits in Forschungsuntersuchungen nieder (vgl. z. B. Bommert 1975b, di Loreto 1970, Grawe 1976, Plessen und Bommert 1976, Plog 1976). Die Ergebnisse derartiger Untersuchungen unterstreichen die Tatsache der differentiellen Wirksamkeiten.

Bei Grawe (1976), der die differentielle Wirkung und Indikation von Verhaltenstherapie und Gesprächspsychotherapie bei phobischen Patienten überprüfte, zeigte sich, daß Gesprächspsychotherapie und Verhaltenstherapie *qualitativ* unterschiedliche Wirkungen zeigten: Verhaltenstherapie wirkte besonders erfolgreich bei Patienten mit starken phobischen Ängsten und einem ausgeprägt phobischen Leidensdruck. Hier wurde eine erhebliche Symptomreduktion erzielt, die mit einer allgemeinen Besserung einherging. Das Eintreten dieser allgemeinen Besserung war abhängig davon, inwieweit eine Symptomreduktion gelang. Bei den gesprächspsychotherapeutisch behandelten Patienten waren die Veränderungen der phobischen Symptomatik und andere Besserungen unabhängig von der Ausgangsstärke der phobischen Symptomatik. Ferner waren die konstruktiven Änderungen der Klienten unabhängig von der Verringerung der phobischen Symptomatik.

Ein Nachteil derartiger Untersuchungen ist darin zu sehen, daß es derzeit noch keine übergreifende Theorie gibt, an der sich Forscher und Praktiker bei dem Bemühen um differentielles Vorgehen und damit letztlich auch um Kombination von Methoden aus verschiedenen ›Schulen‹ orientieren könnten. Es scheint aber wenig praktikabel zu sein, eine Methodenkombination so lange auszusetzen, bis eine derartige Theorie endgültig entwickelt worden ist. Besondere Bedeutung kommt daher beim momentanen Forschungsstand der Explikation der Kriterien und Ziele einer Methodenkombination zu.

Dieses differentielle Herangehen an psychotherapeutische Prozesse und Effekte ist zudem auch deswegen von erheblicher Bedeutung, weil es Hinweise darauf gibt, daß verschiedene Behandlungsformen sich nicht nur auf das Symptombild des Klienten unterschiedlich auswirken, sondern daß durch unterschiedliche Interventionen offensichtlich auch unterschiedliche Normen oder Sichtweisen vermittelt werden: So konnte Plog (1976) in einer Untersuchung an phobischen Patienten feststellen, daß gesprächspsychotherapeutisch behandelte Patienten im Gegensatz zu verhaltenstherapeutisch behandelten Patienten ihren Zustand eher in Abhängigkeit von ihren Lebensbedingungen sehen lernen als von ihrer phobischen Symptomatik.

Ohne Zweifel darf dieses Ergebnis nicht in der Weise generalisiert werden, daß Verhaltenstherapie generell die Sichtweise vermittelt, der Zustand eines Patienten sei allein von dem Ausmaß seiner Symptomatik abhängig. Hier dürften auch die Art der Störung und die in der genannten Untersuchung verwendeten verhaltenstherapeutischen Techniken (systematische Desensibilisierung und Flooding) eine Rolle gespielt haben.

Deutlich wird daraus jedoch, *daß* durch unterschiedliche Behandlungsformen oder -techniken dem Klienten unterschiedliche Sichtweisen vermittelt werden. Dies dürfte auch für das differentielle Vorgehen im Rahmen einer psychotherapeutischen ›Schule‹ – und nicht nur beim Vergleich zwischen den ›Schulen‹ – zutreffen.

Künftig müßte dieser Aspekt daher stärker berücksichtigt werden. Würden diese Ergebnisse bestätigt werden, so hätte dies erhebliche Auswirkungen auf die Indikationsfrage: Es müßte dann nicht nur eine Zuordnungsentscheidung eines bestimmten Klienten zu einer bestimmten Form der Behandlung aufgrund der Ausgangssymptomatik und der Behandlungsprognostik bezüglich der Symptomreduktion getroffen werden, sondern auch eine Entscheidung darüber, ob die Sichtweisen, Normen, Haltungen und Einstellungen, die diese Form oder Technik der Behandlung evoziert oder verstärkt, für die Klienten sinnvoll und hilfreich sind.

Zukünftig sollten auch stärker Gesichtspunkte in die Forschung und Praxis einbezogen werden, die *dem Klienten eine Erkenntnis seiner sekundären Abhängigkeiten ermöglichen,* die in Wechselwirkung mit seiner Symptomatik und den daraus resultierenden Erfahrungen stehen. Die aktiv verändernde Auseinandersetzung mit diesen Abhängigkeiten wird in der Gesprächspsychotherapie durch die Zentrierung der psychotherapeutischen Aktivitäten auf den inneren Bezugsrahmen des Klienten (vgl. S. 62) in dem Sinne gefördert, daß der Klient die Möglichkeit zum Durchleuchten der Abhängigkeit seiner Probleme von seinem Verhalten und von seinem Umfeld erhält, und damit die Grundlage für selbstbestimmtes Handeln gelegt werden kann.

Nach dem orthodoxen Konzept der Gesprächspsychotherapie werden jedoch nur solche Ansätze zu Veränderungen des Umfeldes des Klienten Bedeutung erhalten können, die von ihm selbst erkannt und in Erwägung gezogen werden, zumal der orthodoxe Gesprächspsychotherapeut sich in seinen Aktivitäten im Wesentlichen auf das beschränkt, was beim Klienten bereits verbal, non-verbal oder vor-verbal bearbeitet wird. Hier können erhebliche Einschränkungen von Hilfsmöglichkeiten begründet liegen.

Dies kann ferner dazu führen, daß auch in der objektiven Realität des Umfeldes des Klienten begründete Probleme und Schwierigkeiten diesem als ausschließlich oder vorrangig auf dem Wege über Einstellungs- oder Haltungsänderungen zu bewältigende erscheinen (vgl. in diesem Zusammenhang auch Rogers' Sichtweise der ›Realität‹, S. 20).
Daß hierbei in der Praxis der Gesprächspsychotherapie von den Gesprächspsychotherapeuten aus dem Bewußtsein und der Erkenntnis der Verflechtung von psychischen Beeinträchtigungen und gesellschaftlichen Gegebenheiten heraus oft viel weniger orthodox vorgegangen wird, kann solange nicht zufriedenstellen, als nicht geklärt ist, in welcher Form bei welchen Klienten mit welchen Problemen die orthodoxe Ebene verlassen werden muß, um ein definiertes Therapieziel zu erreichen. Hier bedarf es enormer Anstrengungen auch bezüglich der theoretischen Fundierung und Neukonzeption (vgl. dazu auch S. 130). Differentielle Strategien ohne theoretische Fundierung führen leicht zu fragwürdigem Eklektizismus.

Die Frage, ob das, was als ›Interventionsanweisung‹ aus diesen Konzepten und Untersuchungen resultiert, noch als ›Gesprächspsychotherapie‹ zu bezeichnen ist, sollte sekundären Charakter haben, da es in der praktischen Arbeit wesentlicher ist, dem Klienten bestmöglich zu helfen, als ein bestimmtes Konzept einer bestimmten Orientierung möglichst orthodox zu realisieren.

In diesem Zusammenhang wird auch deutlich, daß es notwendig ist, die Behandlungsbedingungen, denen ein Klient unterzogen wird, genau zu beschreiben, und daß eine globale Aussage wie z. B. die, daß der Psychotherapeut die Rogers-Grundvariablen verwirklicht habe, keine ausreichende Charakterisierung der Behandlungsbedingungen sein kann. Vergleichende Untersuchungen zwischen verschiedenen ›Schulen‹ zur Aufhellung differentieller Indikation werden jedoch durch das *Fehlen gemeinsamer Kategoriensysteme zur Klassifikation von Interventionsstrategien* behindert (Bastine 1974, van Kessel 1974); diese stehen erst in der Entwicklung.

Die von Bastine (1974) vorgenommene Neuformulierung und Neuinterpretation von Interventionsstrategien verschiedener psychotherapeutischer Ansätze könnte einen Schritt in diese Richtung darstellen. Beispiele für die vorgeschlagenen Interventionsbezeichnungen sind etwa: ›Amplifizieren‹ (Erweitern des Problembewußtseins, der Definition und der Bewältigung von Problemen; mögliche konkrete Vorgehensweise: z. B. Ermuntern von neuen Sichtweisen oder Anbieten von Alternativen). ›Konfrontieren‹ (Gegenüberstellen mit den Schwierigkeiten ohne ein Vermeiden zu ermöglichen; mögliche konkrete Vorgehensweise: z. B. Aufgreifen diskrepanter Äußerungen oder Vermitteln von divergierenden Aussagen anderer Personen).
Diese ›Interventionsstrategien‹ können bisher lediglich beschreibende Funktion haben, ihre Bedeutung für den psychotherapeutischen Prozeß muß noch empirisch abgeklärt werden. Zudem fehlt derzeit noch eine übergreifende theoretische Einbettung.

Die im Bereich der Gesprächspsychotherapie vorgelegten Untersuchungen haben weiterhin deutlich werden lassen, daß zwischen der Art des *methodischen Herangehens* an eine Fragestellung *und den möglichen Antwortalternativen Interdependenzen* bestehen — was sicherlich nicht nur für den Bereich der Gesprächspsychotherapie gilt. So haben viele Untersuchungsergebnisse nur geringen Wert, da z. B. Daten nur post hoc erhoben, nur mehr oder weniger zufällig in die Untersuchungen einbezogen wurden, oder die verwendeten Untersuchungsmethoden von vornherein nur ganz bestimmte Antworten zuließen. Zudem haben Arbeiten aus dem Bereich der Forschungsmethoden (Design-, Kontroll- und Auswertungsprobleme — Bastine 1970, Bereiter 1963, Bergin 1971, Cattell 1966, Kiesler 1966, 1969, 1971, Minsel und Langer 1973) zur kritischen Betrachtung bisheriger Ergebnisse und Vorgehensweisen beigetragen, und die Frage nach der Interpretation der aufgetretenen Effekte ist erst kürzlich wieder neu aufgeworfen worden (Amelang und Lasogga 1975).

Zwar ist es zu weit gegriffen, wenn empirische Untersuchungen beim heutigen Kenntnisstand an den Rand der Erforderlichkeit gedrängt werden (siehe z. B. Tausch 1974), richtig ist aber sicherlich, daß inhaltliche Überlegungen nicht hinter methodische zurücktreten dürfen, und daß veränderte inhaltliche Überlegungen auch andere methodische Erhebungs- und Auswertungsprozeduren erforderlich machen.

Ein nachhaltiges Beispiel für die Abhängigkeit der Ergebnisse von der Auswertungsmethodik gibt Grawe (1976) in seiner Untersuchung mit phobischen Patienten (vgl. S. 153). Im Gegensatz zu der oftmals in Psychotherapieerfolgsuntersuchungen praktizierten Auswertungsmethodik wurden neben Mittelwertsunterschieden auch die Veränderungsvarianzen berücksichtigt und zudem neben der Veränderung der Klienten in Einzelvariablen auch die Zusammenhänge und Veränderungen in verschiedenen Variablen untereinander (›Veränderungsmuster‹) analysiert. Bei einem varianzanalytischen Design hätte sich etwa ergeben, daß »Verhaltenstherapie und Gesprächspsychotherapie beide bei Phobikern eine gleichstarke hochsignifikante Verringerung der phobischen Symptomatik (bewirken). Bei der Gesprächspsychotherapie sind die Veränderungen eher etwas größer als bei der Verhaltenstherapie.« (S. 176) Aber: »Diese Aussagen sind, gemessen an denen, die wir aus der Betrachtung der Veränderungsvarianzen und Veränderungsmuster ableiten konnten, außerordentlich dürftig. Sie sagen fast nichts über die spezifische Wirkungsweise jeder der beiden Therapien, sondern spiegeln vor, daß die Therapien praktisch gleich wirken. Für die Indikation von Verhaltenstherapie und Gesprächspsychotherapie bei Phobikern hätte das Ergebnis bedeutet: Es macht keinen wesentlichen Unterschied, ob man einen phobischen Patienten mit Gesprächspsychotherapie oder Verhaltenstherapie behandelt. Diese Aussage ist bei Kenntnis unserer Ergebnisse nicht nur unvollständig, sondern falsch. Verhaltenstherapie und Gesprächspsychotherapie bewirken qualitativ unterschiedliche Effekte, und sie haben beide ihre spezifische Indikation.« (S. 176)

Unter dem Blickwinkel einer differentiellen Gesprächspsychotherapie wird künftig auch *die Rolle der Psychologischen Diagnostik* zu überdenken sein. Bisher galt die Psychologische Diagnostik hier lediglich als Instrument der Überprüfung der Effekte psychotherapeutischer Behandlung (vgl. S. 59). Differentielle Interventionsstrategien aber machen eine fortlaufende Neuerhebung des Ist-Zustandes des Klienten als Basis einer optimalen Strategiewahl erforderlich. Diese Gesichtspunkte finden in der Verhaltenstherapie bereits stärker Berücksichtigung (vgl. z. B. Schulte 1974).

Auch bei einem derartigen Vorgehen gibt es jedoch noch eine Reihe von Faktoren, die einer weiteren Klärung bedürfen: Geht man davon aus, daß bei einer differentiellen Form der Gesprächspsychotherapie für unterschiedliche Problemstellungen unterschiedliche Behandlungen realisiert werden, so dürften mindestens zwei Modelle für die im jeweiligen Fall bezüglich des konkreten Vorgehens zu treffende Entscheidung denkbar sein:

Zum einen kann ein System von technologischen Regeln, Strategien und praktischen Handlungsanweisungen herangezogen werden, die nicht aus Theorien deduziert werden und deren funktionale Gültigkeit durch die Zuordnung eines Effektivitätswertes überprüft wird, der die Wahrscheinlichkeit angibt, mit der bei einer bestimmten Problemstellung und einer bestimmten Verhaltensdiagnose ein definiertes Ziel durch eine bestimmte Art der Behandlung erreicht wird (vgl. Westmeyer 1972, 1974; Wegener 1974).

Zum anderen kann eine Behandlungszuweisung auf der Grundlage empirisch bestätigter theoretischer Sätze aus dem Bereich der Verhaltenstheorie erfolgen (vgl. Schulte 1974), wobei die Bereiche der Zielbestimmung, der Bedingungsanalyse und der Behandlungsplanung als abhängig voneinander betrachtet werden und die Überprüfung der Hypothesen über Entstehung, Aufrechterhaltung und optimale Strategien zur angestrebten Veränderung eines bestimmten Verhaltens durch die Behandlung selbst erfolgt. Westmeyer (1975, 1976) kritisiert hieran, daß sofern

»... in der Verhaltenstherapie *die* entscheidende Bewährungsinstanz für eine Verhaltensdiagnose gesehen werden muß, daß also Verhaltenstherapie als Prüfung idiographischer Hypothesen (Verhaltensdiagnosen) zu deuten ist, so nicht mehr verständlich gemacht werden (kann), wie überhaupt eine Prüfung allgemeinerer verhaltenstheoretischer und/oder therapietheoretischer Annahmen auch nur möglich sein könnte.« (Westmeyer 1976, S. 123) Die Unwirksamkeit einer so ausgewählten Behandlungsform ist nicht notwendigerweise auf die Unangemessenheit der Ausgangshypothese zurückzuführen, da z. B. die Hypothese zutreffend sein kann, das Hintergrundwissen jedoch falsch (vgl. Westmeyer 1975).

Das Modell der technologischen Regeln setzt dagegen u. a. relativ klar abgrenzbare Problembereiche voraus und läßt sich zudem derzeit wegen des Fehlens derartiger Regeln in der Praxis nicht realisieren.

Ferner lassen die Ergebnisse über qualitativ unterschiedliche Erfahrungen von Klienten in zeitlich aufeinanderfolgenden Therapiephasen (Eckert 1974), die Zusammenhänge zwischen Persönlichkeitsausgangsmerkmalen und der subjektiven Zufriedenheit der Klienten mit der Therapie (Sander 1975) sowie die Möglichkeit der Prognose aufgrund von Prozeßerfahrungen in einer frühen Therapiephase (Eckert 1974) die diagnostische Seite der Behandlung auch im Bereich der Gesprächspsychotherapie in einem neuen Licht erscheinen. Daher sollten verstärkt Überlegungen und Untersuchungen bezüglich der Informationserhebung vor und während der Psychotherapie und – in Verbindung damit – insbesondere bezüglich der Konzeption zusätzlicher Methoden und Formen der Psychodiagnostik (z. B. Frohburg 1972, Kasielke und Frohburg 1972, Shostrom 1969, Shostrom und Knapp 1966) in den Mittelpunkt rücken.

Literatur

Amelang, M. & Lasogga, F.: Unkontrollierte Faktoren des Behandlungserfolges beim Einsatz von Gesprächsmethoden. Z. Entw. Päd. Psychol. VII, 4, 1975, 276–288.

Anderson, S. C.: Effects of confrontation by high- and low-functioning therapists on high- and low-functioning clients. J. Counsel. Psychol. 16, 1969, 299–302.

Andrews, J. D. W.: Psychotherapy of phobias. Psychol. Bull. 66, 1966, 455–480.

Axline, V. M.: Kinder-Spieltherapie im nicht-direktiven Verfahren. München 1972.

Bach, G. R.: The marathon group: intensive practice of intimate interaction. Psychol. Rep. 18, 1966, 995–1002.

Bailey, K. G. & Sowder, W.: Audiotape and videotape self-confrontation in psychotherapy. Psychol. Bull. 74, 1970, 127–137.

Bandura, A., Lipsher, D. & Miller, P. E.: Psychotherapists' approach-avoidance reactions to patient's expressions of hostility. J. Consult. Psychol. 24, 1960, 1–8.

Barrett-Lennard, G.-T.: Dimensions of therapist response as causal factors in therapeutic change. Psychol. Monogr. 76, 1962, Whole No. 562.

Bastine, R.: Forschungsmethoden in der klinischen Psychologie. In: Schraml, W. J. (Hrsg.): Klinische Psychologie I. Bern 1970, 523–562.

Bastine, R.: Ansätze zur Formulierung von Interventionsstrategien in der Psychotherapie. Vortrag I. Europ. Kongreß f. Gesprächspsychotherapie, Würzburg 1974.

Bayer, G.: Methodische Probleme der Verhaltenstherapieforschung. In: Kraiker, Chr. (Hrsg.): Handbuch der Verhaltenstherapie, München 1974, 151–174.

Beery, J. W.: Therapists' responses as a function of level of therapist experience and attitude of the patient. J. Consult. Psychol. 34, 1970, 239–243.

Beier, E. G.: On supervision in psychotherapy. Psychotherapy: Theory, Research and Practice. 1(2), 1964, 91–95.

Bereiter, C.: Some persisting dilemmans in the measuring of change. In: Harris, C. W. (Ed.): Problems in measuring change. Univ. of Wisconsin, Madison 1963, 3–20.

Berenson, B. G., Mitchell, K. M. & Laney, R.: Level of therapist functioning, types of confrontation, and type of patient. J. Clin. Psychol. 24, 1968 (a), 111.

Berenson, B. G., Mitchell, K. M. & Moravec, J. A.: Level of therapist functioning, patient depth of self-exploration, and type of confrontation. J. Counsel. Psychol. 15, 1968 (b), 136–139.

Bergin, A. E.: An empirical analysis of therapeutic issues. In: Arbuckle, D. (Ed.): Counseling and psychotherapy: an overview. New York 1967, 175–208.

Bergin, A. E.: The evaluation of therapeutic outcomes. In: Bergin, A. E. & Garfield, S. L. (Eds.): Handbook of psychotherapy and behaviour change. New York 1971.

Bergin, A. E. & Garfield, S. L.: Handbook of psychotherapy and behaviour change: and empirical analysis. New York 1971.

Bergin, A. E. & Strupp, H. H.: Changing frontiers in the science of psychotherapy. Chicago/New York 1972.

Bergold, J. B.: Experimentelle und klinische Untersuchungen zur Desensibilisierung: Eine Literaturübersicht. Schweizerische Zeitschrift f. Psychologie 3, Bd. 28, 1969, 229–256.

Bergold, J. B.: Forschung in der Verhaltenstherapie. In: Schraml, W. J. & Baumann, U. (Hrsg.): Klinische Psychologie II. Bern 1974, 245–285.

Böllner, G., Tausch, A.-M. & Tausch, R.: Selbstkommunikation von psychiatrischen Patienten, körperlich Erkrankten und gesunden Personen, Zusammenhang mit Persönlichkeitsmerkmalen. Z. Klin. Psychol. IV, 2, 1975, 101–111.

Bohn, M. J.: Counselor behaviour as a function of counselor dominance, counselor experience and client types. J. Counsel. Psychol. 12, 1965, 346–352.

Bohn, M.: Therapist response to hostility and dependency as a function of training. J. Consult. Psychol. 31, 1967, 195–198.

Bommert, H.: Die Prozeßvariablen SE und VEE in ihrer Bedeutung für die klienten-zentrierte Gesprächspsychotherapie. Dissertation, Univ. Hamburg 1971.

Bommert, H.: Zur Problematik der Lerntheorie als Bezugsrahmen klientenzentrierter Verhaltensmodifikation. Informationsblätter der Gesellschaft für wissenschaftliche Gesprächspsychotherapie e.V. 13, 1973, 1—9.

Bommert, H.: Einige Gesichtspunkte zur empirischen Erfassung und Bedeutung des Experiencing-Konzepts. Vortrag I. Europ. Kongr. f. Gesprächspsychotherapie. Würzburg 1974.

Bommert, H.: Der therapeutische Prozeß unter dem Gesichtspunkt des Lernens. In: Gesellschaft für wissenschaftliche Gesprächspsychotherapie (Hrsg.): Die klientenzentrierte Gesprächspsychotherapie. München 1975 (a), 79–85.

Bommert, H.: Ansätze zur Kombination therapeutischer Methoden in der Schule. Vortr. 2. Bundeskonferenz für Schulpsychologie und Bildungsberatung, Freiburg 1975 (b).

Bommert, H., Mann, F. & Stauß, H.: Zusammenhänge zwischen Erwartungshaltungen und psychischen Veränderungen von Klienten durch Gesprächspsychotherapie. Z. Klin. Psychol. IV, 4, 1975 (a), 239–249.

Bommert, H., Eschenröder, C., Stauß, H. & Wegert, K.: Abriß der theoretischen Grundlagen des klienten-zentrierten Konzepts. Photodruck, Münster 1973.

Bommert, H., Minsel, W.-R., Fittkau, B., Langer, I. & Tausch, R.: Empirische Kontrolle der Effekte und Prozesse der klientenzentrierten Gesprächspsychotherapie bei psychoneurotischen Klienten. Z. Klin. Psychol. I, 1, 1972, 48-63.

Bommert, H., Busen, A., Gogolla, H., Klein, D., Lütkemeier, P. & Plessen, U.: Untersuchung zur Förderung lernbehinderter Sonderschüler durch klienten-zentrierte Verhaltensmodifikation. Psychol. in Erziehung und Unterr., 22. Jg., 1975 (b), 129–136.

Bordin, E. S.: Research strategies in psychotherapy. New York 1974.

Broekmann, N. C. & Möller, A. T.: Preferred Seating Position and Distance in Various Situations. J. Counsel. Psychol. 20, 6, 1973, 504–508.

Carkhuff, R. R.: Helping and human relations. Vol. I/II. New York 1969.

Carkhuff, R. R., & Truax, C. B.: Training in counseling and psychotherapy: an evaluation of an integrated didactic and experiential approach. J. Consult. Psychol. 29, 1965, 333–336.

Carkhuff, R. R. & Truax, C. B.: Lay mental health counseling – the effects of lay group counseling. J. Consult. Psychol. 29, 1965, 426–431.

Carson, R. C. & Heine, R. W.: Similarity and success in therapeutic dyads. J. Consult. Psychol. 26, 1962, 38–43.

Carson, R. C. & Lewellyn, D. E.: Similarity in therapeutic dyads: a reevaluation. J. Consult. Psychol. 30, 1966, 458.

Cartwright, D. S. & Cartwright, R. D.: Faith and improvement in psychotherapy. J. Counsel. Psychol. 5, 1958, 174–177.

Cartwright, R. D. & Lerner, B.: Empathy, need to change, and improvement with psychotherapy. J. Consult. Psychol. 27, 1963, 138–144.

Cattell, R. B.: Patterns of change: Measurement in relation to state-dimension, trait change, lability, and process change. In: Cattell, R. B. (Ed.): Handbook of multivariate experimental psychology. Chicago 1966.

Culbert, S. A.: Trainer self-disclosure and therapeutic growth in a T-group. Unpublished doctoral dissertation, Univ. of California, Los Angeles 1966.

Dahlhoff, H.-D. & Bommert, H.: Eine deutsche Fassung der Experiencing-Skala. Beitrag zum 4. Symposion für Gesprächspsychotherapie, Zürich 1975.

Dahlhoff, H.-D. & Bommert, H.: Forschungs- und Trainingsmanual zu einer deutschen Fassung der Experiencing-Skala. Photodruck, Münster 1976.

Deutscher Bundestag: Bericht über die Lage der Psychiatrie in der Bundesrepublik Deutschland – Zur psychiatrischen und psychotherapeutisch/psychosomatischen Versorgung der Bevölkerung. Bundesdrucksache 7/4200, 1975.

Doll, G., Feindt, K., Kühne, A., Langer, I., Sternberg, W.-D., & Tausch, A.-M.: Klientenzentrierte Gespräche mit Insassen eines Gefängnisses über Telefon. Z. Klin. Psychol. III, 1, 1974, 39–56.

Dollard, J. & Miller, N. E.: Personality and Psychotherapy. New York 1950.

Eckert, J.: Prozesse in der Gesprächspsychotherapie. Die Bedeutung subjektiver Erfahrungen von Klient und Psychotherapeut im Hinblick auf Therapieverlauf und Therapieerfolg. Dissertation, Univ. Hamburg 1974.

Engel, S., Faupel, H. & Plessen, U.: Über die Einstellung von klinischen Psychologen gegenüber Nervenärzten und von Nervenärzten gegenüber klinischen Psychologen. Münster, Im Manuskript, 1976.

Eysenck, H.-J.: The effects of psychotherapy: an evaluation. J. Consult. Psychol. 16, 1952, 319–324.

Farmer, R. G.: Values and personal style in psychotherapy. Psychotherapy: Theory, Research and Practice 6, 1969, 131–136.

Farson, R. E.: Introjection in the psychotherapeutic relationship. J. Counsel. Psychol. 8, 1961, 337–342.

Feifel, H. & Eells, J.: Patients and therapists assess the same psychotherapy. J. Consult. Psychol. 27, 1963, 310–318.

Fey, W. F.: Acceptance by others and its relation to acceptance of self and others: a reevaluation. J. abn. soc. Psychol. 50, 1955, 274–276.

Fish, J. M.: Empathy and the reported emotional experiences of beginning psychotherapists. J. Consult. Psychol. 35, 1970, 64–69.

Fiske, D. W., Cartwright, D. S. & Kirtner, W. L.: Are psychotherapeutic changes predictable? J. abn. Soc. Psychol. 69, 1964, 418–426.

Foulds, M. L.: Self-actualisation and the communication of facilitative conditions during counseling. J. Counsel. Psychol. 16, 1969, 132–136.

Foulkes, S. H. & Anthony, E. J.: Group Psychotherapy. London 1967.

Frank, J. D.: The role of hope in psychotherapy. Intern. J. Psychiat. 5, 1968, 383–395.

Frank, J. D., Gliedmann, L. H., Imber, S. D., Nash, E. H. & Stone, A. R.: Why patients leave psychotherapy. Arch. Neurol. Psychiat. 77, 1957, 283–299.

Franke, A.: Überprüfung der Effekte klienten-zentrierter Gruppenpsychotherapie. Unveröff. Diss., Universität Bochum 1975.

Frohburg, I.: Die Verwendbarkeit psychodiagnostischer Methoden zur Veränderungsmessung in der Psychotherapie. In: Helm, J. (Hrsg.): Psychotherapieforschung. Fragen, Versuche, Fakten. Berlin 1972, 49–91.

Gallagher, E. B., Levinson, D. J. & Erlich, J.: Some sociopsychological characteristics of patients and their revelance for psychiatric treatment. In: Grennblatt, M., Levinson, D. J. & Williams, R. (Eds.): The patient and the mental hospital. New York 1957, 357–379.

Garfield, S. L. & Wolpin, M.: Expectations regarding psychotherapy. J. Nerv. Ment. Dis. 137, 1963, 353–362.

Gendlin, E. T.: Experiencing: a variable in the process of psychotherapeutic change. Amer. J. Psychotherapy 15, 1961, 233 ff.

Gendlin, E. T.: Experiencing and the creation of meaning. New York 1962.

Gendlin, E. T.: The experiential response. In: Hammer, E. F. (ed.): Use of Interpretation in Treatment. Technique and Art. New York 1968, Chap. 26.

Gendlin, E. T.: Focusing. Psychotherapy, 1969, 6, 4-15.

Gendlin, E. T.: A theory of personality change. In: Hart, J. T. & Tomlinson, T. M. (Eds.): New directions in client-centered therapy. Boston 1970 (a).

Gendlin, E. T.: The significonce of felt meaning. In: Cornier, R. et al. (Eds.): An introduction to philosophy. Glenview 1970 (b).

Gendlin, E. T.: Experiential Phenomenology. In: Natanson, M. (ed.): Phenomenology and the social sciences. Evanston 1973.

Gendlin, E. T.: Client-centered and experiential psychotherapy. In: Wexler, D. A. & Rice, L. N. (Eds.): Innovations in client-centered therapy. New York 1974.

Gendlin, T. E. & Tomlinson, T. M.: The process conception and its measurement. In: Rogers, C. R. et al. (Eds.): The therapeutic relationship and its impact, 1967, 109–131.

Gillian, P.: Behaviour therapy and psychotherapy: a comparative investigation. Ph. D. Thesis, London University 1971.

Goin, M. K., Yamamoto, J. & Silvermann, J.: Therapy congruent with class-linked expectations. Arch. Gen. Psychiat. 13, 1965, 133–137.

Goldfried, M. R.: Systematic desensitisation as training in self control. J. Consult. Clin. Psychol. 37, 1971, 228–234.

Goldstein, A. P.: Therapist-patient expectancies in psychotherapy. New York 1962.

Gordon, R. E. & Gordon, K. K.: Is short term psychotherapy enough? Journal of the Medical Society of New Jersey 63, 1966, 41–44.

Gordon, T.: Group centered leadership and administration. In: Rogers, C. R.: Client centered therapy. Boston 1951.

Gordon, T.: Group centered leadership. Boston 1955.

Gottwald, P.: Psychotherapie als Heilberuf. Psychiatrische Praxis 2, 3, 1975, 149–165.

Grawe, K.: Differentielle Psychotherapie I. Bern/Stuttgart/Wien 1976.

Grummon, D. L. & John, S. E.: Changes over client-centered therapy evaluated on psychoanalytically based Thematic Apperception Test scales. In: Rogers, C. R. & Dymond, R. F. (Eds.): Psychotherapy and personality change. Chicago 1954, 121–144.

Gurman, A. S.: Therapists' mood patterns and therapeutic facilitativeness. J. Counsel. Psychol. 19, 1972, 169–170.

Gurman, A. S.: Effects of therapist and patient mood on the therapeutic functioning of high- and low-facilitative therapists. J. Consult. and Clin. Psychol. 40, 1973, 48–58.

Haase, R. F. & Dimattia, D. J.: Proxemic behavior: Counselor, administrator and client preference for seating arrangement in dyadic interaction. J. Counsel. Psychol. 17, 1970, 319–325.
Hansen, J. C. & Barker, E. N.: Experiencing and the supervisory relationship. J. Counsel. Psychol. 11, 1964, 107-111.
Hart, J. T.: The developement of client-centered therapy. In: Hart, J. T. & Tomlinson, T. M. (Eds.): New directions in client-centered therapy. Boston 1970, 3–22.
Hart, J. T. & Tomlinson, T. M.: New directions in client-centered therapy. Boston 1970.
Hartig, M.: Methoden und Probleme der Psychotherapieforschung. München 1975.
Heine, R. W. & Trosman, H.: Initial expectations of the doctor-patient interaction as a factor in continuance in psychotherapy. Psychiatry 23, 1960, 275–278.
Heller, K. & Marlatt, G. A.: Verbal conditioning, behavior therapy and behavior change: Some problems in extrapolation. In: Franks, C. M. (Ed.): Behavior therapy: Appraisal and Status. New York 1969, 569–588.
Heller, K., Myers, R. A. & Kline, L. V.: Interviewer behavoir as a function of standardized client roles. J. Consult. Psychol. 27, 1963, 117–122.
Helm, J.: Psychotherapieforschung. Fragen, Versuche, Fakten. Berlin 1972.
Hobbs, N.: Group-centered psychotherapy. In: Rogers, C. R. (Ed.): Client-centered therapy. Boston 1951.
Hoehn-Saric, R., Frank, J. D., Imber, S. D., Nash, E. H., Stone, A. R. & Battle, C. C.: Systematic preparation of patients for psychotherapy: 1. effects on therapy behavior and outcome. J. Psychiat. Res. 2, 1964, 267–281.
Holder, T., Carkhuff, R. R. & Berenson, B. G.: Differential effects of the manipulation of therapeutic conditions upon high- and low-functioning clients. J. Counsel. Psychol. 14, 1967, 63–66.
Hollingshead, A. B. & Redlich, F. C.: Schizophrenia and social structure. Amer. J. Psychiat. 110, 1954, 695–701.
Hollingshead, A. B. & Redlich, F. C.: Social class and mental illness. New York 1958.
Howard, K. J., Krause, M. S. & Orlinsky, D. E.: Direction of effective influence in psychotherapy. J. Consult. and Clin. Psychol. 33, 1969, 614–620.
Howard, K. J., Orlinsky, D. E. & Hill, J. A.: Affective experience in psychotherapy. J. abn. Psychol. 75, 1970, 267–275.
Ivey, A. E., Normington, C. J., Miller, D. C., Merrill, W. H. & Haase, R. F.: Microcounseling and attending behavior: An approach to prepracticum counselor training. J. Counsel. Psychol. 15 (Monogr. Suppl. 5), 1968.
Jourard, S. M. & Jaffee, P. E.: Influence of an interviewer's disclosures on the self-disclosing behavior of interviewers. J. Counsel. Psychol. 17, 1970, 252–257.
Junkers, G.: Die Möglichkeiten der Anwendung von klientenzentrierter Gesprächspsychotherapie bei geronto-psychiatrischen Patienten. Vortr. I. Europ. Kongr. f. Gesprächsspychotherapie. Würzburg 1974.
Kaiser, K. W. & Berwald, H.: Zur praktischen Anwendung kognitiver Therapieansätze in Gruppen. Arbeitsbericht über ein Verhaltenstherapie-Ausbildungsprojekt zum therapeutischen Gesprächsverhalten. In: Mitteilungen der Gesellschaft zur Förderung der Verhaltenstherapie, 7. Jg., 1, 1975, 31–44.
Kanfer, F. H. & Phillips, J. S.: Learning foundations of behavior therapy. New York 1970.

Kasielke, E. & Frohburg, I.: Erkrankungsuntersuchungen zum Problem der Klassifikation neurotischer Störungen als Grundlage von Veränderungsmessungen in der Psychotherapie. In: Helm, J. (Hrsg.): Psychotherapieforschung. Fragen, Versuche, Fakten. Berlin 1972, 92-103.

Keith-Spiegel, P. & Spiegel, D.: Perceived helpfulness of others as a function of compatible intelligence levels. J. Counsel. Psychol. 14, 1967, 61–62.

Kelley, G. A.: The Psychology of Personal Constructs. New York 1955.

Kessel, W. van: Der psychotherapeutische Prozeß: Abriß für eine Beschreibung in interaktionellen Ausdrücken. Vortr. I. europ. Kongr. f. Gesprächspsychotherapie, Würzburg 1974.

Kiesler, D. J.: Some myths of psychotherapy research and the search for a paradigm. Psychol. Bull. 65, 1966, 110–136.

Kiesler, D. J.: A grid model for therapy and research in the psychotherapies. In: Eron, L. D. (Hrsg.): The relationship of theory and technique in psychotherapy. Chicago 1969.

Kiesler, D. J.: Experimental designs in psychotherapy research. In: Bergin, A. E. & Garfield, S. L. (Eds.): Handbook of psychotherapy and behavior change. New York 1971, 36–74.

Kiesler, D. J., Klein, M. H. & Mathieu, P. L.: Sampling from the recorded therapy interview: The problem of segment location. J. Consult. Psychol. 1965, 29, 337–344.

Kiesler, D. J., Mathieu, P. L. & Klein, M. H.: Sampling from the recorded therapy interview: A comparative study of different segment legths. J. Consult. Psychol. 28, 1964, 349–357.

Kiesler, D. J., Mathieu, P. L. & Klein, M. H.: Process movement in therapy interaction demograph variables in therapy interview segments. J. Consult. Psychol. 31, 1967 (a), 224.

Kiesler, D. J., Mathieu, P. L. & Klein, M. H.: Process movement in therapy ind sampling interviews. In: Rogers, C. R. et al. (Eds.): The therapeutic relationship and its impact. Wisconsin 1967 (b), 135–185.

Klein, M. H., Mathieu, P. L., Gendlin, E. T. & Kiesler, D. J.: The experiencing scale. A research and training manual. Vol. I and II. Wisconsin 1969.

Kroeger, M.: Themenzentrierte Seelsorge. Stuttgart 1973.

Kühne, H. H. & Schwaiger, H.: Zum Recht der Heilbehandlung durch Psychologen. Bern/Stuttgart/Wien 1976.

Landfield, A. W. & Nawas, M. M.: Psychotherapeutic improvement as a function of communication and adaption of therapists values J. Counsel. Psychol. 4, Vol. 11, 1964, 336–341.

Lennard, H. L. & Bernstein, A.: The anatomy of psychotherapy. New York 1960.

Lerner, B.: Therapy in the ghetto. Baltimore 1972.

Lesse, S.: Placebo reactions and spontaneous rhythmus; their effects on the results of psychotherapy. Amer. J. Psychotherapy 18, 1964, 99–115.

Lessler, K. J. & Strupp, H. H.: Outcome evaluations and effective response of psychotherapists to patients in treatment. Psychotherapy: Theory, research and Practice 4, 1967, 103–106.

Levitt, E.: Psychotherapy research and the expectation-reality discrepancy. Psychotherapy 3, 1966, 163–166.

Lichtenstein, E.: Personality similarity and therapeutic success: a failure to replicate. J. Consult. Psychol. 30, 1966, 287.

Lohrenz, J. G., Hunter, R. C. & Schwartzman, A. E.: Factors relevant to positive psychotherapeutic responses in university students. Canadian Psychiat. Ass. Journal 11, 1966, 38–42.

Di Loreto, A.: A comparison of the relative effectiveness of systematic desensitization, rational emotive and client-centered group psychotherapy in the reduction of interpersonal anxiety in introverts and extraverts. Diss. Abstr. Int. 30 (12-A), 1970, 5230–5231.

Lorion, R. P.: Socioeconomic status and traditional treatment approaches reconsidered. Psychol. Bull. 79, 1973, 263–270.

Lorr, M.: Client perceptions of therapists: a study of the therapeutic relations. J. Consult. Psychol. 29, 1965, 146–149.

Luborsky, L.: The patient's personality and psychotherapeutic change. In: Strupp, H. H. & Luborsky, L. (Eds.): Research in psychotherapy. Vo. II, Washington D. C. 1962.

Luria, A. R.: Die Entwicklung der Sprache und die Entstehung der psychischen Prozesse. In: Hiebsch, H., Klix, F. & Vorweg, M. (Hrsg.): Ergebnisse der sowjetischen Psychologie. Berlin 1967.

Luria, A. R. & Judowitsch, F. J.: Die Funktion der Sprache in der geistigen Entwicklung des Kindes. Düsseldorf 1973.

Mandel, K. H., Mandel A. & Rosenthal, H.: Einübung der Liebesfähigkeit. Praxis der Kommunikationstherapie für Paare. München 1975.

Mandel, A., Mandel, K. H., Stadter, E. & Zimmer, D.: Einübung in Partnerschaft durch Kommunikationstherapie und Verhaltenstherapie. München 1971.

Martin, D. G.: Learning-based client-centered therapy. Monterey 1972. Dt. Ausg.: Gesprächspsychotherapie als Lernprozeß. Salzburg 1975.

Martin, J. C. & Carkhuff, R. R.: Changes in personality and interpersonal functioning of counselor-in-training. J. Clin. Psychol. 24, 1968, 109–110.

Martin, J. C., Carkhuff, R. R. & Berenson, B. G.: Process variables in counseling and psychotherapy: a study of counseling and friendship. J. Counsel. Psychol. 13, 1966, 356–359.

Matthies, H. & Fittschen, B.: Klientenzentrierte Gruppenpsychotherapie. Ein Vergleich mit psychoanalytischer und verhaltenstherapeutischer Gruppentherapie an Hand von Prozeß- und Erfolgsmerkmalen. Vortrag I. Europ. Kongr. f. Gesprächspsychotherapie. Würzburg 1974.

Mayeroff, M.: On caring. New York 1971.

Meichenbaum, D. H.: Kognitive Faktoren bei der Verhaltensmodifikation: Veränderungen der Selbstgespräche von Klienten. In: Hartig, M. (Hrsg.): Selbstkontrolle. Lerntheoretische und verhaltenstherapeutische Ansätze. München 1973, 197–213.

Mendelsohn, G. A.: Client-counselor compatibility and the effectiveness of counseling. Technical report to vocational rehabilitation administration. April 1968.

Meltzoff, J. & Blumenthal, R. L.: The day treatment center: principles, application and evaluation. Springfield 1966.

Meltzoff, J. & Kornreich, M.: Research in psychotherapy. New York 1970.

Mills, D. H. & Abeles, N.: Counselor needs for affiliation and nurturance as related to liking for clients and counseling process. J. Counsel. Psychol. 12, 1965, 353–358.

Minsel, W. R.: Gesprächspsychotherapie bei dissozialen Jugendlichen. Praxis der Kinderpsychologie u. Kinderpsychiatrie 22, 1973, 131–135.

Minsel, W. R.: Praxis der Gesprächspsychotherapie. Grundlagen – Forschung – Auswertung. Wien/Köln/Graz 1974.

Minsel, W. R. & Langer, I.: Methodisches Vorgehen zum Erfassen von psychotherapie-bedingten Veränderungen – eine Diskussion. Ber. 27. Kongr. Dt. Ges. Psychol., Göttingen 1973, 646–651.

Minsel, W. R. & Minsel, B.: Aufbau und Analyse von Verhaltenstrainingskursen mit Gesamtschullehrern aus Schleswig-Holstein. In: Royl, W. & Minsel, W.-R. (Hrsg.): Teachertraining — Beiträge zur innovativen Lehrerfortbildung. Hannover 1973.

Minsel, W. R., Bommert, H. & Pieritz, R.: Beziehungen zwischen sprachformalen Psychotherapeuten-Merkmalen und dem Erfolg von klientenzentrierter Gesprächspsychotherapie. Z. Klin. Psychol. u. Psychother. 20, 1972, 303–310.

Minsel, W. R., Langer, I., Peters, U. & Tausch, R.: Bedeutsame weitere Variablen des Psychotherapeutenverhaltens. Z. Klin. Psychol., II, 3, 1973, 197–210.

Minsel, W. R., Bommert, H., Bastine, R., Langer, I., Nickel, H. & Tausch, R.: Weitere Untersuchungen der Auswirkung und Prozesse klienten-zentrierter Gesprächspsychotherapie, Z. Klin. Psychol. I, 3, 1972, 232–250.

Morgan, W. G.: Nonnecessary conditions or useful procedures in desensitization: a reply to Wilkins. Psychol. Bull. 79, 1973, 373–375.

Myers, J. K. & Schaffer, L.: Social stratification and psychiatric practice: a study of an outpatient clinic. Amer. sociol. Rev. 19, 1954, 307–310.

McNair, D. M., Lorr, M. & Calahan, D. M.: Patient and therapist influences on quitting psychotherapy. J. Consult. Psychol. 27, 1963, 10–17.

McNair, D. M., Lorr, M., Young, H. H., Roth, J. & Boyd, R. W.: A three-year follow-up of psychotherapy patients. J. Clin. Psychol. 20, 1964, 258–264.

Nawas, M. M. & Landfield, A. W.: Improvement in psychotherapy and adaption of the therapist's meaning system. Psychol. Rep. 13, 1963, 97–98.

Orlinsky, D. E. & Howard, K. Z.: The good therapy hour: experiental correlates of patients' and therapists' evaluations of therapy sessions! Arch. Gen. Psychiat. 16, 1967, 621–632.

Ourth, L. & Landfield, A. W.: Interpersonal meaningfulness and termination in psychotherapy. J. Counsel. Psychol. 12, 1965, 366–371.

Overall, B. & Aronson, H.: Expectations of psychotherapy in patients of lower socioeconomic class. Amer. J. Orthopsychiat. 33, 1963, 321.

Pagell, W. A., Carkhuff, R. R. & Berenson, B. G.: The predicted differential effects of the level of counselor functioning upon the level of functioning of outpatients. J. Clin. Psychol. 23, 1967, 510–512.

Parikh, B., Steinbach, I., Tausch, A.-M. & Teegen, F.: Dimensionen der Stimm- und Sprechweise von Beratern-Helfern am Telefon, Zusammenhang mit Persönlichkeitsvariablen sowie Bevorzugung durch Rat- und Hilfesuchende. Z. Klin. Psychol. II, 2, 1973, 145–150.

Parson, L. B. & Parker, G. V. C.: Personal attitudes, clinical appraisals and verbal behavior of trained and untrained therapists. J. Consult. and Clin. Psychol. 32, 1968, 64–71.

Pavel, F. G.: Existentialistische Erlebenstherapie contra naturwissenschaftlich orientierte Gesprächspsychotherapie – eine gut gemeinte Polemik. In: Informationsblätter der Gesellschaft für wissenschaftliche Gesprächspsychotherapie e. V., 20, 1975, 17–24.

Pavel, F. G. & Sander, K.: Erste Ergebnisse zur Langzeitwirkung von psychotherapeutischen klientenzentrierten Selbsterfahrungsgruppen (KSE-Gruppen). In: Informationsblätter der Gesellschaft für wissenschaftliche Gesprächspsychotherapie e. V., 17, 1974, 1–10.

Paul, G. L.: Insight and desensitization in psychotherapy. Stanford 1966.

Paul, G. L.: Strategy of outcome research in psychotherapy. J. Consult. Psychol. 31, 1967, 109–118.

Peres, H.: An investigation of non-directive grouü therapy. J. Consult. Psychiat. 11, 1967, 159–172.

Perrez, M.: Gesprächspsychotherapie als Therapie internal motivierter Konflikte. In: Gesellschaft für wissenschaftliche Gesprächspsychotherapie (Hrsg.): Die klientenzentrierte Gesprächspsychotherapie. München 1975, 86–97.

Pfeiffer, W. M.: Erklärungsmodelle zum Verlauf des psychotherapeutischen Prozesses. In: Gesellschaft für wissenschaftliche Gesprächspsychotherapie (Hrsg.): Die klientenzentrierte Gesprächspsychotherapie. München 1975a, 72–78.
Pfeiffer, W. M.: Zur Erfassung des therapeutischen Prozesses mit Hilfe komplexer Skalen. In: Gesellschaft für wissenschaftliche Gesprächspsychotherapie (Hrsg.): Die klientenzentrierte Gesprächspsychotherapie. München 1975b, 155–161.
Pierce, R. & Schauble, P. G.: Graduate training of facilitative counselors: the effects of individual supervision. J. Counsel. Psychol. 17, 1970, 210–215.
Pierce, R., Carkhuff, R. R. & Berenson, B. G.: The differential effects of high- and low-functioning counselors upon counselors-in-training. J. Clin. Psychol. 23, 1967, 212–215.
Plessen, U. & Bommert, H.: Notwendigkeit, Möglichkeiten und Probleme der Kombination psychotherapeutischer Methoden. Vortr. Jahrestagung der Landesarbeitsgemeinschaft für Erziehungsberatung Nordrhein-Westfalen, Bielefeld 1976.
Plog, U.: Partner-Therapie. In: Gesellschaft für wissenschaftliche Gesprächspsychotherapie (Hrsg.): Die klientenzentrierte Gesprächspsychotherapie. München 1975, 204–211.
Plog, U.: Differentielle Psychotherapie II. Bern/Stuttgart/Wien 1976.
Poser, E.: The effect of therapists' training on group therapeutic outcome. J. Consult. Psychol. 30, 1966, 283–289.
Quitmann, H., Tausch, A.-M. & Tausch, R.: Selbstkommunikation von Jugendlichen und ihren Eltern, Zusammenhang mit Psychoneurotizismus und elterlichem Erziehungsverhalten. Z. Klin. Psychol. III, 3, 1974, 193–204.
Radin, H.: Maternal warmth, achievement, motivation and cognitive functioning in lower class preschool children. Child. Development 42 (5), 1971, 1560–1565.
Raimy, U. C.: Self reference in counseling interviews. J. Consult. Psychol. 12, 1948, 153–163.
Raskin, A.: Factors therapists associate with motivation to enter psychotherapy. J. Clin. Psychol. 17, 1961, 62–65.
Redlich, F. C., Hollingshead, A. B., Roberts, B. H., Robinson, H. A., Freedman, L. Z. & Myers, J. K.: Social structure and psychiatric disorders. Amer. J. Psychiat. 109, 1953, 729–734.
Rice, L. N. & Wagstaff, A. K.: Client voice quality and expressive style as indexes of productive psychotherapy. J. Consult. Psychol. 31, 1967, 557–563.
Roberts, R. & Renzaglia, G.: The influence of tape recording on counseling. J. Consel. Psychol. 12, 1965, 10–16.
Rogers, A. H.: Videotape feedback in group psychotherapy. Psychotherapy: Theory, Research and Practice 5 (1), 1968, 37–39.
Rogers, C. R.: Counseling and psychotherapy. Boston 1942. Dt. Ausg.: Die nicht-direktive Beratung. München 1972.
Rogers, C. R.: Client-centered therapy. Boston 1951. Dt. Ausg.: Die klientbezogene Gesprächstherapie. München 1973.
Rogers, C. R.: The necessary and sufficient conditions of therapeutic personality change. J. Consult. Psychol. 21, 1957, 95–103.
Rogers, C. R.: A process conception of psychotherapy. Am. Psychologist 13, 1958, 142–149.
Rogers, C. R.: A tentative scale for the measurement of progress in psychotherapy. In: Rubinstein, E. A. & Parloff, M. B. (Eds.): Research in psychotherapy. Washington D. C. 1959 (a), 96-107.

Rogers, C. R.: A theory of therapy, personality and interpersonal relationships as developed in the client-centered framework. In: Koch, S. (Ed.): Psychology: A study of a science, Vol. III, New York 1959 (b), 184–256.
Rogers, C. R.: On becoming a person. Boston 1961. Dt. Ausg.: Entwicklung der Persönlichkeit. Stuttgart 1973.
Rogers, C. R.: The interpersonal relationship: The core of guidance. Haward Educ. Review 42, 1962, 416–429.
Rogers, C. R.: The therapeutic relationship: recent theory and research. Australian J. Psychol. 17, 1965, 95–108.
Rogers, C. R.: The process of the basic encounter group. In: Bugental, J. F. G. (Ed.): Challenges of humanistic psychology. New York 1967.
Rogers, C. R.: Freedom to learn. Columbus 1969 (a).
Rogers, C. R.: Toward a science of the person. In: Sutich, A. J. & Vich, M. A. (Eds.): Readings in humanistic psychology. New York 1969 (b), 21-50.
Rogers, C. R.: On encounter groups. New York 1970. Dt. Ausg.: Encounter-Gruppen. München 1974.
Rogers, C. R.: Becoming partners; marriage and its alternatives. New York 1972. Dt. Ausg.: Partnerschule. München 1975.
Rogers, C. R. & Dymond, R. R.: Psychotherapy and personality change. Chicago 1954.
Rosenthal, D.: Changes in some moral values following psychotherapy. J. Consult. Psychol. 19, 1955, 431–436.
Rosenthal, D. & Frank, J. D.: The fate of psychiatric clinic outpatients assigned to psychotherapy. J. Nerv. Ment. Dis. 127, 1958, 330–343.
Roth, H.: Gesprächspsychotherapie mit jugendlichen Dissozialen. Vortr. I. Europ. Kongr. f. Gesprächspsychotherapie. Würzburg 1974.
Ryan, E. R.: The capacity of the patient to enter an elementary therapeutic relationship in the initial psychotherapy interview. Unpublished doctoral thesis. University of Michigan 1973.
Sander, K.: Alternierende Gesprächspsychotherapie. Durchführungsmöglichkeiten – Psychotherapeutische Effekte – und deren Bedingungen. Dissertation, Univ. Hamburg 1971.
Sander, K.: Der Einfluß von Ausgangs-Persönlichkeitsmerkmalen des Klienten auf den Behandlungserfolg in klientenzentrierter Gesprächspsychotherapie. Z. Klin. Psychol. IV, 2, 1975, 137–147.
Sander, K. & Pavel, F. G.: Einige Ergebnisse zur unterschiedlichen Wirksamkeit von Einzelbehandlung und GT-Gruppenbehandlung. In: Informationsblätter der Gesellschaft f. wissenschaftliche Gesprächspsychotherapie e. V., 11, 1973, 1–7.
Sauter, F.: Erste Erfahrungen mit einem kurzzeitigen Trainingsprogramm für Lehrerstudenten nach dem CCT-Konzept. Vortrag I. Europ. Kongr. f. Gesprächspsychotherapie. Würzburg 1974.
Schaffer, L. & Myers, J. K.: Psychotherapy and social stratification. Psychiatry 17, 1954, 83–93.
Schmidtchen, S.: Effekte von klientenzentrierter Spieltherapie. Z. Klin. Psychol. II, 1, 1973, 49–63.
Schmitz, R. A.: Training von Lehrern in der non-direktiven Gesprächsführung durch micro-teaching und micro-counseling. Vortr. I. Europ. Kongr. f. Gesprächspsychotherapie. Würzburg 1974.
Schneider, K.: Das GT-Konzept als Kommunikationsmedium des Erziehungsgedankens im Jugendstrafvollzug. Vortr. I. Europ. Kongr. f. Gesprächspsychotherapie. Würzburg 1974.
Schulte, D.: Ein Schema für Diagnose und Therapieplanung in der Verhaltenstherapie. In: Schulte, D. (Hrsg.): Diagnostik in der Verhaltenstherapie. München 1974, 75–104.

Schwäbisch, L. & Siems, M.: Anleitung zum sozialen Lernen für Paare, Gruppen und Erzieher. Hamburg 1974.
Schwartz, H.-J.: Prozeßforschung in klientenzentrierter Gesprächspsychotherapie: Bedingungen des Behandlungseffektes im Anfangsgespräch. Dissertation, Univ. Hamburg 1975.
Schwartz, H.-J. & Eckert, J.: Zwei Arbeiten zur Prozeßforschung: Ergebnis und Implikationen. Vortr. I. Europ. Kongr. f. Gesprächspsychotherapie. Würzburg 1974.
Schwermer, J.: Psychologische Hilfen für das Seelsorgegespräch. München 1974.
Seeman, J.: Perspectives in client-centered therapy. In: Wolman, B. B. (Ed.) Handbook of clinical psychology. New York 1965, 1215–1229.
Shlien, J. M., Mosak, H. H. & Dreikurs, R.: Effect of time limits: a comparison of two psychotherapies. J. Counsel. Psychol. 9, 1962, 31–34.
Shlien, J. M., Hunt, H. F., Matarazzo, J. D. & Savage, C.: Research in psychotherapy, Bd. III. Washington D. C. 1968.
Shlien, J. M.: Cross-theoretical criteria for the evaluation of psychotherapy. Amer. J. Psychotherapy 20, 1966, 125–134.
Shostrom, E. L.: Personal orientation inventory. San Diego 1968.
Shostrom, E. L. & Knapp, R. R.: The relationship of a measure of self-actualization (POI) to a measure of pathology (MMPI) and to therapeutic growth. Amer. J. Psychotherapy 20, 1966, 193–202.
Skinner, B. F.: Jenseits von Freiheit und Würde. Frankfurt 1973.
Slavson, S. R.: Textbook in analytic group psychotherapy. New York 1963, International Universities Press.
Speierer, G.-W.: Der gruppentherapeutische Ansatz nach dem Konzept der Gesprächspsychotherapie. In: Gesellschaft für wissenschaftliche Gesprächspsychotherapie (Hrsg.): Die klienten-zentrierte Gesprächspsychotherapie. München 1975, 195–203.
Stauss, H.: Direkte Intervention während des Gesprächsverlaufs als Ausbildungsmöglichkeit in Gesprächspsychotherapie. Unveröffentl. Diss. Univ. Münster 1975.
Steller, M. & Meurer, K.: Zur Reliabilität eines Q-Sort zur Veränderungsmessung. Psychol. Beitr. 16, 1974, 618–624.
Stoler, W.: Client likability: a variable in the study of psychotherapy. J. Consult. Psychol. 27, 1963, 175–178.
Strupp, H. H. & Bergin, A. E.: Some empirical and conceptual bases for coordinated research in psychotherapy; a critical review of issues, trends and evidence. Intern. J. Psychiat. 7 (2), 1969, 18–20.
Strupp, H. H. & Wallach, M. S.: A further study of psychiatrists responses in quasi-therapy situations. Behav. Science 10, 1965, 113–134.
Strupp, H. H. & Williams, J. V.: Some determinants of clinical evaluations of different psychiatrists. Arch. Gen. Psychiat. 2, 1960, 434–440.
Suckert-Wegert, K.: Das klienten-zentrierte Konzept der Gesprächspsychotherapie und die ›therapeuten-zentrierte‹ Erwartungshaltung des Klienten: eine Untersuchung über die Effekte vortherapeutischer Beeinflussung falscher Klientenerwartungen auf den Therapieverlauf. Diss. Universität Münster 1976.
Tausch, A.-M.: Klientenzentrierte Gespräche mit emotional und sozial beeinträchtigten Menschen (Kindergartenkinder, Schüler, Sozialrentnerinnen, Gefängnisinsassen) durch trainierte und untrainierte Helfer. Vortr. I. Europ. Kongr. f. Gesprächspsychotherapie. Würzburg 1974.
Tausch, A.-M. & Rönnecke, B.: Die Auswirkung allgemeiner Sozialkontakte sowie gezielter Kontakte in Form psychisch hilfreicher Gespräche mit alten Menschen. Aktuelle Gerontologie 4, 1974, 29–71.

Tausch, R.: Klientenzentrierte Gesprächspsychotherapie und personenzentrierte Encountergruppen. Vortr. I. Europ. Kongr. f. Gesprächspsychotherapie. Würzburg 1974.

Tausch, R.: Gesprächspsychotherapie. Göttingen 1973/1975.

Tausch, R.: Neue Trends und Perspektiven in psychologischer Beratung-Psychotherapie. Vortr. 7. Internatinal Round Table for the Advancement of Counselling. Würzburg 1976.

Tausch, R. & Tausch, A.-M.: Erziehungspsychologie. Göttingen 1971.

Tausch, R. & Tausch, A.-M.: Intrapersonelle Kommunikation. Ber. 26. Kongr. Dt. Ges. Psychol., Göttingen 1974.

Tausch, A.-M., Kettner, U., Steinbach, I. & Tönnies, S. E.: Effekte kindzentrierter Einzel- und Gruppengespräche mit unterprivilegierten Kindergarten- und Grundschulkindern. Psychol. in Erziehung u. Unterr. 20, 1973, 77–88.

Tausch, A.-M., Köhler, H., Meffert, J., Rieckhoff, A. & Steinbach, I: Erzieher-Kind-Interaktionen in Kindergärten und Familien. Vortr. 29. Kongr. Dt. Ges. Psychol., Salzburg 1974.

Tausch, R., Zehelein, H., Fittkau, B. & Minsel, W.-R.: Variablen und Zusammenhänge in psychotherapeutischen Gesprächen. Im Manuskript 1969, Zit. n.: Tausch, R.: Gesprächspsychotherapie. Göttingen 1975.

Teegen, F., Kranz, D. & Fittkau, B.: Untersuchung über die Verwirklichung psychotherapeutischer Gesprächshaltungen bei der Telefonberatung. Z. Klin. Psychol. I, 4, 1972, 323–234.

Truax, C. B.: A scale for the measurement of accurate empathy. Psychiatric Institute Bulletin, Univ. Wisconsin, Vol. I, N. 12, 1961. (a).

Truax, C. B.: The process of group psychotherapy. Relationships between hypothesized therapeutic conditions and intrapersonal exploration. Psychiat. Mongr. 75 (7, whole No. 511), 1961 (b).

Truax, C. B.: A tentative scale for the measurement of unconditional positive regard. Psychiatric Institute Bulletin, Univ. Wisconsin 1962a.

Truax, C. B.: A tentative scale for the measurement of therapist genuineness or self congruence. Mimeo-Manuscr., Psychiatric Institute, Univ. Wisconsin 1962b.

Truax, C. B.: Reinforcement and nonreinforcement in Rogerian psychotherapy. J. abnorm. Psychol. 71, 1966 (a), 1–9.

Truax, C. B.: Therapist empathy, warmth and genuineness and patient personality change in group psychotherapy: a comparison between interaction unit measures, time sample measures, and patient perception measures. J. Clin. Psychol. 22, 2, 1966 (b), 225–229.

Truax, C. B.: Therapist reinforcement of patient self-exploration and therapeutic outcome. Arcansas rehabilitation research and training Center and University of Arcansas, 1966 (c).

Truax, C. B. & Carkhuff, R. R.: Significant developements in psychotherapy research. In: Abt, L. E. & Riess, B. F. (Eds.): Progress in clinical psychology. New York 1964.

Truax, C. B. & Carkhuff, R. R.: Concreteness: a neglected variable in research in psychotherapy. J. Clin. Psychol. 20, 1964, 264–267.

Truax, C. B. & Carkhuff, R. R.: Personality change in hospitalized mental patients during group psychotherapy as a function of alternate sessions and vicarious therapy pretraining. J. Clin. Psychol. 21, 1965, 225–228.

Truax, C. B. & Carkhuff, R. R.: Toward effective counseling and psychotherapy: training and practice. Chicago 1967.

Truax, C. B. & Wargo, D. G.: Antecedens to outcome in group psychotherapy with juvenile delinquents. Effects of therapeutic conditions, alternate sessions, vicarious therapy, pretraining, and patient self-exploration. Unpublished manuscript, University of Arcansas 1966 (a).

Truax, C. B. & Wargo, D. G.: Antecedens to outcome in group psychotherapy with hospitalized mental patients: effects of therapeutic conditions, alternate sessions, vicarious therapy pretraining, and patient self-exploration. Unpublished Manuscript, University of Arcansas 1966 (b).

Truax, C. B., Carkhuff, R. R. & Douds, J.: Toward and integration of the didactic and experimental approaches to training in counseling and psychotherapy. J. Counsel. Psychol. 11, 1964, 240–247.

Truax, C. B., Shapiro, J. G. & Wargo, D. G.: The effects of alternate sessions and vicarious therapy petraining on group psychotherapy. Intern. J. Group Psychother. 18, 1968, 186–198.

Truax, C. B., Wargo, D. G. & Silber, L. D.: Effects of group psychotherapy with high accurate empathy, and nonpossesive warmth upon female institutionalized delinquents. J. abnorm. Psychol. 71, 1966, 267–274.

Truax, C. B., Wittmer, J. & Wargo, D. G.: Effects of the therapeutic conditions of accurate empathy, non-possesive warmth and genuineness on hospitalized mental patients during group therapy. J. Clin. Psychol. 27 (1), 1971, 137–142.

Truax, C. B., Wargo, D. G., Carkhuff, R. R., Kodman, F. & Moles, E. A.: Changes in self-concepts during group psychotherapy as a function of alternate sessions and vicarious therapy pretraining in institutionalized mental patients and juvenile delinquents. J. Consult. Psychol. 30, 1966, 309–314.

Tscheulin, D.: Ausbildung in therapeutischem Basisverhalten. Dissertation, Univ. Würzburg 1972.

Tscheulin, D.: Gesprächspsychotherapie als zwischenmenschlicher Kommunikationsprozeß In: Gesellschaft für wissenschaftliche Gesprächspsychotherapie (Hrsg.): Die klientenzentrierte Gesprächspsychotherapie. München 1975, 98–113.

Vernon, P. E.: Personality Assessment. New York 1963.

Walker, A., Rablen, R. A. & Rogers, C. R.: Development of a scale to measure process change in psychotherapy. J. Clin. Psychol. 16, 1960, 79–85.

Wallach, M. S. & Strupp, H. H.: Psychotherapists' clinical judgements and attitudes toward patients. J. Consult. Psychol. 24, 1960, 316–323.

Warren, N. C. & Rice, L. N.: Structuring and stabilizing of psychotherapy for lowprognosis clients. J. Consult. Psychol. 2, 1972, 173–181.

Wegener, B.: Zur Frage einer Methodologie ›angewandter‹ Psychologie. In: Ber. 28. Kongr. Dt. Ges. Psychol. Bd. 1, Göttingen 1974, 68–78.

Weigel, R. G. & Warnath, C. F.: The effects of group therapy on reported self-disclosure. Int. J. Group Psychotherapy 18, 1968, 31–41.

Weigel, R. G., Dinges, N., Dyer, R. & Stroumfjord, A. A.: perceived self-disclosure, mental health, and who is liked in group treatment. J. Counsel. Psychol. 19, 1972, 47–52.

Welkowitz, J., Cohen, J. & Ortmeyer, D.: Value system similarity: investigation of patient-therapist dyads. J. Consult. Psychol. 31, 1967, 48–55.

Westmeyer, H.: Logik der Diagnostik. Stuttgart 1972.

Westmeyer, H.: Verhaltenstherapie: Anwendung der Verhaltenstheorie oder kontrollierte Praxis? Vortr. 29. Kongr. Dt. Ges. Psychol., Salzburg 1974.

Westmeyer, H.: Schlußwort: Zur Beziehung zwischen Verhaltensdiagnose und Verhaltenstherapie. Psychol. Rundsch., XXVII. Jg., 1976, 123–124.

Wexler, D. A.: A cognitive theory of Experiencing, self-actualisation, and therapeutic process. In: Wexler, D. A. & Rice, L. N. (Eds.): Innovations in client-centered therapy. New York 1974.

Wexler, D. A. & Rice, L. N. (Eds.): Innovations in client-centered therapy. New York 1974.

Wild, A. & Teuwsen, E.: Ber. 4. Symposion für Gesprächspsychotherapie. Zürich 1975 (im Druck).

Wilkins, W.: Desensitization: social and cognitive factors underlying the effectiveness of Wolpe's procedure. Psychol. Bull. 76, 1971, 311–317.

Winder, C. L., Ahmad, F. Z., Bandura, A. & Rau, L.: Dependency of patients, psychotherapists responses, and aspects of psychotherapy. J. Consult. Psychol. 26, 1962, 129–134.

Wolpe, J.: Praxis der Verhaltenstherapie. Bern 1972.

Wolf, A. & Schwartz, E. K.: Psychoanalysis in groups. New York 1962.

Wygotzky, L. S.: Denken und Sprechen. Frankfurt 1972.

Yalom, J. D.: The theory and practice of group psychotherapy. New York 1970.

Zuk, G. H.: Family therapy during 1964–1970. Psychotherapy: Theory, Research and Practice 8, 1971, 90–97.

Autorenregister

Sachregister